ROKMC

발행일	2001년 6월 30일 1판
기 획	조중구
구 성	이진구
편저자	이광희
펴낸곳	서음출판사
펴낸이	이광희
출판등록	1976년 5월 14일 No. 6-0379
	서울시 동대문구 신설동 94-11
대표전화	(02) 2253-5292~3
FAX	(02) 2253-5295
http	www.seoeum.co.kr
표지일러스트	나원철
편집	서음미디어
영업팀장	이윤주

ISBN 89-85223-49-6

· 책값은 뒷표지에 있습니다.
· 잘못된 책은 바꾸어 드립니다.
· © seoeum

"해병은 태어나는것이 아니라 만들어지는것이다."

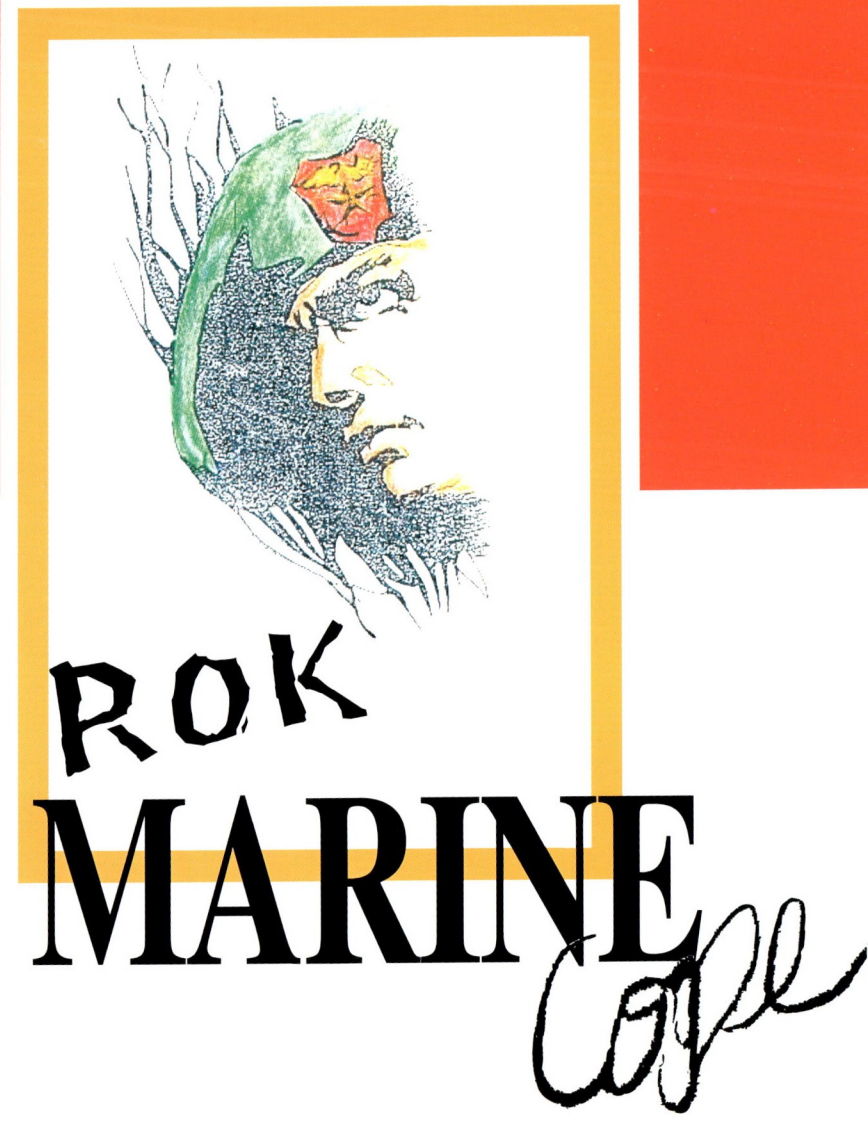

해병대 추억록을 펴내며

해병대 군가중에 '부라보해병'이라는 노래가 있다. '라이라이차차차'와 '헤이빠빠리빠'라는 가락이 인상적인 이 가사중에는 '싸워서 이기고 지면 죽어라, 헤이 빠빠리빠'라는 구절이 있다. 영화 '라이언 일병 구하기'에서 처럼 해병대는 일단 상륙작전에 투입되면 뒤에는 바다, 앞에는 적이 있어 이를 무찌르지 않고는 살아날 방도가 없는 부대다. 따라서 싸우면 무조건 이기고 지면 죽어라는 매우 비장한 가락이 만들어졌을 것이다.

어느덧 해병대가 창설된지도 반세기가 넘었다. 해병대를 제대했거나 현역에 있는 해병대원들은 해병대를 사랑하고 정신적 지주로 삼는다. 그런 의미에서 나는 나 자신과 해병대를 자랑스러워하는 이들을 해병대 매니아로 본다. 그럼 그 무엇이 이렇게 해병대에 빠져들게 만드는 것일까?

해병이 되어 보지 않은 사람은 느낄 수 없는 그 무엇인가가 해병대에는 있다. 그것이 자의든 타의든 해병대에 발을 들여 놓은 사람은 '해병대 매니아'로 만들어 놓는 것이다. 그것이 무엇인지는 정확히 알 수는 없다. 다만 그것을 '해병혼'이라 이름 붙여 놓았다고 나는 생각한다.

군생활을 마치고 사회에 나오면 술자리에서나 만남의 자리에서 화제가 되는 것은 단연 군대시절 이야기다. 그토록 군 시절의 추억은 소중한 것이다. 따라서 혼자 간직하기에는 아까운 에피소드 유머, 병영일기들을 모아 추억록을 기획하게 되었다.

끝으로 본 추억록이 발간되기 까지 각종 자료를 제공해 주신 해병대사령부 정훈참모실과 해병전우회중앙회 오윤진 총재님과 관계자 여러분, 그리고 주옥같은 글들을 수록토록 협조해 주신 박동규, 김학진, 이동훈, 강명국, 권준근, 고재철, 이진구, 나원철 등 인터넷 해병전우회 회원님께 거듭 감사를 드립니다.

2001년 6월
편저자

해병혼

천자봉 구름 벗고
청룡, 흑룡, 황룡이 태어났으니
피보다 붉은 혼으로 산천을 내딛는다.
혀끝으로 밤송이를 못까랴
안되면 될 때 까지...
태양을 끓이는 정열이 있기에 해병이라 했던가
이역만리 정글을 뒤흔들은 해병혼
독수리 되어 맹호되어 하늘을 날고
돌아오지 않는다고 혼이라 했던가
충성으로 열국하신 투혼
그대들 앞에 훈장으로 바치노니
그 붉은 꽃으로 길이길이 피어나시고
그 붉은 혼이 마르고 닳도록 정의의 총을 메고
돌진하는 해병 앞에 그 누가 상대하리!
'무적상승'이란 해병의 뜻
저산 너머 우리들의 의형제가 자유의 깃발아래...
어서 가자 조국 통일 이루는 역군이 되자
'한번 해병은 영원한 해병'으로 남으리라...

대한민국 해병대 사령부
R.O.K. MARINE CORPS H.Q

ROKMC

제1부 죽을 때까지 뭉친다, 왜? 해병이니까!

35・해병대 긍지
36・해병대 명언
37・왜? 해병이니까!

제2부 해병대 추억록

70・그대 이름은 해병
71・군바리 하소연
72・이제는 가는가
73・해병대 맹세
74・하소연
75・인 생
76・해병 용사
77・병사의 편지
78・일병시절
79・역사 속의 해병
80・후임들아
81・미친개
82・해병의 조건
83・해병대 기수
84・지옥주
85・해병 지옥주
86・해병 순검
87・해병대…
89・해병대 명언, 명구, 명시
116・잼있는 군대이야기
120・해병대 에피소드
131・군대 유머
134・한국 축구와 섹스 초보자의 공통점
135・최근 한국 축구의 비애
139・어느 아가씨(?)의 회고록
140・남자가 군대에 가야 할 20가지 이유
145・군대 계급에 따른 차이
148・애인이랑 여관에 간 군바리
149・길고 긴 포항 시궁창 정신없이…
151・저도 똥창(미자바리)을 잘라냈습니다
153・춥고 배고프고 졸립던 시절을 회상하며
186・해병대가 감기 걸리나?
190・죽마고우(가슴찡한 이야기)
192・그것이 알고잡다!?

Contents

195 • 백령도 단란주점 아가씨와의 플라토닉 러브
197 • 노인과 여인
199 • 해병 일기

제3부 해병대 군가/사가
211 • 군 가
222 • 사 가

제4부 해병대는 있다
241 • 개병대라니?
242 • 해병대에서도 여군을 뽑았으면
244 • 해병대와 타군간의 갈등
246 • 팔각모 이야기
247 • 해병대와 위장복 이야기
249 • 해병대 베레모 이야기
251 • 빨간명찰의 심리학
253 • 노블레스 오블리제
257 • 열차순검과 군가/사가 살짝엿보기
261 • 한국 해병대와 프랑스 외인부대의 공통점
262 • 해병은 어디서 와서 어디로 가는가?
265 • '씹히는 해병대' 문제의 해결책
268 • 뉴스 - 첫 여군은 해병대
270 • 해병대 중의 해병대
273 • 사랑해요 해병대, 입대 붐....
275 • 해병대 단결력
278 • 해병이 사회생활하면서 인정받는 법

제5부 해병대 파노라마
283 • 쫄병 헌장
284 • 구 호
287 • 수색대 용사
288 • 해병이여! 그대를 믿노라
289 • 팔방미인
290 • 해병 파노라마

제6부 해병대 이해하기
309 • 해병대 이해하기
331 • 해병대 합격을 위한 길라잡이

부록 해병대 전우회 주소록 • 339

불멸의 신화를 창조한 해병대 전적비

지난 50년 해병대 선배님들의 피와 땀이 서려있는 역사의 현장.
지금 내가 해병이라고 말할 수 있는 것은 바로 선배님들의 피와 땀이 있었기 때문이다.

통영지구 전적비

위　　치: 경남 통영시 무전동 95-1(원문고개)
건립일자: 1980. 2. 22
건립기관: 교통부

인천지구 전적비

위　　치: 인천광역시(수봉공원)
건립일자: 1980. 9. 15
건립기관: 교통부

해병대 발상탑

위　　치: 경남 진해시 덕산동 44-3
건립일자: 1964. 4. 10
건립기관: 해병대사령부

해병대 행주도강 전첩비

위　　치: 경기도 고양시 행주외동 산7-1
건립일자: 1984. 9. 20
건립기관: 해병참모부

해병대 104고지 전적비

위　　치: 서울시 서대문구 연희1동 산100
건립일자: 1982. 9. 28
건립기관: 해병참모부

해병대 군산·장항·이리지구 전적비

위　　치: 전북 군산시 금동 39-3(월명공원내)
건립일자: 1990. 12. 1
건립기관: 해병대사령부

한국전쟁과 해병대

1950년 6·25 동란이 발발하자 제주도에 주둔하고 있던 해병대는 전전선을 선구하며 수백회의 대소부대 작전에서 연승무패의 기록을 수립하였다.
특히 〈통영상륙작전〉과 〈경인지구작전〉,〈양도작전〉과 〈도솔산지구전투〉,〈김일성고지전투〉등은 6·25 동란시 5대 작전으로 해병대의 용맹과 함께 길이 빛나는 승리의 금자탑을 세웠다.

해병혼 충혼탑

위   치 : 제주도 제주시 동문로타리
건립일자 : 1960. 4. 15
건립기관 : 제주 해병대 재향군인회

해병대 북한강지구 전첩비

위   치 : 경기도 남양주시 일패동 산73-8
건립일자 : 1987. 12. 10
건립기관 : 해병대사령부

해병대 김포지구 전적비

위   치 : 경기도 김포시 월곶면 종강리 752(애기봉)
건립일자 : 1989. 11. 1
건립기관 : 해병대사령부

해병대 진동리지구 전적비

위   치 : 경남 마산시 합포구 진북면 지산리 313-3
건립일자 : 1992. 12. 3
건립기관 : 해병대사령부

해병대 도솔산지구 전적비

위   치 : 강원도 양구군 동면 팔랑1리 도솔산 정상
건립일자 : 1981. 8. 26
건립기관 : 해병참모부

해병대 수도방위 기공비

위   치 : 경기도 파주시 파주읍 봉암리 산108
건립일자 : 1985. 10. 30
건립기관 : 해병참모부

앵카

해병대 마크는 '조직 정체성'의 상징으로 해병대 존재 목적을 나타내는 '정의와 자유를 위하여'라는 리본과 승리의 불사신 해병대의 기상을 표현한 독수리, 해병대의 조국수호 사명을 나타내는 별, 고유의 임무인 상륙작전을 의미하는 앵카의 네 부분으로 구성되어 있다.

해병대 휘장

수색교육마크

수색대마크

공수마크

상어칼라마크

기습특공마크

상어흑백마크

유격대마크

상어흑국방마크

 # 해병이

HAE BYUNG EE

● '해병이'의 탄생과 의의
　해병대는 창설 50주년을 기념으로 1999년 7월 10일 진돗개를 의인화하여 군 최초로 해병대 캐릭터 '해병이'(HAEBYUNG-EE)를 탄생시켰다.
　진돗개는 한국의 대표적인 동물로서 한민족의 성격을 많이 닮았으며, 충성스럽고 용맹스러운 동물이라는 점에서 해병대의 국가에 충성심, 싸워서 이기는 용맹성, 외부세력에 대한 경계 등의 이미지와 맞아 떨어진다는 분석에 의해 선정되었다.

● '해병이'의 역할
　'해병이'는 해병대를 대표하는 홍보활동 등의 주인공으로서 앞으로 국민과 해병대가 화합할 수 있는 공감대를 형성하기 위한 이미지이다.
　또한, '해병이'는 '한번 해병은 영원한 해병' '무적 해병' '귀신잡는 해병대' '신화를 남긴 해병대'의 50년 전통을 계승하고 해병대의 자긍심과 사기를 고취시켜 해병대만의 특유한 단결심 도모에도 기여할 것이다.

장교복장

조교복장

헌병복장

태권도복장

수중침투복장

체육복장

완전군장복장

해병은 죽어서 천당에 갑니다. 왜냐하면 지옥에서 왔기 때문입니다.

국가가 존망의 위기에 처해 있을 때 우리는 비록 부상당한 병사일지라도 한 사람의 해병을 원한다.

해병대 역사

대한민국 해병대는 1949년 4월 15일 경남 진해(덕산비행장)에서 창설되었다.

당시 건국초기에 있던 우리나라가 3면이 바다인 지리적 조건과 여순반란 사건의 전후에 입각하여 수륙양면 작전을 국방전략의 기본원칙으로 채택하고 해병대라는 특수임무 부대를 새로 편성하게 되었다.

그러나 불과 380명의 소수의 병력과 빈약한 장비를 갖고 탄생과 함께 진주 및 제주지구의 공비토벌 작전에 출전하게 된 당시 해병들의 사기는 자못 왕성하였으며 '무'에서 '유'를 창조하는 해병정신으로 일치단결하여 부여된 임무를 훌륭하게 수행했다.

↑ 부산 용두산 해병대사령부
김석범 해병대사령관이 해병대 장병을 대표하여 '해군 창군표어'를 증정하고 있다. (1953년도)

↓ 1956. 6. 30 신축한 해병대사령부 전경(서울 용산구 후암동)

한국전쟁과 해병대

↑ 상륙작전을 지휘하는 맥아더 장군
좌로부터 도일 제독, 라이트 장군,
맥아더장군, 아몬드 장군

↓ 인천에 상륙하기 직전 미 수송선 함교에서 상륙작전을
기다릴 때(좌로부터 손원일 해군참모총장, 미수송선 함장)

↓ 한국 해병대 상륙부대를 지휘하는 해병대사령관 신현준 대령(중앙)

↑ 도솔산 전적지를 시찰하는 이승만 대통령
　(좌로 부터 이승만 대통령, 김대식 연대장, 손원일 제독)

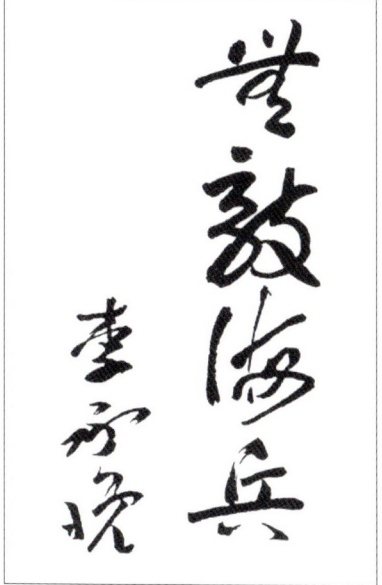
↑ 이승만 대통령이 하사한 '무적해병' 휘호

←⋯ 도솔산 탈환 후 적정을 감시하는 해병대 용사들(1951. 7)

⋯▶ 시가지 전투
　　(원내는 폐허가 된 서울역 근처)

월남파병

1964년 7월 15일 월남 정부의 요청에 따라, 1964년 7월 31일 제44회 국회 제 3차 본회의에서 '국군 해외 파견에 관한 안건'이 통과되어, 1964년 8월 3일 한국정부가 월남정부에 지원 공한을 발송하여 월남 파병이 결정되었다. 해병대는 1965년 3월 10일 제1독립공병중대를 창설하여, 이를 비둘기부대(주월한국군 군사지원단)에 배속하여 파월한 뒤, 1965년 9월 20일 해병 제1상륙사단 제2연대를 기간(基幹)으로 제2여단(청룡부대)을 창설하여, 건군 최초의 전투부대로서 1965년 10월 3일 청룡부대를 파월, 10월 9일 월남 캄란만에 상륙시켰다.

그 뒤 청룡부대는 6년 4개월 동안 짜빈동 전투 등 수많은 전투에서 빛나는 전승기록을 남겼다. 1968년 5월 3일 '파리 평화협정'에 따라 1972. 2. 29일 제5진이 부산항에 도착하여 청룡부대는 개선 귀국을 완료하게 되었다.

파월의 장도에 오른 청룡부대 장병들이 미 수송선(T-AP)에 승선한 장면(부산항. 1965. 10. 3)

↑ 짜빈동 전투시 적(포로)으로부터 노획한 작전요도

↑ 짜빈동 전투에서 사살된 베트콩 시체들(1967. 2. 15

↓ 오늘도 승리를 위해 결의를 다짐하고 있는 청룡 용사들

···› 짜빈동 전투에서 적으로부터의 노획품
↓ 적 243명을 사살한 짜빈동 격전지

···› 상륙주정으로 하선하는 청룡 제 2대대 용사들

↓ 꽃피는 동백섬에 봄이 왔건만 형제 떠난
  부산항엔 갈매기만 슬피우네

해풍작전

해풍작전은 추라이 지역으로 부대를 이동하기 위한 일명 '투이호아 고별작전'이었다. 적은 휴송평야와 연접된 고지일대에 분산침거하여 소규모 게릴라 전법으로 활동하고 있었다.

청룡부대 제1대대와 제3대대는 1965. 7. 22일부터 27일까지 지역일대를 수색 및 탐색하여 적을 소탕함으로써 투이호아 지역의 안정과 평화 재건을 위한 기반을 구축함과 동시에 지역내 1번 도로변의 잔적을 소탕하고 미 건설공병대의 항만 및 교량건설과 비행장 건설공사를 완공토록 보호했다. 특히 귀순자의 첩보에 따라 1965. 8. 11 투이호아 서쪽 14Km지점에서 실시한 작전에서 베트콩의 동굴을 탐색하던 청룡부대 제3대대 정보장교 이인호 대위가 보여준 숭고한 희생정신은 전 국군의 귀감이 되었다.

↓ 전방 CP에서 적정을 관찰하고 있는 모습

↑ 해풍작전에서 동굴을 탐색중인 해병

↓ 적의 동굴을 향해 맹사격을 가하는 해병

↓ '베트콩' 동굴의 계곡을 수색 중

청룡부대 개선

1968. 5. 3 월남전을 평화적으로 종식시키기 위해 열린 파리평화협정 결과에 따라 철군 계획이 발표되자, 1971년 4월부터 미국의 닉슨 독트린의 '월남전화 계획'에 따라 철군계획을 발표, 1971. 12. 4 청룡부대를 제1진으로 철수가 단계적으로 단행되면서 1972. 2. 29까지 제5진의 마지막 철수가 이루어져 제2여단(청룡부대)이 개선 귀국하게 되었다.

미 해군 수송선 업셔호(13,600톤)편으로 부산항 제3부두에 도착한 청룡부대 주력부대인 제4진이 허홍 청룡부대장을 필두로 개선 귀국하는 모습

해병대에 붙여진 칭호

대한민국 해병대

해병대는 상륙작전을 전담하는 특수목적군이며 상륙작전은 주정, 함선 및 항공기에 탑승한 해군 및 상륙군이 또는 육상 발진기지로부터 적 해안에 대하여 실시하는 공격작전이다. 한국 해병대는 1949년 4월 15일 380명의 소수 병력으로 창설 6. 25와 월남전에서 전승불패의 전과를 거두어 '귀신 잡는 해병' '무적해병' '신화를 남긴 해병' 등의 많은 별명을 얻었으며 현재는 미 해병대에 이어 세계 상륙전 수행능력을 보유한 '작지만 강하고 힘있는 부대'로 발전하고 있다.

귀신잡는 해병

1950년 8월 23일 UN군 방어를 위한 통영지구 작전에 대한 취재차 해병을 찾아온 뉴욕타임즈의 치킨즈 기자가 해병대가 훨씬 우세한 적군을 공격해서 단 3일만에 적의 점령지를 탈환하고 대대장을 포함한 전 병력을 전멸시키는 예가 일찍이 없었다는 사실을 높이 평가하면서 그것이야말로 한국전에 길이 남을 기록이 될 것이라고 극찬. '귀신잡는 해병' ("They might capture evndevill")이란 표제하에 대서 특필함으로써 '귀신잡는 해병'이란 말을 남기게 되었다.

무적해병

미해병 1사단 5연대가 시도했다 수차례 참패한 도솔산 지구전투에서 17일간 밤낮의 혈전 끝에 난공불락의 24거점 목표를 완전 점령한 후 1951년 8월 25일 이승만 대통령께서 국방장관 및 미8군 사령관을 대동하고 해병들의 혁혁한 공로를 치하하기 위해 부대 표창장과 감사장을 가지고 해병 1연대를 방문 '무적 해병'이란 휘호를 하사함.

신화를 남긴 해병

1967년 2월 14일 짜빈동 전투에서 1개중대의 병력으로 월맹군 최정예로 구성된 월맹 정규군 연대 병력을 맞아 4시간의 격전 끝에 적 사살 243명이라는 월남전 사상 유례없는 전과를 올린 청룡 3대대 11중대는 한, 미 양국의 대통령에게서 표창을 받고 부대원 전원 1계급 특진의 영예가 주어져 외신기자들에 의해 '신화를 남긴 해병'이란 표제하에 크게 보도되었다.

한번 해병은 영원한 해병

해병대는 국가와 민족이 필요로 하는 훌륭한 젊은이를 배출해야 하는 사명을 가지고 있다. 이 땅의 젊은이는 국가민족을 위해 일할 수 있는 역군이 되어야 할 소명이 있다.
해병대는 힘든 곳, 무서운 곳, 갈 데가 못되는 곳이 아니다. 해병대는 '죽은 자도 해병대에 오면 다시 살아나가고, 병든 자도 해병대에 오면 고쳐져서 돌아가야 하고, 바로 서지 못하는 자도 서게 되고, 연약한 자가 강해지고 무능한 자도 능력을 갖추고 가게 되는 곳'이다.

해병대 훈련

싸우면 반드시 이기는 세계 최강의 대한해병대! 그 자랑스런 이론을 영원히 지키기 위해 해병대는 과학적이며 체계적인 교육훈련을 실시하고 있다.

신병훈련소에서부터 시작되는 혹독한 훈련은 뒤로 물러설 수 없는 상륙전을 수행해야 하는 해병이기에 운명처럼 받아들인다. 싸워서 이기고, 지면 죽을 수밖에 없는 지옥훈련 앞에서 살아남기 위해서는 강해야만 하기에 감내해야 하는 지옥훈련! 그러나 조국과 해병대를 위해서라면 이 한 목숨 기꺼이 바치리라.

↑ 신병수료식 사열 전경

천자봉 정복

해병대사령부 통폐합 이후 신병양성교육기관을 진해에서 포항으로 이전함으로써 포항 대송면 대각동에 위치한 운제산 정상 능선에 있는 대왕암을 해병혼이 숨쉬는 제2의 천자봉으로 명명하고 해병대 장병의 새로운 심신수련 도장으로 활용하고 있다.

↑ 헬기레펠 훈련

↑ 공수하강 훈련

↓ 상륙수색 훈련

↑ 공수기초 훈련

↑ 동계 설한지 훈련

↑ 상륙 돌격 훈련

↓ 에어보트를 이용한 기습공격 훈련

한 번 해병은 영원한 해병!

↕ IBS 기초훈련

↕ 외줄타기 훈련

↕ 태권도 훈련

↕ 적해안선 상륙

↕ 무장구보

↕ 상륙돌격 훈련

해병대상징

싸움터 어느 곳에서나 영광을 쟁취했던 해병대를 상징하는 해병대 마크는 해병대 조직의 정체성을 잘 나타내고 있다. 창설 초기에는 해병대 마크가 제정되지 않아 해군장교 모표를 그대로 사용했으나 1951년 8월 1일 별도의 해병대 모표를 제정하게 되었다.

마크는 리본, 독수리, 별, 닻 등 내부분으로 구성되어 있으며 모표는 리본이 생략된 세 부분으로 되어 있다. 마크의 각 부분이 상징하는 의미는 다음과 같다.

❖ **리본**
독수리가 입에 물고 있는 리본에 적힌 '정의와 자유를 위하여'는 해병대가 존재하는 목적을 나타낸 글귀로서 '내 한 목숨 해병대'라는 조직과 조국에 바친다는 의미이다.

❖ **독수리**
용맹성과 승리의 상징으로 민족과 조국의 수호신이면서 전쟁에서 승리의 불사신이기를 갈망하는 해병대의 기상을 의미한다.

❖ **별**
육상전투를 상징하기도 하는 별은 조국과 민족의 생존을 위한 국방의무의 상징으로 조국과 민족을 지키는 해병대의 신성한 사명을 나타낸다.

❖ **닻**
해양 또는 해군을 상징하기도 하는 닻은 배를 일정한 곳에 머물러 있게 하기 위해서 만들어진 갈고리로서 기울어져 있는 모양의 닻은 함정이 정박 또는 정선하여 해병대 고유의 임무인 상륙작전 개시를 의미한다.

❖ **팔각모**
팔각모는 신라시대 온 신라인의 정신이기도 했던 화랑도 오계(五戒)와 세 가지 금기(禁忌)를 포함하여 팔계(八戒)의 뜻을 가지고 있다.

팔각모의 팔각은 팔극(八極)을 뜻하며 '지구상 어디든지 가서 싸우면 승리하는 해병대'임을 상징한다.

❖ **명찰**
해병대에서는 오른쪽 가슴에 붉은 명찰을 달 수 있을 때 비로소 해병대의 일원이 되었음을 인정받게 된다. 그만큼 붉은 명찰은 해병대 장병들에게 단순히 이름을 나타내는 표식물이 아니라 '해병대 아무개'라는 해병대에 소속된 한 일원으로서 책임과 의무를 다하라는 명령인 동시에 징표인 것이다. 이러한 명찰이 상징하는 의미는 다음과 같다.

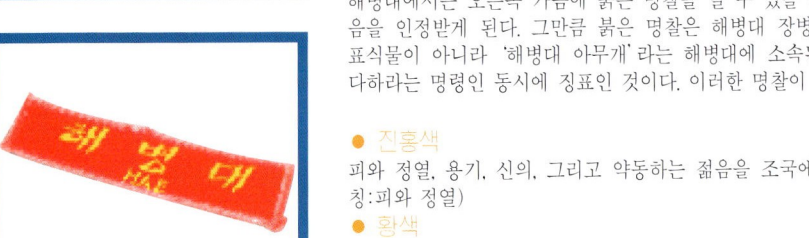

● **진홍색**
피와 정열, 용기, 신의, 그리고 약동하는 젊음을 조국에 바친 해병대의 전통을 상징(약칭:피와 정열)
● **황색**
해병대는 신성하며, 해병은 언제나 예의 바르고 명랑하며, 활기차고 땀과 인내의 결정체임을 상징 (약칭 : 땀과 인내)

MARINES 해병대전우회중앙회

해병대 전우회 헌장

1. 우리는 "한번 해병은 영원한 해병"임을 자랑스런 명예와 전통으로 자부한다.
2. 우리는 조국의 자유와 평화를 위해 충성을 다하며 일단 유사시는 목숨걸고 국민의 앞장을 선다.
3. 우리는 범죄와 무질서를 추방하며 민주시민 정신으로 지역사회 발전에 힘껏 기여한다.
4. 우리는 사치와 낭비를 몰아내고 근검절약을 생활화 하여 조국번영에 앞장선다.
5. 우리는 서로 예절과 의리를 지키며 굳은 단결과 협동으로 친화를 도모한다.
6. 우리는 부모와 웃어른을 공경하며 저마다의 가정을 애정으로 꾸려 나간다.
7. 우리는 자제들을 해병대에 입대시켜 모군 발전에 끊임없이 이바지 한다.

한국전쟁 50주년 기념마크

미국 재향군인회 코리안월 50주년 기념마크

제 1 부

죽을 때까지 뭉친다
왜? 해병이니까!

해병대 긍지

★ 나는 국가전략 기동부대의 일원으로서 선봉군임을 자랑한다.

하나, 나는 찬란한 해병정신을 이어받은 무적해병이다.
 둘, 나는 불가능을 모르는 전천후 해병이다.
 셋, 나는 책임을 완수하는 충성스런 해병이다.
 넷, 나는 국민에게 신뢰받는 정예해병이다.
다섯, 나는 한번 해병이면 영원한 해병이다.

해병대 명언

- 해병은 말이 없다.
- 누구나 해병이 될 수 있다면 나는 결코 해병을 선택하지
  않았을 것이다.
- 해병대의 역사는 밤에 이루어진다.
- 미제 철조망은 녹슬어도 해병대 기수는 녹슬지 않는다.
- 해병은 죽어서 천당에 갑니다.
  왜냐하면 지옥에서 왔기 때문입니다.
- 국민에게는 사랑과 신뢰를, 적에게는 전율과 공포를…
- 안되면 될 때까지…
- 악에서 악으로…
- 나가자, 싸우자, 이기자!
- 해병은 태어나는 것이 아니라 만들어지는 것이다.
- 누가 조국의 가는 길을 묻거든 손을 들어 해병을 보게 하라.
- 한번 해병은 죽어서 돌아올 때까지 영원한 해병이다.
- 국가가 존망의 위기에 처해 있을 때 우리는 비록
  부상당한 병사일지라도 한 사람의 해병을 원한다.

죽을때까지 뭉친다, 왜? 해병이니까!

왜? 해병이니까

李根美
(자유기고가)

해병은 목소리가 크다

해병 예비역의 특징 중의 하나를 꼽으라면 목소리가 크다는 걸 우선 들고 싶다. 취재중에 만난 해병 출신들은 한결같이 목소리가 컸으며 그것도 나이가 많을수록, 그러니까 기수가 빠를수록 목소리에 힘이 넘쳤다. 몇 사람과 동시에 얘기를 나누다 보면 귀가 먹먹해질 정도였다. 대한민국의 40대 이상 남성이라면 틀림없이 어깨가 축 처져 있게 마련이건만 그들은 확실히 달랐다.

무엇이 그들을 그토록 활기 넘치게 하는 것일까. 해병들은 그 근원을 해병정신이라고 말했다. 제대를 하고도 여전히 모이는 힘. 남들이 다 잘때 순찰을 돌고, 어디서 해병 출신이 불이익을 당하면 달려가서 편들어 주고, 주름살이 가득한 얼굴로 목소리를 높여 '필승'을 외치며, 택시 자가용 할것 없이 해병대 심볼 마크를 달고 다니고… 해병 출신이라는 티를 팍팍 내는 이유에 대해 그들은 무조건 '해병이니까!'라고 간명하게 대답했다.

해병참모부가 정의한 해병정신은 단결정신, 애민(愛民)정신, 인내정신, 임전무퇴(臨戰無退) 정신이다. 하지만 대부분의 해병들은 자신들도 해병정신이 뭔지 정확히 모르겠다고 얘기한다.

몇년 전 영화진흥공사 시사회장에는 <해병묵시록>이라는 영화를 보기 위해 해병 예비역들이 입추의 여지없이 가득 차 있었다.
6·25때 북한의 화학부대를 섬멸하기 위해 해병대가 투입되고, 임무를 완수한 해병들이 장렬히 산화한다는 내용이었다.
시사회가 끝나자 머리가 희끗희끗한 노신사들이 삼삼오오 모여서 영화의 촌평을 시작했다.
옆에서 들어보니 해병대의 용감무쌍함이 덜 표현되었다고 불만을 토로했다. 또 그때는 팔각모가 아니었으므로 해병이 아닌 수병이라고 불렀다는 등 세세한 부분까지 지적을 하면서 목소리를 높였다.
그러자 감독인 이병주씨가 달려와서 신세대 해병들의 이해를 돕기 위해 어쩔수 없었다고 해명을 했지만 그들은 마뜩찮은 표정을 지었다.
계속 노병들의 불만이 터져 나오자 갑자기 '저도 해병입니다'라고 얘기했고 그때부터 분위기는 화기애애해지기 시작했다. '몇기냐?'는 얘기에서부터 '영화 만드느라 고생이 많았다'느니 '선배님, 후배님'하는 얘기가 들려오기 시작했다.
"해병 0기입니다."
이 한마디에 해병대 출신들은 언제 어디서건 기수에 따라 순식간에 서열이 매겨지면서 분위기가 평정된다. 이후에도 이런 광경을 몇번 목격했는데 그 이유는 해병은 예비역이 없기 때문이라는 것이다. 한번 해병은 영원한 해병이므로 모두가 현역이라는 것이다.

'해병이니까!'

해병대 정훈참모인 방영덕 해군 중령은 '시사회장에 역대 사령관이 여섯명이나 참석한 것은 해병대가 아니면 있을 수 없는 일'이라고 얘기했다.

"한마디로 해병에 미친 사람들입니다. 해병이라는 한가지 이유만 가지고 빠져들어 갑니다. 오늘같이 단순한 시사회를 위해 밖에서 해병대 복장을 입고 교통정리를 하는 사람들을 보십시오. 무엇이 그들로 하여금 저토록 미치게 하는지 도무지 이해할 수가 없습니다. 한마디로 극성스럽습니다. 요즘같이 바쁜 세상에 해병대에 이름을 단 행사가 있을 때면 만사를 제쳐 두고 달려오는 이들을 볼 때마다 불가사의하다는 생각이 들지요.

국내는 물론 해외에서도 마찬가지입니다. 해군사관학교 원양훈련단이 해외에 나갈 때면 어디든지 해병대가 나와서 환영을 해줍니다."

원양훈련단이 도착하면 가장 먼저 보게 되는 것이 해병전우회의 환영 프랭카드라고 한다. 해외 해병 예비역들은 해병대원만 따로 데리고 가서 시내 구경도 시켜 주고 환영식도 성대히 열어 주며 용돈까지 두둑히 줘서 복귀시킨다.

"당시 해병 복장을 입고 있었는데 해병 출신 직원이 달려와서 인사를 하더니 제 짐을 찾는 것에서부터 용달차를 부르는 일까지 일사천리로 해결해 주지 뭡니까. 해병 복장을 입고 거리에 나가면 아는체 하는 사람들이 한 둘이 아니에요. 극성스러울 정도로 결집력이 강한 이유를 타군 출신은 이해하기 힘듭니다. 현역보다 오히려 예비역이 더한 것 같습니다. 한마디로 신앙적 차원이라고나 할까요."

그 이해하기 힘든 부분에 대해 해병들은 역시 한마디로 일축한다.

"해병이니까!"

해병대는 1949년 4월 15일 창설되었다. 여순사건으로 인하여

군·경을 비롯한 2천명의 관민(官民)이 살해되자 강한 군대의 필요성이 대두되었다. 당시 손원일(孫元一) 해군참모총장을 비롯한 해군 수뇌부는 3면이 바다인 우리나라에는 해군에 육전대(陸戰隊)나 해전대(海戰隊)와 같은 특수한 전투부대가 반드시 필요하다고 판단하여 해병대의 창설을 검토하게 되었다.

해군 1기로 입대하여 해병 창단 멤버가 된 고광수(高光壽) 예비역 해병 준장은 당시 상황을 이렇게 들려 준다.

"해군 13기 중에서 차출하여 해병대를 조직했지요.
새로운 군대를 만들었으니 만큼 모두들 새로운 전통을 만들기 위해서 노력했습니다. 바다로 부터 상륙하여 적지에 교두보를 만들기 위해서는 반드시 이겨야 한다는 필승의 신념이 없이는 그 일을 해낼 수가 없습니다. 거기서부터 해병정신이라는 것이 출발하였지요."

해병대 예비역 장교 모임인 청룡회 변기룡(해병간부 40기, 예비역 대위)씨는 이렇게 설명한다.

"전시에 선봉에 서서 새로운 곳을 개척하는 무에서 유를 창출하는 임무를 가진 부대이지요. 그러기 위해서는 공격적이고 전투적인 기질을 갖지 않을 수 없는 것입니다. 공군 조종사가 비행기술이 없으면 소용이 없듯이 해병대에 그런 기질이 없으면 임무를 달성할 수 없는 것입니다. 또 하나 해병이 가져야 할 것이 부대원간의 강한 응집력입니다. 바다에서 배를 타고 육지로 향할 때 전 부대원의 단결에 허점이 생기면 몰살하게 됩니다. 배가 뒤집히기도 하고 적의 표적이 되어 집중포화를 받을 수도 있지요. 이런 부대의 특성이 외부의 힘에 강력하고 당당하게 대항하고 또 강한 응집력을 갖게 하는 기질을 만들었다고 봅니다. 거기에서 해병정신을 찾을 수 있지요."

해병은 만들어진다

타군보다 출발이 늦었고 가장 강한 부대여야 한다는 명제때문에 훈련은 그만큼 혹독할 수 밖에 없었고, 그 강한 훈련속에서 해병정신이 우러 나왔다는 것이다.
특히 창설 초기에 비가 새는 숙소에서 낡은 침구를 2,3인이 공동사용하고 산나물과 해산물을 채취하여 부족한 식량을 보충하는 등 온갖 고생을 했는데 이때 단결력과 인내심이 길러졌고 그러한 정신이 해병정신으로 승화되어 지금까지 이어져 내려오는 것이라는 설명이었다.
한편 해병이라면 누구나 자랑스럽게 생각하는 것이 바로 선배들의 혁혁한 전승(戰勝)기록이다. 6·25가 발발하기 전에 있었던 지리산과 한라산 공비토벌, 인천상륙작전, 도솔산 전투, 짜빈동 전투 등 해병대의 전승기록은 무수히 많다. 어려운 여건 가운데서도 무적해병의 용맹성을 떨친 선배들의 신화를 통해 해병정신을 저절로 배양했다고 말하는 해병도 많았다.
해병대는 유독 구호가 많다. 국민학생이라도 다 아는 '한번 해병은 영원한 해병'이라는 고전적인 구호에서부터 '귀신잡는 해병', '무에서 유를 창조하는 해병', '무적해병', '신화를 창조하는 해병' 등. 그 중에서도 해병의 긍지가 가장 잘 드러나는 문구는 바로 '누구나 다 해병이 될 수 있다면 결코 나는 해병을 선택하지 않았을 것이다'라는 구호이다.
해병대라면 누구나 이러한 구호와 팔각모, 쎄무워카, 그리고 빨간명찰을 자랑스럽게 생각한다. 특히 피와 땀을 상징한다는 빨간 바탕의 노란 글씨에 대한 애정이 몹시 강하다. 해병들은 강한 자만이 빨간명찰을 달 수 있다고 말하지 않는다. 누구든 빨간 명찰을 달면 해병이 될 수 있다고 얘기한다. 해병은 태어나는 것이 아니라 만들어지는 것이기 때문이라는 것이다.

<월간 팔각모> 발행인 김기수씨(해병 461기)는 혹독한 훈련의 한 예로 완전무장 구보를 들었다. 50분 뛰고 10분 쉬게 되어 있는 훈련의 경우 해병은 50분간 단지 전진하지 않는다는 것이다.

10분쯤 달리고 있는데 갑자기 DI(조교)들이 공연한 트집을 잡아 되돌아 가서 다시 달리게 한다. 처음에는 달려 온 거리가 아깝다는 생각을 하며 되돌아 가서 처음부터 다시 달린다. 되돌아 온 만큼 아까보다 더 속력을 내서 땀을 뻘뻘 흘리며 다시 달리고 있는데 중간쯤 왔을 때 다시 트집을 잡아 아까 되돌아 간 자리까지 돌아가게 한다. 약이 오르지만 어쩔 수 없이 되돌아 간다.

온몸에 비지땀이 흐르고 숨을 헉헉 대면서 드디어 목적지가 1백미터 앞으로 다가왔을 때 다시 되돌아 가게 만드는 것이다.

"그때는 정말 악밖에 안 남아요. 제 동료중에 한명이 도저히 못 달리겠다며 드러누웠어요. 물론 실컷 두들겨 맞았죠. 우리는 모두 다시 후퇴를 하였다가 다시 목적지를 향해 달려야 했어요.

그런데 놀라운 것은 정해진 시간 내에 도착했다는 사실이었습니다. 그러니까 우리는 약 두배의 거리를 50분 내에 주파해 냈던 것입니다. 그렇다고 우리가 모두 산삼을 먹은 것도 아닙니다. 악과 정신력이 초능력을 만들어 낸 것이죠. 이러한 독특한 훈련방식을 통해 해병이 길러지는 것입니다.

기수 빳다로 맺어진 전우애

그는 해병 DI들이 미 해병대에 가서 과학적인 훈련을 받고 돌아와 철저한 계산에 의해서 효율적인 훈련을 시키고 있다고 덧붙였다. 이러한 혹독한 훈련을 치르고 나면 자신도 모르게 자신감이 생기고 그 자신감을 발전적으로 이용할 수 있는 힘까지 갖추게 된다고 했다.

해병이라면 정규 훈련의 혹독함 정도는 별 문제가 아니라고 얘기한다. 그들이 이구동성으로 목청을 돋우는 부분은 바로 정규 훈련이 아닌 기합이다.

해병들이 즐겨 회고하는 일이 바로 '기수빳다'라는 것이다. 예를 들어 1기에서 30기가 있다면 1기가 2기에서 30기 까지 1대씩 때리고 나면 2기가 3기에서 30기 까지, 4기는 5기에서 30기 까지 내리 빳다를 치는 것이다. 그렇게 되면 30기는 29대를 맞게 된다.

한 기수에 한 명이라는 보장이 없으므로 마지막 기수는 그야말로 곤죽이 되기 십상이다. 더군다나 한번 맞은 기수는 악이 올라 더 세게 때리기 때문에 맨 마지막 기수의 엉덩이는 그야말로 엉망이 된다. 보통 저녁 9시에 시작하면 새벽 3시는 되어야 이 기수빳다가 끝난다고 한다. 해병이라면 이 기수 빳다를 피해 갈 수가 없다.

해병 130기인 홍사덕 국회의원도 가장 기억에 남는 일로 이 '기수빳다' 때문에 보름동안 엎드려서 잠을 잤던 일과 사령부 의장대에서 총돌리기 훈련때 양쪽 어금니의 절반이 부서지는 아구창 돌리기 기합을 받았던 일이라고 회고했다.

그 힘든 기합을 받을 때 내무반 내에 실탄이 장전된 총이 있어도 결코 군기 사고가 나지 않았다는 것이 해병들의 또 하나의 자랑이다.

"분하면 저 총으로 쏴라!"

상관이 이렇게 말해도 혹독한 기합을 치러낼지언정 결코 하극상이 일어난 적이 없다는 것이다. 누구 하나가 잘못을 하면 연대 책임을 지고 부대원이 몽땅 같이 두들겨 맞는 것도 해병의 전통이다. 그리고 문제를 일으킨 그 사병을 원망하지 않는 것이 사나이의 의리라고 말했다.

기합 얘기라면 해병대들은 지긋지긋해 하기는 커녕 좀더 혹독한 기합을 받았노라고 자랑스럽게 얘기한다. 조세형씨(해병 180기)는 기합에 대해 부연 설명을 해주었다.

"원산폭격 받으면서 잔다면 이해가 가겠어요. 그것도 철모 위에 돌맹이를 얹고 그 위에 머리를 박고 그대로 자는 겁니다.
낮에 훈련받느라 녹초가 된 상태에서 밤에 기합을 받으니 원산폭격 정도는 기합도 아니죠. 앞 사람이 뒷 사람 어깨에 다리를 얹고 길게 늘어서는 한강철교, 팔과 다리를 들고 눕는 나이론 취침, 몸을 조금만 움직여도 이빨이 부러지는 총 물고 서있기 등 갖가지 기합이 있지만 불만을 말한다든지 이겨내지 못하는 해병은 없습니다.
그 혹독한 기합이 이상하게도 우리를 끈끈하게 맺어주는 겁니다."
오무부(해병 62기)씨 역시 화려한 기합 역사를 들려 주었다.
"언 땅이 녹을 때까지 광목 팬티만 입고 기고 나면 온몸에 피딱지가 엉겨 붙습니다. 영하 20도의 추위에서 팬티만 입고 단독무장을 하고 달릴 때면 온몸에 감각이 없어지지요. 더더군다나 광목 팬티 앞이 터져 있어 더 추웠어요. 간호사들과 빵장사 아주머니들에게 야한 놀림을 많이 받았습니다.
또 한 여름에 맨몸으로 철교 위에 눕기, 땡볕 아래서 빨래하기를 끝내고 나서 너무 목이 말라 호박잎 줄기로 시궁창 물을 빨아먹기도 했다고 한다.
식기에 녹이 조금이라도 있으면 기합을 받으므로 모래로 깨끗이 닦느라고 무척 고생을 했던 것도 즐거운 추억거리라고 회고했다.

폭약을 지고 뛰어 들겠다

해병들은 누구나 팬티만 입고 겨울 바다에 들어간 일이며 진해 천자봉을 수없이 오르내린 일 등 힘들었던 훈련과 기합이 강인한 정신력을 기르는데 도움이 되었다며 오히려 흐뭇해 한다.
사회에 나와서도 그 정신력으로 무엇이든 해낼 수 있게 되었으므로 그만큼 때리면서 연대의식이 생겼고, 그것이 자신들을 끈끈하게 엮어준다는 조금은 이해하기 힘든 이야기를 대부분 해병들은 신나게 얘기했다. 해병들이 또 하나 단결의식을 갖게 된 것은 해병수난사라고 입을 모은다. 누군가 해병대를 '한(恨)의 군대'라고도 표현했다. 1949년 해병대가 창설될 때 대통령령 88호에 의해 '해군에 해병대를 둔다'고 명기했다. 해병대의 가장 큰 바램은 해병대를 육·해·공군과 마찬가지로 독립된 군대로 인정받는 것이다. 하지만 애초에 해군의 예하부대로 출발을 하였고 해군의 지원이 없이는 상륙전을 할 수 없다는 특수성때문에 해군에 속해 있다는 것에 대해 크게 불만을 갖지는 않는다.

그들이 가장 분통을 터뜨리는 것은 바로 유신 직후인 1973년 10월에 국방 예산의 효율적 운영이라는 명분에 밀려 해군 산하로 흡수 통합되면서 해군참모총장 예하 제2차장의 지휘를 받게 된 일이다.

6·25와 월남전에서 혁혁한 전과를 올린 강한 부대의 전통을 면면히 이어오던 해병대로서는 사령부가 해체된다는 사실을 받아들이기가 힘들었다. 해병대 출신 인사들은 특유의 결집력과 전우애로 똘똘 뭉쳐 기회가 있을 때마다 해병대사령부의 부활을 주장해 왔고, 1987년 대통령 선거 때 조직적인 로비를 벌인 끝에 해체 14년만인 1987년 11월 1일 재창설되기에 이르렀다. 미처 법 정비가 이루어지지 않아 17년만인 1990년 7월에서야 비로소 법적 지위를 획득하게 되었다.

해병대사령부가 재창설되었지만 해병들은 언제 또 해체될지 모른다는 불안감을 갖고 있다. 또한 5·16쿠데타에서 맨 앞에 서서 한강을 건널 수 밖에 없었던 일, 전두환 전대통령이 해병대의 공수훈련을 없앤 일을 지금도 유감으로 생각하고 있는 해병들은 다시 해체된다면 이번에는 결코 참지 않겠다고 말했다. 만약 또 다시 그런 일이 발생한다면 폭약을 지고 국방부로 돌진하겠다는 과격한 발언을 하는 사람도 있었다.
해병대가 해체되던 1973년에 북한에도 육전대가 생겼는데 힘의 균형을 깨지 않으려면 막강한 해병대가 포진하고 있어야 한다고 모두들 소리 높여 강조했다.

작은 부대, 적은 예산

해병이라면 누구나 역대 사령관들의 이름을 줄줄 외우고 있는데 그 사령관 중에 4성장군이 세 사람이라는 것도 정확히 기억하고 있다. 7·8·9대 사령관인 강기천, 정광호, 이병문 대장 외에 다른 사령관이 중장 출신이라는 것이 해병들의 또 다른 불만이다.
중장이 사령관을 맡게 되어 있으므로 해병대에서 더 이상 대장이 배출될 수 없다는 것을 해병들은 애석하게 생각한다.
해병들은 미 해병대가 미국 내에서 얼마나 큰 예우를 받는가에 대해 자주 들먹이는데 해군장관 아래 해군 참모총장과 해병대사령관이 동격인 4성장군이라는 것이 그들의 부러움이다.
해군의 예하부대인 관계로 예산이 부족하다는 것과 해병대의 주요 직제에 해군이 파견나와 있다는 것도 불만 가운데 하나이다. 특히 정훈을 해군이 장악하고 있다는 것이 무엇보다도 큰 불만이다.
이러한 불만사항들이 해병대로 하여금 더욱 단결하게 하며 부족한 사항을 특유의 결집력으로 돌파해 나가는 가운데서 해병정신이 더욱 우러나온다고 그들은 말한다.

해병대가 단결하게 된 원인 가운데 또 하나 중요한 것은 바로 소수부대라는 점을 들고 있다. 해병대가 창설되었을 당시 겨우 3백 80명이었다. 시설과 보급, 장비가 형편없는 가운데 전장병이 동고동락하면서 유별난 단결의식이 생겼다고 김영학씨(해간 16기)는 말한다.

"당시에는 한 달에 한 번 그 달에 태어난 장병의 생일을 축하하며 사령관 이하 전 장병이 동석하여 음식을 나누어 먹을 만큼 가족적인 분위기였습니다. 그때 그 전통이 지금까지 이어지고 있는 것이지요. 초반의 가족적 분위기가 전통화 되었습니다. 초대 신현준 사령관님은 우연히 해병들이라도 만나면 몇 기수 누구냐고 묻고 현직 사령관님이 병장 출신과 인사하는 것이 바로 해병대 분위기입니다."

1949년 7월에 해병 2기로 입대한 이정호씨(65세)는 당시 해병대의 단결력이 유난히 뜨거웠다고 전했다.

"해병대 예산이 없어서 3기를 뽑지 못했어요. 그랬으니 소수의 해병대가 지리산으로 제주도로 토벌을 다니면서 단결력이 두터워질 수 밖에 없었죠. 해군에서 예산을 얻어다 쓰다 보니 늘 가난했던 것도 단결하게 된 배경중의 하나였죠. 6·25때는 압록강이 보이는 곳까지 북진하여 겨우 감자와 양파만 먹고 전투하면서 전우애를 다졌습니다. 사령관 이하 전대원이 모두 한가족이라는 생각은 아주 대단한 것이었지요.

당시의 배고픔과 혹독한 훈련은 이루 말로 다 할 수 없을 정도였다고 전한다. 당시에도 훈련보다 더욱 힘든 것은 기합이었다는데 맞지 않고 자는 날은 불안할 정도였다고 한다. 자기 전에 반드시 몇십대 맞고 잤으며 안 맞은 날은 자다가 깨서 다시 맞았다고 한다.

"그렇게 기합을 호되게 받아도 선후배간의 끈끈한 정이 있어서 반발하는 경우가 없었어요. 만약 후배 중에 누가 무단외박을 하거나 무단외출을 하면 선배들 손에서 끝내지 그것을 문제화 시키지 않았어요. 내가

두들겨 패서 끝내지 상부에 보고하지 않는 건 지금까지도 내려오는 해병대 전통입니다. 연대의식이 해병만의 끈끈한 정을 만들어 냈죠."
해병대가 가장 자랑스럽게 내세우는 것은 선후배 질서가 엄격하다는 것이다. 얼마전 타군에서 일어난 신세대 군인들의 하극상을 보면서 해병대 만큼은 결코 이러한 일이 일어나지 않을 것이라고 이구동성으로 확신했다.

가장 무서운 상관은 '일수님'

해병대는 15일마다 입대해 기수를 매기는데 그 1기수 빠른 선배를 새로 들어온 신병이 '일수님'이라고 부르며 깍듯이 모신다고 한다.
그리고 가장 무서운 상관은 바로 그 일수님이라는 것이다. 해병대는 분대장은 소대장에게, 소대장은 중대장에게, 중대장은 대대장에게 충성하라고 가르치고 있다. 사단장이 아닌 바로 위의 일수님에게 충성하여 선후배간의 위계질서를 준수하는 상경하애(上敬下愛) 정신을 강조하는 것이다.
이종호씨는 언젠가 술자리에서 있었던 일을 들려 주었다.
"술을 먹고 있는데 현역 해병과 사복을 입은 사람들이 잔뜩 취해서 다투고 있었어요. 가만히 들어보니 두쪽 다 해병대 출신들인데 잘 모르고 다투고 있는 거예요. 그래서 내가 '차렷! 나 해병 2기다.' 했더니 모두들 부동자세로 거수경례를 하더군요. 그 바람에 맥주 두 짝만 날아갔죠."
<해병회보> 사무실을 찾아가려고 서울 성동구 옥수동에 내려 길을 묻자 한 미화원이 자신도 해병이라며 사무실을 친절히 일러주었는데 한참 후에 궁금하였던지 사무실로 찾아왔다. 사무실에 모여 있던 해병 출신들이 쭈뼛거리며 들어온 그를 의아스럽게 바라보자 자신을 해병 87

기인 천기전이라고 소개했다. 그러자 모두들 오랜 친구라도 만난 듯 반갑게 맞이했다.

"제가 이렇게 삽니다."

천기전씨가 자신의 직업을 의식해서인지 쑥스럽다는 듯이 얘기하자 군산석제 사장인 조세형씨가 '선배님 같은 분이 없으면 누가 이 나라를 깨끗이 하겠느냐'며 자랑스럽게 생각하시라'고 말했다.

오무부씨가 자신을 62기라고 소개하자 천기전씨가 갑자기 부동자세로 경례를 하기도 했다.

김기수씨는 자신이 현역 시절에 겪었던 이야기를 들려 주었다.

"휴가 나왔을 때 알지도 못하는 분이 갑자기 달려와 자신도 해병 출신이라며 담배를 사주고 용돈을 주셨어요. 그래서 주소를 알려 주면 돈을 보내 드리겠다고 하자 나중에 사회에 나오면 후배들에게 갚으라고 말씀하시더군요. 그때 참 감격했어요. 언젠가 전철을 타고 가는데 맞은편에 현역 해병이 앉아 있었어요. 그 해병이 더위를 참지 못했던지 윗옷을 풀어헤치더군요. 해병기습특공이라고 쓰인 티셔츠가 보일 정도였어요.

시민에게 혐오감을 준다는 생각에서 주의를 주려는데 저쪽에 앉은 신사분이 그 해병에게 다가가더니 갑자기 '차려 열중쉬어' 하고 구령을 붙였어요. 그러자 그 해병이 일어나서 그 자리에서 구령에 따라 하더니 주의를 듣고는 옷을 단정하게 입더군요."

벗으면 모두 한 형제

현역 해병들은 군복을 입고 거리를 다니다 보면 어디서든 선배를 만날 수 있다. 서울 용산역 부근 청룡마크사 앞에서 470기 현역 해병 상병들을 만나 얘기를 나눌 기회를 갖게 되었다.

그들은 내일이 귀대일이라 신촌에서 놀다가 오는 길이라고 했다. 낯모르는 선배들이 지금도 용돈을 주는지 확인해 보았더니 바로 그날 낮에 길 가던 선배가 5만원을 주었다고 말했다.
"어떤 친구는 휴가기간 동안 용돈을 무려 50만원이나 얻었어요.
길 가다 보면 선배들이 고생 많다며 담배도 사주고 용돈을 주십니다.
그런 일은 해병이라면 누구나 경험해 보았을 거예요.
우연히 해병 선배의 택시를 타거나 버스를 타면 선배들이 차비를 받지 않아요."
해병복지사업본부 강경서 단장(해병 163기)은 지난 설날 서울역에서 있었던 일화를 들려 주었다. 현역 해병이 모자를 쓰지 않았다는 이유로 육군 헌병에게 들킨 장면을 목격했던 것이다.
그는 '머리 아프면 민주 군인이 모자를 안 쓸 수도 있지 그것 가지고 뭘 그러냐'고 오히려 큰 소리를 쳐 후배 해병이 그 자리를 모면할 수 있도록 해 주었다. 물론 그렇게 하면 안되지만 질책을 당하는 후배를 보자 자신도 모르게 나선 것이라고 말했다.
"해병대는 옷을 입으면 수직개념으로 상하관계가 철저하지만 옷을 벗으면 수평개념이 되어 모두가 한 형제라는 생각을 하게 됩니다.
현역 생활을 하면서 맺어진 끈끈한 동지애가 아주 좋은 토양이 되어 언제까지든 우리를 함께 묶어 놓는 것이지요.
내가 입대한 때가 1965년 3월인데 당시 해병대 평균 연령이 18.8세였어요. 당시 육군 평균 연령이 22.6세였는데 나이도 해병정신을 만드는 데 크게 일조를 했다고 생각합니다. 이것저것 따질 나이가 아니라는 얘기죠.
18세라면 그저 나 하나만 생각할 때입니다. 그러니까 내가 죽으면 그만이라고 생각하지 가족이니 부모님이니 생각할 만큼 머리가 복잡하지 않았다는 거죠. 그런 만큼 더 자기 일에만 열중할 수 있었다는 거죠."

해병대의 이런 유별난 연대의식이 예전에는 여러가지 말썽을 일으켜 해병대를 '개병대'라고 부르게 하기도 했다. 대전역전에서 해병대와 육군간의 시비가 잦아 문제가 되기도 했는데 고광수씨는 헌병감 시절의 일화 하나를 들려 주었다.

"육군 헌병감이 친구였는데 육군을 때린 해병을 잡으면 함께 때린 해병의 이름을 절대로 대지 않는다는 얘기를 하더군요.
의리때문에 이름을 안대는 경우도 있지만 대부분 정말로 이름을 모르기 때문에 댈 수 없는 것이라고 말해 주었지요.
해병은 누가 맞으면 무조건 가세합니다. 한번도 본적이 없어도 해병이라는 이유만으로 무조건 가세해서 싸우는 것이죠.
그러니 함께 때린 해병의 이름을 알아도 안댔겠지만 몰랐으니 당연히 댈 수가 없었던 거죠."

바퀴벌레 다음으로 싫은 해병

해병들은 지금 당장이라도 해병 출신 누가 맞는다면 달려가 가세한다고 얘기한다. 그래서 해병 출신이라면 함부로 건드리지 않을 뿐더러 기동 순찰대가 순찰을 할때 악명 높은 조직 폭력배들도 해병 만큼은 건드리지 않는다는 것이다.

여러 명의 해병 출신들과 식사를 하게 되었는데 음식점에서 목청을 높여 타군을 예로 들어가며 얘기를 했다. 타군 출신들이 덤벼들면 어쩌느냐고 우려를 표명하자 모두들 '누가 해병대를 건드리느냐, 그랬다가는 순식간에 해병들이 몰려들 것'이라고 호언장담을 했다.

군용 열차가 있을 때는 휴가 가는 해병들이 말썽을 많이 일으켰다.
해병이 섞여있는 군용칸에는 반드시 사건이 벌어졌다. 모자를 들고 다니면서 육군들에게 돈을 걷고 그것도 모자라서 육군들을 다 쫓아내고 해병 몇 명이 한 칸을 몽땅 차지하고 가는 것이 보통이었다.
그 일이 잦아지자 4대 김성은 사령관이 타군에게 피해를 입히지 말라는 특별지시까지 내렸다. 하지만 군용열차에서의 횡포는 그 후에도 해병대의 오랜 전통으로 계속되었다.
용산에서 만난 현역 해병들은 요즘은 군용열차가 없어졌기 때문에 그런 일은 없다고 말했다.
"상륙 후 빨리 옷을 마르게 하기 위해 바지가 다리에 붙지 말라고 바지 안에 링을 찹니다. 첫 휴가 나왔을 때 링을 철컥거리며 지하철 역으로 들어가니까 육군이 여러 명 서 있다가 양쪽으로 쫙 갈라서는 거예요.
그게 신이나서 첫 휴가 때는 괜히 폼잡고 다녔죠. 하지만 두번째 휴가 때 쯤이면 그런 객기어린 짓은 하지 않습니다. 지금은 육군에게 공연히 시비를 거는 일은 없어졌습니다."
그는 그런 악명이 아직도 가시지 않았는지 여자들에게는 여전히 인기가 없다고 서운해 했다.
"오늘 신촌에서 있었던 일입니다. 여자 둘이서 우리를 보더니 갑자기 '어머 해병대야' 하면서 막 도망가지 뭡니까.
여자들이 가장 싫어하는 것이 바퀴벌레고, 그 다음이 해병대라고 하더군요. 알고 보면 우리들도 부드러운 남자인데..."
그는 아무 생각없이 쳐다보기만 해도 피하는 사람들이 있다며 그럴 때는 정말 기분이 좋지 않노라고 덧붙였다.
예전의 악명때문에 여전히 해병대를 따라 다니는 수식어가 '개병대'인데 '개병대'라는 말에 대해 해병들은 그다지 기분 나빠하지 않는다.
서울을 제일 먼저 열었다는 개병대(開兵隊)라는 뜻과 개처럼 주인에게 충성한다는 의미라는 설명이었다.
미 해병대의 마스코트인 아메리카 피플즈 테리아라는 개는 싸움터에서 절대 물러서지 않으며 최후의 순간까지 공격하고 죽을 때 절대로 신음소리를 내지 않는 용맹스럽고 신비로운 개라고 한다.
한번 물었다 하면 주인의 명령이 없이는 두 시간이고 세 시간이고 놓지 않을 정도로 충성스러운 그 개처럼 해병대도 조국의 개가 되어 온몸을 불사르겠다는 뜻이라는 것이다.
"전쟁이 나면 여권 들고 외국으로 달아나려는 사람들이 많지만 우리 해병 예비역들은 한 사람도 빠짐없이 당장 전쟁터로 달려갈 겁니다."
충성스런 개병대인 자신들은 코리아 피플즈 테리아가 될지언정 비겁하게 조국을 버리고 도망가는 짓은 하지 않겠다고 말했다.
해병대에 입대하는 부류를 다섯가지로 나눌 수 있다고 한다. 첫번째로 해병대의 고된 훈련을 통해 자신을 단련시키고자 하는 그룹이다. 두번째로는 막연한 동경에서 지원하는 경우이다.
그러니까 해병대의 신화, 해병대의 전통이 멋있어 보여서 지원하는 것이다. 또 하나는 소심한 성격을 개조시키라는 주변의 권고를 통해서 입대하는 경우이다. 그 외에 아버지의 대를 이어 해병대 출신의 자녀들이 입대하는 부류와 마지막으로 징집되는 부류로 나눌 수 있다.
지원 입대하는 해병들을 '나가자 해병'이라고 부르고 징집에 의해서 해병대로 가게 되는 경우는 '가보자 해병'이라고 부른다고 한다.
요즘은 '가보자 해병'이 되기는 힘들다. 보통 100대 1의 경쟁을 뚫어야 하고 심지어는 1백 대 1의 경쟁을 뚫고 해병에 입대하는 경우도 있다. 지난 2월의 경쟁률은 70대 1이었다. 12, 1, 2월에 날씨 관계로 지원하는 해병이 없을 때 징집이 이루어지기도 한다.
우선 신체검사에 합격해야 하는데 첫째 눈이 나쁘면 해상 침투를 할 수 없으므로 현역 해병 가운데 단 한 명도 안경 낀 사람이 없다.
해병대들은 체력적으로 우세하다는 것에도 상당한 자부심을 가지고 있다.
 해병대가 이렇게 인기 있는 이유는 군대생활을 통해 자신을 단련할 수 있다는 매력때문이라고 한다.

우리는 '나가자 해병!

용산에서 만난 해병은 모두 자신들을 '나가자 해병'이라고 소개했는데 대학에 다니다가 군대에 가게 된 그들은 지금까지 고생 없이 자랐고, 앞으로도 고생할 일이 별로 없을 것 같아 일부러 고생해 보려고 해병대를 지원했노라고 말했다. 또 해병기동대 조직이 있다는 것을 알고 나중에 사회에 나와서 기동대를 통해 봉사하려고 해병을 지원했다고 덧붙였다.

"어떤 여자가 마음에 들때 꼭 이유가 있는 건 아니잖아요. 무조건 좋은 것처럼 해병이 그냥 좋아서 지원했습니다. 한순간에 끌렸습니다."

군대에 가지 않으려고 심지어 국적을 바꾸거나 멀쩡한 다리연골을 절개 수술 하는 사람들도 있는 판국에 그들의 그런 소리를 들으니 참으로 듬직해 보였다.

"해병정신은 세뇌되는 것 같습니다. 해병대에 들어가기 전에 4일간의 가입소 기간이 있습니다. 그때 신체검사를 다시 해 해병정신을 주입 받습니다. '나는 가장 강하고 멋진 해병이 되겠습니다.'하고 수없이 외칩니다. 혹독한 훈련을 받으면서 끝없이 외치다 보면 정말로 가장 강하고 멋진 해병이 되었다는 생각이 들게 됩니다."

가입소 기간동안 멋진 해병이 되겠다. '한번 해병은 영원한 해병', '무적해병', '귀신잡는 해병', '신화를 창조하는 해병' 등 무수한 구호를 외치면서 눈뜰 때부터 잠들 때까지 쉬지 않고 해병을 더 많이 부르짖게 된다고. 해병 예비역들도 이 가입소 기간을 세뇌교육 기간이라고 얘기했는데 수없이 해병을 외치다 보면 어느새 자신이 해병이 되어 있더라고 말하는 사람들이 많았다. 가입소 기간과 6주간 훈련, 그리고 다시 후반기 4주 훈련을 받으면 그 누구라도 강인한 해병정신을 단단히 주입받게 된다고 얘기한다.
그 기간동안 '말로 표현하기 힘든 극한의 훈련'을 거친다는 것이 이들의 공통된 대답이다. 미 해병대를 '제조창'이라고 부른다는데 해병대는 제조된다는 뜻이라고 한다. 해병들은 너나 할것없이 그 제조창이라는 말이 아주 실감난다고 말했다.
"공수, 유격, 암벽, 헬기 훈련 등을 마치고 나자 내가 정말 훈련을 해냈구나 하는 생각과 함께 자부심과 뿌듯함이 몰려오더군요. 포항에서 훈련을 받고 각자 배치를 받아 떠나 올때 그동안의 긴장이 풀리면서 모두들 연병장에서 끌어안고 울었습니다. 혹독한 훈련을 거치고 드디어 해병으로 다시 태어났다는 생각이 들어서 그랬던 것 같습니다.
예전처럼 심한 기합은 없지만 해병의 끈끈한 동지애를 기르기 위한 '빵빠레'라는 훈련이 있다고 들려 주었다. 11월에 팬티만 입고 옥상에 누워 바닷바람을 받을 때 상당히 추웠지만 모두들 그렇게 누워서 빵빠레 동지애를 기르면서 해병정신을 생각했다는 것이다.
신세대 해병들은 그 모든 훈련을 선배들을 생각하면서 이겨냈노라고 얘기했다. 뿐만 아니라 해병 수난사와 함께 지금도 가장 가난한 군대라는 사실을 그들은 곱씹고 있었다.
"긴장하기 때문에 사고는 별로 없습니다." '가보자 해병'들도 처음에는 견디기 힘들어 하지만 지나가는 사람도 빨간명찰만 달면 해병이 될 수 있다는 말처럼 훈련을 하다 보면 누구나 견딜 수 있게 됩니다."
신세대 해병들은 군대에 와서 몸무게가 10kg이나 늘 정도로 강인해졌다는데 몸 뿐만 아니라 정신력까지 강해져 마치 슈퍼맨이 된 듯한 느낌이라고 전했다.

대를 이어 해병되자

해병 출신들은 자녀가 해병대에 지원하여 해병가족을 이루는 것을 몹시 자랑스럽게 생각한다. 해병 예비역들의 자녀들은 대부분 해병대에 지원하는데 아버지가 권해서가 아니라 스스로 해병대에 지원한다는 것이다.

취재중에 만난 해병 예비역의 자녀들은 대부분 해병대였다. 자녀가 평발이어서 해병대에 가지 못했다며 몹시 서운해 하는 해병도 만날 수 있었다. 그들은 한결같이 사나이가 되려면 해병대에 가야 하고 해병혼을 배워야 사회생활 하기가 수월하다는 답변이었다.

고엽제 후유증으로 시달리고 있는 월남전 참전 해병을 만났을 때 그들은 자신들이 해병으로서 최전방에서 싸우다가 몹쓸 병을 얻었지만 자녀는 반드시 해병대에 보내겠다고 말했다.

"월남전에 참전한 해병이라면 대부분 한 사람당 1백명 정도의 적을 섬멸하였을 겁니다. 돌격부대로 항상 앞장서서 정글 속으로 뛰어 들어가 진지를 구축했습니다. 전우가 한 사람이 전사하면 눈에 불을 켜고 전투를 했습니다. 포위되어서 며칠간 굶으면서 전투를 한 적도 있습니다."

그렇게 전투를 했던 그들은 지금 그 후유증으로 시달리고 있지만 그들은 그에 따른 적절한 보상을 받지 못한데 분통을 터뜨릴 뿐 자신들이 해병으로서 전장에서 싸운 것에 대해서는 후회하지 않는다고 말했다.

고광수씨의 경우는 5부자 해병으로 해병대 내에서 유명한 해병가족이다.

"내가 특별히 해병에 지원하라는 얘기를 하지 않았는 데도 자진해서 가더군요. 둘은 장교로, 둘은 사병으로 제대해서 모두들 훌륭하게 사회생활을 하고 있습니다. 해병대 출신이라면 패륜사건같은 건 고민할 필요가 없어요. 상관에게 절대 복종해야 하는 것이 해병정신인데 해병 선배인 아버지를 해칠 리가 없죠.

홍사덕 의원의 아들도 해병 702기로 연평도에서 복무했다.
해병정신을 '어떤 어려움이 있어도 물러서지 않는 불굴의 투지'라고 정의한 홍의원은 어려운 일을 해병정신으로 돌파했을 때가 가장 기뻤다고 전했다.
홍의원은 의장대 출신으로 지금도 해병대사령부 의장대 출신 동우회 모임에 적극 참여하고 있다.
해외동포 해병들은 자녀를 입대시킬 수 없자 지난 해부터 여름방학을 이용해 포항 해병 1사단에 자녀들을 입소시켜 2주일 동안 해병과 똑같은 훈련을 받게 하고 있다. 이 일을 기획한 미 동부지역 해병전우회 한신일 회장은 지난해 30명이 훈련을 받았는데 폭발적인 인기를 얻자 올해 7월에는 1백명을 입소시키기 위해 열심히 준비중이다. 올해는 훈련을 3주로 늘려 한국의 발전상도 돌아보게 할 예정이다.
"해병들과 똑같이 훈련을 받았어요. 제식훈련, 집체동작, 산악훈련, 수색교육을 받고 해군 함정도 탐방했죠. 첫날은 음식이 입에 맞지 않으니까 먹지 않더니 다음날 부터는 배가 고프니까 아무거나 가리지 않고 먹더군요. 교포들의 가장 큰 걱정이 바로 자녀 교육입니다.
짧은 기간이나마 해병대에 입대시키고 나니 마음이 놓입니다.
미국에서 자유스럽게 살던 애들이 강한 훈련을 통해 조국을 깊이 인식하게 되는 것이 참으로 다행스럽습니다."

국내 205개, 해외 32개 지회

한신일 회장은 제2기 교포 2세 훈련을 위해 내한했는데 교포들이 생각보다 그리 넉넉한 것이 아니어서 경비를 조금이라도 줄이기 위해 여기저기 찾아다니는 중이라고 일러 주었다. 특히 이 행사에는 반드시 해병의 자녀가 아닌 일반교포의 자녀들도 포함된다고 했다.

현재 해병대 해외지부는 미국 25개, 캐나다 3개, 브라질 1개, 아르헨티나 1개, 호주 1개, 파라과이 1개 등 총 32개 지회가 결성되어 있다.
"해외 해병 출신들은 외롭고 힘들어 모군(母軍)을 더 깊이 생각하죠. 어쩌면 본국의 전우회보다 더 똘똘 뭉쳐 있을 겁니다. 미국의 경우 대여섯 시간이나 달려가서 서로 교류하기도 합니다. LA폭동이 났을 때 그 지역 해병 전우들이 교민들을 직접 도왔고 미처 가지 못한 다른 주의 해병들은 모금을 해서 동포들에게 전달했습니다."
한인커뮤니티 범죄예방, 한인 행사시 질서유지, 지역 순찰, 사고시 신속히 신고하여 경찰 업무 협조 등의 목적으로 창설되었는데 각 지회마다 기동대를 조직해 범죄예방에 나서다 보니 미국 경찰들에게 해병기동대의 인기가 높다고 한다.
더욱이 219년의 역사를 가진 미 해병대가 미국 내에서 선망의 대상이다 보니 한국 해병대 출신들도 덩달아 대우를 받는다고 한다.
미 해병대들이 재미 한국 해병전우회에 각별한 관심을 갖고 있어 요청하지 않아도 그들의 신문에 한국 해병전우회 소식도 싣고 교류도 활발하게 벌이고 있다고 한다. 또 범죄자들로부터 피해를 당할 때를 대비해 보험에 들 수 있도록 주선하겠다는 제의도 있었다고 한다. 현재 기동대 차량은 없지만 기동대원들은 자신의 차에 해병대 마크를 붙이고 다니면서 활동을 펼치고 있다. 이번 광복절에는 모든 한인들이 태극기를 게양할 수 있도록 홍보활동을 펼칠 예정이라고 한다.
7월 27일, 워싱턴의 케네디기념관 앞에 한국전쟁 기념탑 및 공원 개막식이 열린다. 미 해병대에서 한국 해병이 오겠다면 미국 해병이 길거리에서 자더라도 자신들의 숙소를 제공하겠다는 연락이 왔다고 강경서씨가 전했다. 전세계 24개국에 해병대가 있는데 우리나라는 미국에 이어 두번째로 많은 병력을 자랑하고 있다. 전세계 해병들은 너나 할 것 없이 긍지가 높으며 모두가 형제 해병이라는 의식을 가지고 있다고 전했다.

1987년에 해병대사령부가 제창설되자 88년 4월 8일에 해병 예비역 조직체인 해병전우회가 발족되었다. 현재 전국적으로 205개 지회와 광역시 및 도단위에 16개 연합회가 조직되어 있다.

해병정신 중에 애민(愛民)정신을 실천하고 있는 해병 기동봉사대원들은 주로 야간 방범활동, 민생치안 사범 단속 협조, 교통정리 지원, 산악 및 해상구조 활동, 환경보호 및 감시체제 활동을 주업무로 하고 있다.

해병 가족도 해병

87년 경기도 안산시의 해병 전우들이 치안부재 현상이 일어나자 자녀들을 보호하기 위해 방범활동을 벌인 것이 발족의 계기가 되었다. 강남 해병전우회 기동대장 안만영(安萬永, 해병 157기)씨는 기동대의 역할에 대해 이와같이 설명한다.

"범죄예방 차원에서 일익을 담당하고 있다고 생각합니다. 우리에게 사법권이 없기 때문에 선도차원에서 일을 하지만 경광등을 단 기동순찰대 차량이 도시 구석구석을 누비면 범죄가 줄어들건 분명한 사실이죠. 가끔 주민들이 고맙다며 드링크나 라면을 들고 올 때면 보람을 느낍니다."

서울 강남전우회 회원은 약 280명 정도인데 이들은 주 4회 교대로 교통정리와 야간 순찰을 한다. 교통정리는 오전 7시부터 9시, 야간 순찰은 밤 10시부터 새벽 1시까지 하게 된다. 취약지구인 양재천 주변 순찰에 특히 신경을 많이 쓰고 있다. 주로 20대들이 술에 취해 말썽을 많이 일으킨다고 한다. 술 취한 사람들을 차에 태워 집에 데려다 주기도 한다.

"부인들이 도와주어서 이 일을 할 수 있는 겁니다. 부인들이 돌아가면서 밤마다 간식을 준비해 줍니다. 해병 가족들도 해병이 다 되었지요."

안만영씨는 해병대 행사 때면 온 가족이 해병 복장을 입고 나타나는 경우가 허다하다고 일러 주었다. 강인한 성격의 해병들이지만 부인들에게는 부드럽다는 설명과 함께 그래서인지 부부문제로 고민하는 해병은 별로 없다고 전했다.

기동봉사대 외에도 친목단체로 90개 단체가 가입되어 있는데 직능별로 공병, 보급, 헌병, 보병, 재무, 택시, 기사회, 기독선교회 등이 있으며 직장별로는 창원공단, 천자봉 연합회, 울산 현대해병전우회, 9·28 친목회 등 전국 방방곡곡에서 해병전우들의 모임이 이루어지고 있다. 지역 기동봉사대는 주로 자영업을 하는 40~50대 중년들이 참여를 하고 20~30대는 직장 내에 조직되어 있는 기동봉사대에서 활동한다. 또한 각 대학마다 해병전우회 모임이 활발하게 진행되고 있다.

최면을 걸고 사는 사람들

지금도 조직이 계속 생겨나고 있다. 지난 4월 1일 아산만 기아자동차 해병 봉사단 발대식이 있었다. 행사때마다 해병들이 나서서 교통정리를 하는 등 활동을 하자 회사측에서 정식으로 발족식을 하라고 권유을 했던 것이다.

이날 발대식에서 전국의 해병전우회 회장들이 모여들어 성황을 이루었는데 해병대 행사가 있을 때면 누가 강요하지 않아도 자발적인 참여가 이루어지는 것이 해병대만의 전통이다.

"해병 위장복을 입고 행사에 참여하는 것을 우리 해병들은 몹시 좋아합니다. 그 옷을 입고 싶어서 행사에 참여한다고 말하는 사람도 있을 정도예요. 누가 경비를 주는 것도 물론 아니죠. 어디서 해병대 행사가 있다는 소식이 들려오면 모두들 자비를 들여 달려가서 축하를 하는 겁니다. 해병대 기동봉사대 차량도 모두들 회원들이 스스로 갹출을 하여 마련한 것이지 누가 도와준 것이 아닙니다. 그저 해병이 좋아서 함께 모여 일하는 것 뿐입니다."
김기수씨는 아무런 이권도 어떤 특혜도 없는 일이지만 모두들 즐겁게 참여한다고 덧붙였다.
해병기동봉사대가 단순히 마을 순찰만 도는 것은 아니다. 위급할 때는 발벗고 나서서 재난을 막아낸다. 문민정부 시절에도 네 번이나 대통령 표창을 받았는데 아시아나 항공사고시 인명구조(목포해병전우회), 폭우시 인명구조 봉사(영월 해병전우회), 위도 해난사고시 봉사(군산 해병전우회), 엑스포 행사시 봉사(대전 서구해병전우회) 활동이 바로 그것이다.
이렇게 활동을 벌일 수 있었던 배경을 유화선(해간 32기)씨는 설명한다.
"정도의 차이는 있지만 현역이건 예비역이건 '나는 해병'이라는 일종의 자기 최면을 걸고 사는 것이 해병입니다. 인간이 인내할 수 있는 한계를 증명해 보고 그 한계를 넘어섰을 때 '죽자'고 하면 죽을 수도 있는게 해병정신이죠. 대통령 표창을 받은 영월해병전우회의 일입니다.
폭우가 내려 사람이 섬에 갇혔어요. 상황이 위급했는데 악천후 때문에 헬기로도 구조를 할 수가 없었어요. 그때 예비역들인 해병 인명구조 요원 세명이 보트를 타고 가서 사투 끝에 갇힌 사람들을 구조했어요.
잠시후 그 작은 섬은 물에 잠겼어요. 이건 구조 기술로만 할 수 있는 일이 아닙니다. '나는 해병'이라는 자기 최면, 자부심, 명예를 늘 지니고 있다가 용기가 필요한 그 순간에 적용하는 기질이 있기 때문에 가능했던 일입니다."
실제로 어떤 해병은 자녀의 생활기록부 종교란에 해병대라고 써넣었다고 하는데 해병대를 신앙처럼 생각하는 이들이 많다고 해병들은 스스럼없이 말했다.

해병기동봉사대 못지 않게 활발하게 활동을 벌이고 있는 단체가 바로 해병 예비역들로 조직된 청룡환경연합회와 한국환경경영연합회이다. 청룡환경연합회는 정식 등록단체로서 환경평가때 공식 초청되는 단계에 이르렀고, 한국환경경영연합회는 22개 지부를 두고 활발히 활동을 벌이고 있다.

애경사가 있을 때면 해병들의 단결력은 또 한번 빛을 발한다. 특히 상을 당한 해병 전우는 손쉽게 장례를 치를 수 있다. 해병 전우가 사망했을 경우처럼 운구에서부터 장지 뒷마무리까지 절도있게 처리해 준다. 가끔 해병들의 끈끈한 의리를 보고 기동대 차량을 제공할 테니 명예해병으로 가입시켜 달라는 청탁(?)을 해오는 사람들도 있다고 한다.

예전에 해병대의 육성과 발전에 이바지한 인사들에게 명예해병증을 수여한 적도 있다. 국어학자 이희승 박사, 고려대 김성식 박사, 여류작가 이명온 여사, 문산농고 이경재 교장, 종군작가 김충희씨 등이 그분들이다.

해병의 발전을 위해 홀로 고군분투하는 해병들도 많다. 해병대 하교 160기인 최돈수씨는 302면에 달하는 <해병사>를 혼자서 발간해 내는 저력을 보였으며, 해병정훈동지회 회장인 정채호(鄭采浩)씨는 해병에 관한 책을 10권 이상 출간한 바 있다. 또 변기룡씨는 1년 6개월간 작업한 끝에 49년 덕산 진해 비행장에서 해병대 창립식을 가질 때 부터 지금까지 해병대 장교들의 주소와 전화번호, 인적사항을 총망라한 <해병장교가족>이라는 책을 펴냈다.

또한 해병 179기로 파월되어 청룡부대 본부 작전참모실 T.O.C에서 근무했던 이광희씨에 의해 <실록 청룡부대>라는 책이 발행되었다. 이 책은 월남 파병에서 종전까지 청룡부대의 대·소규모 작전과 병사들의 전선의 수기, 시를 수록함으로써 우리의 뇌리에서 잊혀져 가는 월남전쟁의 적나라한 상황을 전해주고 있다.

너무 설치는 거 아닙니까

개인이 이런 무모한(?) 작업을 할 수 있었던 것은 해병 특유의 돌파력 때문이었을 것이라고 해병들은 입을 모은다.
52년간 배출된 80만 해병 예비역들이 국내는 물론 해외 곳곳에서 활동하고 있는데, 홍사덕, 박찬종, 장석화, 박구익, 허재홍의원 등 현역 국회의원과 정창화 3선의원을 비롯한 국무위원을 다수 배출한 바 있다.
언론인으로는 현소환 전 연합통신사 사장, 안병훈 전 조선일보사 전무, 윤혁기 전 서울방송 사장 등이 있으며, 김용철 전 대법원장, 전남석 전 고법판사, 김문희 전 헌법재판소 판사를 비롯해 많은 해병대 출신 법조인들이 활동을 벌이고 있다. 체육계에서도 해병 예비역들의 활발한 활동이 펼쳐지고 있는데 김정남 울산 현대 호랑이축구단 감독, 94월드컵 국가대표 감독을 지내고 현재 삼성블루윙스 김호 감독, 허정무 감독, 전남드레곤즈 이회택 감독 등이 모두 해병대 출신이다.
경제계 인사로는 김석원 쌍용그룹 회장, 엄정일 건영 대표이사 등이 해병대 출신이다. 소설가로는 김용성, 오유권, 정건영, 천금성씨 등이 눈에 띄고 패션 디자이너 이동수씨도 해병대 출신이다. 신영균 예총 회장, 장수봉 PD, 작곡가 정풍송씨, 코미디언 구봉서, 임희춘, 탤런트 임채무씨 등도 해병대 출신이다.
특히 해병대 출신 가수들이 많은데 최희준, 남백송, 박일호, 오기택, 남진, 박경원, 윤항기, 진송남, 김흥국씨 등이 있다. 박양원 전 경희의료원장, 장익열 전 한강성심병원장, 민병철 현대중앙병원장 등 의료인 중에도 해병대 출신이 많다.
취재 중에 타군 출신들에게 해병대에 대한 평가를 부탁했더니 '너무 설친다, 너무 자기들 끼리만 똘똘 뭉친다, 원래 그런 사람들이다, 할 일도 없다' 등 대체로 곱지 않은 시선이었다. '해병이니까'라고 해병과 똑같은 답변을 하는 사람들도 있었다.
이에 대해 어떻게 생각하느냐는 질문에 대해 변기룡씨는 이렇게 대답했다.
"각 지역에 있는 해병전우회, 특히 기동봉사대의 활동에 대해 곱지 않은 시선을 보내는 국민들이 없지 않다는 것을 알고 있습니다. 더러는 해병 출신임을 내세워 폼만 잡는 사람도 있습니다. 그러나 대부분 순수한 마음에서 기동봉사대로 활동하는 사람들이 많이 있습니다.

확실히 보기 드문 일

또 다른 해병 예비역들은 질투에서 나온 말이 아니겠느냐, 설쳐서 잘못된게 있느냐, 많은 사람이 움직이다 보면 잡음이 날 수 있지 않느냐는 정도로 응수했다.
홍사덕 의원은 유난스러운 단합으로 간혹 배타적이라는 인상을 주기는 하나 반드시 그렇게만 생각할 것이 아니라고 말했다.
"타군에 비해 대단히 성공적이었다고 생각되어 자랑스럽습니다. 간혹 지나치게 극우적인 행태를 보인 적이 있으나 우리 사회에는 그런 부분도 필요하다고 봅니다."
그는 정치적으로 해병전우회로부터 도움을 받은 적이 있느냐는 질문에 대해 모든 해병의 자발적인 도움이 있었을 뿐이라고 얘기했다.
해병전우회는 어떤 정치색도 띠지 않는다는 것을 강조한다. 순수 친목, 봉사단체이므로 정치와는 무관하다는 것이다.
<해병회보>에서 1년 6개월간 수많은 해병을 만난 여기자 김경남씨는 해병대원들과 생활하다 보니 자신도 해병이 다 되었다고 했다.
언어습관도 많이 달라져 자신도 모르게 '새발의 피'가 아니라 '새발의 미스무시(무좀)'라고 말할 정도라며 웃었다.

"특수 문화에 관심이 많아 입사했어요. 특수문화의 좋은 점을 일반문화화 시키는 것이 제 임무라고 생각해요.
해병의 가장 큰 특징을 들라면 단결력을 들고 싶어요. 기수 하나로 똘똘 뭉치는 모습을 볼 때마다 기이하다는 생각을 많이 했죠.
직업도 다양하고 성격도 틀리지만 이들은 해병이라는 이름 하나아래 똘똘 뭉쳐있는 것 같아요. 신기할 정도입니다. 기수에 따라 서열이 매겨질 뿐 다른 조건은 다 무시됩니다. 마음과 마음으로 연결되어 있는 것 같아요."
그녀는 지금까지 취재한 사람 중에서 종로 5가에서 문구사를 운영하는 사람과 안산에서 구두닦이를 하는 해병예비역이 가장 기억에 남는다고 한다. 문구사를 하는 사람은 종업원으로 취직하여 자수성가한 분인데 갑자기 불이나서 알거지가 되었다고 한다. 하지만 굽히지 않고 다시 노력해 다시 사업을 일으켜 세우는 노력을 보고 그 정신이 놀라웠다고 전한다.

자기 자신을 끌어 올리는 정신

안산에서 구두닦이를 하는 사람은 서울 강변 포장마차 주변에서 활개치던 폭력배였는데 자기 주먹을 알아줄 것 같아 해병대에 입대하였다가 적응을 잘 하지 못해 군대생활 내내 거의 영창에서 보내다 제대했다.
제대 후에도 방황하다가 자신이 사회악이라는 자각을 한 후 전우회에 가입하게 되었다. 선후배들을 통해 해병의 참뜻을 깨닫게 된 그는 구두닦이를 시작하여 새 삶을 살면서 지금은 가출 청소년 7명을 돌보고 있다고 한다.
"해병대들은 해병대 작대기 하나를 논 한 마지기 하고도 안바꾼다는 말을 자주 합니다."

그녀는 해병정신을 '각자 자신을 끌어올리는 정신인 것 같다고 정의했다.

"의무감이 아니라 목적의식을 갖고 군대에 가서 혹독한 훈련을 마치고 나온 사람들이기 때문에 제대 후 몇십 년이 지난 지금까지 현역정신으로 활동할 수 있는 겁니다. 기독교 문화가 자본주의를 살찌게 했듯이 해병들의 건전한 리더십은 바람직한 일이라고 생각합니다.

특히 풍요로운 사회가 되면서 사회정의가 흔들릴 때 의로운 일에 뛰어드는 집단이 있다는 것은 고무적인 일이지요."

이익이 따르지 않는 일, 의무조항이 아닌 일, 그런 일을 해병 예비역들은 하고 있었다. 그

건 이익을 창출하기 위해 시간을 쪼개가며 살아가야 하는 요즘 세상에서 확실히 보기 드문 일이다.

그들은 스스로 의욕을 돋우며 서로서로 칭찬해 가며 앞으로 나아가고 있는 것이다.

해병이 좋아서 해병에 미쳐서 해병의 전통을 이어가기 위하여 그들은 무작정 그렇게 하고 있다.

제 2 부

해병대 추억록
〔군시절의 에피소드, 시, 유머〕

해병대 추억록에 오신 것을
환영합니다.
재미있게 보시고
옛 추억을 다시한번
회상해 보시기 바랍니다.
　권 준 근 (해병 756기)
　김 학 진 (해병 732기)

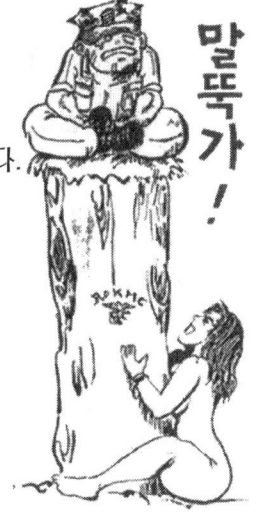

말뚝가!

꼰봉가!

그대 이름은 해병

햇빛 찬란히 비치고 뭉게구름 솟아 오르면서
해병이란 이름으로 우리는 탄생했다.
햇살에 반짝이며 가슴에 붉은 명찰을 단
그대는 자랑스런 대한민국 해병대!
깡다구와 의리로 살아가는 해병, 상승해병
무적의 전통을 갖는 해병대를 조국의
이름으로 축복하소서!
어떠한 고난과 역경을 두려워하지 않는
용감한 대한의 건아들이여!
그대 이름은 해병이어라.

군바리 하소연

별빛이 총총한 밤하늘을 보며
집에 가자니 탈영이요
잠을 자자니 근무 태만이요
기분 내자니 군기 위반이요
말대꾸 하자니 기압빠졌다고 아구창이요
술을 마시자니 영창감이라
도대체 군바리는
인간이 아니더란 말이냐
미끄러져 가는 시간 속에서
한가지 희망이 있다면
거꾸로 매달아도
국방부 시계는 돌아간다는 것이다

이제는 가는가

오대불문 포항땅에서 동해바다 갯바람을 맞고
살아 온지 어언 26개월
결코 나에겐 짧은 시간이 아니었다.
인생의 황금기인 20대 청춘을
아! 26이라는 두 글자 속에 파묻혀 버린
지난날 하나의 서글픈 추억으로 변했지만
이제야 회상해 보는 해병생활.
선임들에게 받았던 수많은 고통과 시련들
5파운드 곡괭이 자루가 허공에서 디스코를 출때
무쇠같은 해병 펀치가 내 앞가슴을 강타할 때
난 변소에서 피로 멍든 엉덩이를 보자 꽉 막히는
호흡을 의식하며 북받쳐 오르는 설움에
오직 말없이 눈물만 흘렸지.
전우들이여!
오직 참는 자만이 승리할 수 있다.
발끝을 고향 막차로 돌리련다.
나의 사랑하는 부모님과 형제들이 기다리는 곳으로
안녕……

해병대 맹세

나는 해병임을 조국의 산하가 알고 있는 까닭에 죽음을 두려워 하지 않는다.

나는 자랑스런 해병임을 아는 까닭에 어머니의 곁을 떠나 이 자리에 섰다.

나는 부엉이처럼 울 수도 없는 잿빛가슴을 안고 해병이기에 피와 땀을 흘린다.

하 소 연

아무도 말할 수 없는
그 누구도 감당못할
어려운 강훈련을 참고 견디었습니다.

어머님! 그리고 아버님!
아! 난 지상의 극과 극을
치닫는 특수훈련을 받아야 하고
견디어야 하는 선택된
인간이 되었습니다.

하지만 후회는 없을 것입니다.
먼저 숨져 간 전우가 있으니까…

인　생

차라리 이런 생활이라면 죽고만 싶다.
그러나 오늘 속고 내일 또 속아보자.
이렇게 속다 보면 세월이 가고 제대하겠지.

조국이여! 동포여! 내 사랑하는 소녀여!
나 그대들의 행복을 위해 산다.
당신이 못이룬 소망 물리치지 못한 원수

이 몸과 청춘을 다바쳐
꼭 이루어 놓으리라.

해병 용사

밀려오는 파도소리 들으며 밤의 적막 위로
눈알을 굴릴 때 수평선 위로 초점을 멈추고
끝없이 펼쳐지는 파도의 거품은 밀려 왔다
밀려 가지만 해병은 밀려가지 않는 기백을
지녔다오.

군번없는 해병 용사를 땅에 묻히기 싫어
군복을 벗어 버린 해병 용사들

그대들은 해병 용사를 보았는가
귀신잡는 해병대를…

병사의 편지

내 생명이 하나인줄 알지만 어머니!
내 조국이 하나인 까닭에
한길 뿐인
푸른 제복을 택하였습니다.

첫번째 휴가때 삶은 고구마를 쥐어
주시며 피어 오르는 열기보다 더 뜨겁게
토해 버린 내 어머니의 기침소리

밤이면 수천개의 물방울로 내 가슴 위에
내려 앉아 크고 세차게 때릴 때 병사는
팔각모를 고쳐 씁니다.

가장 보드라운 내 모성의 어머니

　　　　　　　포항에서 막내아들

일병시절

곱빼기 근무에 멍가슴만 앓고
술사주고 깨지고 부식 나쁘다고 터지고
여기서 터지고 저기서 깨지고
고향생각 휴가 생각 그리울 때
새벽에 세무약으로 세수하고
추라이가 나의 벗이며
침구는 가마니 같은 것

그녀가 보고파집니다
여유를 찾았습니다
군대를 알고 선임들의 심정을 파악하는
심리학자가 되었습니다
군대를 알고 있어서 실질적인 힘이며
살인청부업자입니다
알게 모르게 술과 담배는 늘어가고
몸은 푸른 제복속에 썩어 갑니다
그렇게 자주 오던 편지가 조금씩 끊어집니다
두번째 휴가
당신을 사랑하지만 부모님의 마음을 헤아려 줘야 하는
제 마음을 아시나요
그런 난 아직 당신을 사랑해요
마지막 밤의 역사는 그 누구도 체험하지 못한
땀의 뒤범벅………악………

역사 속의 해병

외롭고 괴롭더라도 보람있게 살자.
터질 듯 타오르는 젊음을 태우고
역사의 세파 속에 뛰어 든 해병.
전진하던 해병의 긍지, 탱크같은 피와 불바다
그 젊은 사나이 충정…

귀신잡는 신화를 상공, 바다, 땅에서 낳았다.
피와 땀으로 얼룩진 붉은명찰과
죽어도 오와 열의
팔각모의 정신들은 오늘도 힘차게 앞장서리라.
조국의 수호신이 되어 달리고 싶다.
희미한 불빛 아래서 반짝이는
눈망울로 굴려 보리라.

전천후 해병…
귀신잡는 해병대원들…

후임들아

공짜가 아니면 먹지를 말고
외상이 아니면 사지를 마라.
소주병같이 깨지더라도
깡통처럼 찌그러지지마라.
한 개를 사되 열 개를 긴빠이해라.

도전을 피하지 말고
고개를 숙이지 마라.
말에는 말, 주먹에는 주먹
여자에게는 사랑을…

미 친 개

육군을 땅개, 해군을 물개,
공군을 참새라 한다.

저 높은 고지를 정복하고 험한
산속을 거침없이 달리며 거센파도로
검푸른 창공에서 몸을 날리는 용사

땅에서는 유격훈련, 바다에서는
기습상륙훈련, 하늘에서는 공수훈련
땅과 하늘과 바다를 종횡무진
누비며 온 세상을 주름잡는
해병대를 미친개라 한다.

해병의 조건

해병은 강인하고

충실히 책임과 멋을 창조하고

인내와 투지로써

인생의 승리자가

되어야 하고

의리를 저버리지 말며

고통의 참뜻을 알고

　　　낙오의 아픔을

되새기지 말아야 한다.

해병대 기수

미제 철조망은 녹슬어도 해병대 기수는
녹슬지 않는다.

날아가는 제트기는 잡을 수 있어도
해병대 기수는 잡을 수 없다.

하늘도 땅도 움직이며 세상을 뒤흔들었던
해병대 역사는 아직도 살아있다.

팔각모, 쎄무워카, 위장복에 그린베레모
장엄한 모습에 우리는 살아가노라고
나는 말하겠노라.

지 옥 주

얼마나 많은 해병들이 눈물과 피를
이 지옥주에 얼룩져 왔느냐.
뼈에다 가죽만 도배해 놓고
초라한 몰골의 해병대.
목줄기 피를 빠는 비정하리만큼 가혹한 해병 교관들
치를 떨며 고향하늘을 바라보니
내 눈에 이슬이 맺힌다.

해병은 인간이 아니고 미친개더냐.
누구를 위해
무엇을 위해 개가 되었는데
먹을 것이라곤 뱀과 개구리
버려진 짠밥분이더냐.

해병대 지옥주

화장터 백골 배게 삼고
내 청춘을 바쳤노라.

피를 말린다 하여 해병지옥주라 했던가.
수면시간 30분에 뱀과 개구리가 식사의
전부였으니…

오직 전역만이 성스러운 댓가인가.
이제 남은 것이라곤 더러운 성질뿐…
아~ 그 누가 만들었는가.
해병대 지옥주.

해병 순검

산천초목도 벌벌 떨고 떨어지는 낙엽도 동작 그만
이 세상의 모든 피조물이 정지하는 시간이
바로 해병대의 순검이다.
부릅 뜬 두눈에 눈물이 맺히고 당직병 호각소리
내 가슴에 비수되어 꽂힌다.
10중대 순검 순검!
목소리 불량 침상에 배치붙어!
암기상태 불량 바닥에 꼬리박아
하루종일 지친 몸이 다시 한번 죽는구나.
신들린 5파운드 그칠줄 모르고
떨리는 이내몸은 멈출줄 모르고
하루의 최종과업은 하나의 명분이요
명일의 전투준비는 또 하나의 명분이다.
군인을 해병대로 만드는 시간, 그것이 순검시간.
호각소리, 빳다소리, 쥐새끼 우는 소리…

해 병 대...

울고넘는 해병대에 지원해서
지금 열심히 복무하고 있다.
일병이지만 아직 많이 힘든가보다.
저번에 휴가 나왔을때 주위 사람들이 전부 그 녀석을 보더니
얼굴보니까 살쪘다구, 군대체질이냐구
가족들도 그렇게 생각했고
나도 그런줄만 알았었다.
근데. 그게 아닌가 보다.
요새도 그 생각만 하면 눈물이 나올거 같다.
타군에 비해 많이 힘들고, 휴가도 적고
더 빡시기도 하고(안 그런가?).
얼마전 우리 기념일이었다.
몇날 몇일을 울면서 잠이 들었다.
그때 이런 생각이 들었다
해병대가 너무너무 싫다구.
그런 생각 안할려구 했는데
계속 그런 맘이 든다.

하지만 달리 해병앤이겠는가
해병만 보면 뿌듯해지는 내 맘
어쩔 수 없는가 보다.

씩씩하게 잘 견디구 있는 울그넘 생각하면서
내가 더 힘내기로 했다.
자존심이 강한 울그넘
나한테 힘들다는 말은 안하지만
그에게 보이지 않게
힘이 되어 주고 싶다.
여러분들, 전부 이쁜사랑하시구요.
언제나 행복하세요.

저는 해병앤으로써…
씩씩하게 기다릴게요.

♥ 한사코 말리던 그대 손을 뿌리치고

김 학 진(해병 732기)

한사코 말리던 그대 손을 뿌리치고
먼저 찾은 곳 포항훈련소
해병 전통의 악마 같은 훈련에도
병신되지 않고 수료하여
그대에게 은근히 내 자신을 과시했지만
실무생활을 하다보니
원수 같은 선임해병에게
한두대 맞다 쓴맛 2년
이제는 고향으로 달려가
다시는 이 땅에 오지 않으리
마음 크게 먹지만.

♥ 소녀에게

거친 파도와
불타는 갯벌에서 웃음의 여유를 가질 수 있었던 것은
나를 믿는 뜨거운 너의 가슴이 있었기 때문이다.
빗발치는 총탄과 천지를 뒤흔드는 포탄속에서도
끝까지 뛰어다닐 수
있었던 것은
흙묻은 나의 얼굴을 두손으로 닦아 줄 수 있는
부드러운 너의 마음이
있었기 때문이다.
소녀여!
기다림은 누가 뭐라 해도 아름답다.
기다릴 줄 아는 사람만이 진정한 사랑의 승리자가 아닐까
꿈속에서 그 먼 앞에 서있던 멋진 미소의 해병
오늘 밤 그 해병이 당신을 찾아간다.
반짝이는 팔각모와 칼 같은 전투복
그리고 잠결에 들려오는 아련한
링소리와 함께

☯ 군바리 서곡

당신이 화장을 하고 나설 때
나는 위장을 하고 철야근무를 섰고
당신이 청바지 입고 강변을 거닐 때
나는 위장복을 입고 훈련을 받았고
당신이 하이힐 신고 거리를 활보할 때
나는 쎄무워카 신고
산악 행군을 하였고
당신이 목걸이를 할때
나는 차디 찬 군번줄을 목에 찼고
당신이 카페에서 커피잔을 기울일 때
나는 개울에서 수통을 기울였고
당신이 다른 사랑을 찾아 나섰을 때
나는 조국의 사랑을 찾았고
당신이 주막에서 막걸리를 마실 때
나는 시궁창의 흙탕물을 마셨습니다.
당신이 내 곁에서 떠나길 결심했을 때
나는 나의 삶에 고개를 숙였습니다.

☯ 전선을 떠나며

그대 드디어 내곁을 떠나는가
괴로움에 떨고 원한에 사무친 우리를 두고 떠나는가
이곳엔 아직도 그대의 체취가 남아있고
그대의 빈자리엔 지금도 그 웃음 가득한데
삼십개월 악으로 버티며 병신이 다 되어버린 그대
잃어버린 청춘을 어디 가서 보상받으려 떠나는가
지금 전선에 바람이 불고 있소
옷깃 사이로 차가운 바람이 스며들 때면
내가 떠나 갈 때가 되었음을
실감하지 않을 수 없다오.
하루종일 구르던 연병장
큰소리로 웃곤 하던 커다란 내무실
무엇보다 슬픈건 불쌍한 그대들을
눈 내리는 서부전선에 그냥 두고
갈 수 밖에 없다는 거요.
슬프지 않은 뒷모습은 없다지만 언젠가는 누구나 가야 할 길
떠나는 나를 위해 그대들의 거친 함성을 들려 주오
오늘 불어오는 바람은 유난히도 춥소

☯ 피와 눈물과 땀

피와 눈물과 땀

이것이 해병에겐 없어서는 안될 고귀한 액체이다.

피를 흘리지 않고 적을 격멸시킬 수 없고

눈물을 흘리지 않고 값진 전우애가 있을 수 없고

땀을 흘리지 않고 나라를 지키는 고귀한 임무를 다할 수 없다.

해병은 피를 사랑한다

이 피와 눈물과 땀은 해병의 상징이요, 노력의 징표이다.

이것이야말로 해병의 필수조건이 아닐까?

☯ 역사의 밤

이렇게 하여 또 역사의 밤이 가는 순검인가보다
밤에 이루어지는 순검, 순검 구령이 불려진다.
세월아 구보로 가라, 마음속으로 외쳐 본다
고향에 있는 여자 생각에 젖어
그리움을 불러일으키는 어린 동심에 젖어
달이 뜬다 이때쯤이면 연병장 미루나무 꼭대기에
물결치는 앞바다는 검게 물들어 가고
오늘도 흙머지 속으로 하루해가 넘어 간다
순검소리, 빳다소리, 신음소리, 한숨소리.

이름없는 해병

나는 이름없는 한 해병이고 싶다.

지금 비가 오면 외로운 고지 위에서
국방초 연기 날리는
이름없는 해병이고 싶다.

별의 세계에서 수많은 시선으로
긴 세월 긴 편지를 쓰고
돌아오는 길에서 이름모를 꽃잎의 향기를
달고
순결의 사랑의 시를 쓰는
이름없는 한 해병이고 싶다.

☯ 동기야 · 1

추운 겨울 어느 날 밤 포항 앞바다에 뛰어 든 일이 생각나는가?
훈련소에서 금지하는 흡연을 변소에 짱박혀
꽁초를 태우던 일이 생각나는가?
온 산천이 쥐죽은 듯하고 살벌하기만 하던 순검시간
팬티바람 총~병사 떠나
얼어붙은 연병장에서 제트기 포복하며
찬물을 온몸에 쏟아 부을 때 그 고통이 생각나는가?
사격장 잠적호 더러운 물에 머리 담그고
'고향이 그리워도 못가는 신세~'
노래 부르던 일이 생각나는가?
훈단식당 2열종대, 김 빠진 훈단밥
어느 것이 좀더 많은가 눈치 살피던
일이 생각나는가?
집합이란 그 한마디에 공포에 떨던 일이 생각나는가?
숨도 죽이고 짱박혀 들이키던 쓴 한잔의 소주가 생각나는가?
어디에 있냐! 보고싶다 동기야~

☯ 동기야 · 2

얼굴도 모른채 맺어진 너
마음도 헤아리지 못하고 맺어진 우리
너와 내가 처음 만난날도 눈 내리는 차가운 겨울이었지
무엇을 위해서 고귀한 생명을 이곳 포항땅으로 인도하였는지
너, 나 해병이 좋아서 진정한 해병이 되기 위해서
젊음도 사랑도 삶의 쾌락을 버리지 않았는가?

사랑하는 동기야!
너의 못다한 청춘을 내 못다한 청춘을
우리 성실한 삶으로 이루어 가자꾸나
그리고 한번 해병은 영원한 해병임을 가슴깊이 새기자꾸나!

해병 기습특공

화약 연기에 : 눈못 뜨고
낙엽들의 미소 : 공수 교육
고무줄의 진미 : 시궁창 흑기사 IBS
염화강의 축제 : 특수 수색훈련
마니산의 꽃 : 지옥주 훈련
어머니의 따뜻한 꿈 : 해병대 MTD 첩보교육
벽암지의 축제 : 유격훈련
무더위의 바캉스 : 수중 폭파
회식의 날 : 성남 화장터
스테미너 영양식 : 생식주
대관령의 꽃 : 스키 교육

◆ 해병주법 10불문

생사불문 : 죽든지 말든지 마셔 버려.
천금불문 : 돈이 있건 말건 마셔 버려.
청탁불문 : 흐리건 말건 마셔 버려.
주야불문 : 낮이건 밤이건 마셔 버려.
계집불문 : 계집이 있거나 없거나 마셔 버려.
번지불문 : 다방이건 홀이건 마셔 버려.
안주불문 : 안주가 있건 없건 마셔 버려.
가사불문 : 집안이 망하건 흥하건 마셔 버려.
다소불문 : 많거나 적거나 마셔 버려.
기후불문 : 기후가 좋건 나쁘건 마셔버려.

여자의 변심

입대당시 : 전 당신을 진정으로 사랑해요. 당신을 알았기에 삶의 의미를 알았고 외롭게 태어난 여자예요.
훈련시절 : 보고 싶어요. 자나 깨나 보고싶어 미치겠어요.
이병시절 : 3년 아니 30년이라도 기다리겠어요. 우리가 결혼한다면 행복할 거예요. 당신과 있는 꿈을 많이 꾸어요.
일병시절 : 집에서 시집가라고 성화예요. 전 어떻게 하면 좋겠어요.
상병시절 : 오늘 오후에 모르는 사람과 식사했어요. 정말 즐거웠어요. 하지만 당신에게 죄송한 마음이 들더군요.
병장시절 : 그 사람 멋지던데요, 청첩장 동봉하오니 참석바랍니다.
전　　역 : 우리 아이예요 이쁘죠.

◆ 고무보트 훈련

원한의 원모루 IBS 훈련장
무릎까지 빠지는 불타는 갯벌위에 오늘도 그대들은 뒹굴고 있다.
하루에도 몇 명씩 목이 젖혀지는 고무보트 헤드 케리어
쉬지 않고 이어지는 사람 잡는 PT체조
보트를 이고 갯벌을 기어
저 산 허리를 돌아 바다에 진수하는 오리걸음 선착순
내가 뭐하려고 이곳에 왔던가
허리는 굽어지고 머리는 깨지고 보트를 뒤집는 파도를 넘고 넘어
끝도 보이지 않는 목표를 향해 페달을 잡는 무적 불굴의 투지
그대가 사나이라면 한번쯤은 고된 훈련에 목숨을 걸어 보자.
가슴에 빛나는 휘장 해병 기습특공대
조국은 그대들을 믿는다.
전우여! 밤하늘에 영광의 조명탄을!

◈ 순 검

산천초목도 벌벌 떨고, 떨어지는 낙엽도 동작 그만
이세상 모든 것들이 정지하는 시간이 바로 해병대 순검 시간이다.
부릅뜬 두눈에 눈물이 맺히고
당직병 호각소리 비수되어 가슴에 꽂힌다.
제 2중대 순검. 순검!
하루종일 지친몸이 다시 한번 죽는구나.
신들린 5파운드 그칠줄 모르고 떨리는 이내몸은 멈출 줄 모른다.
하루의 최종과업은 하나의 명분이요
명일의 전투준비 또 하나의 명분이라
군인을 해병대로 만드는 시간 그것이 순검시간
각~ 소대 들어!

◈ 해병 철모

밥그릇이요. 세수대야요
솥이요 선임의 대변기요
앞가슴 멍들게 하는 정신보요
부식 운반기요
겨울에는 화로통이요
여름에는 먹거리통이요
가을에는 알밤통이요
근무시는 치질방지 의자요
전통과 품질에서 앞서가는
해병대 철모

◈ 기상풍경

이 병: 5시 30분에 기상
일 병: 기상소리를 듣고 기상
상 병: 살짝 건드리면 기상
병 장: 한참 동안 흔들어야만 기상
말 년: 당직사관이 깨워야 기상
꼴통 이병: 선임들에게 얻어 터져야만 기상

◈ 해병대 삼행시

필~~~~쑝!
곡해 하지 마시고 그냥 즐겁게 읽어 주십시오..^*^
해!
해줘잉~~~~!
병!
병~~~~~신!
대!
대 줘도 못 먹냐!
이상

◈ 머피의 법칙

먹을만 하면 식사 끝
쉴만 하면 출발 5분전
잠들만 하면 기상

배 꺼질만 하면 작업
PX 가려 하면 인원 파악
편지 쓸만 하면 소등
면회만 오면 외출, 외박 통제
휴가 갈만 하면 비상
여름에 완전무장
겨울에 빵빠레

◈ 귀에 못박힌 소리

<장교>
전투시 동료 전우의 시체를 버려 두고 가지 않는다.
포로시 동료에게 불리한 정보를 제공하지 않는다.
상급자와 부하, 동료를 위해서
자신을 희생하는 것을 영광으로 생각한다.
싸우면 반드시 이긴다. (해병대 역사에는 패전의 기록이 없다.)
해병대는 불가능을 모른다.
(공격해서 뺏지 못한 고지 없고 방어해서 빼앗긴 진지 없다.)
적의 총탄에 쓰러져도 오와 열이다.

<하사관>
경례 좀 해라. 응~
애들좀 패지마.
영창 또 갈래?
대답 안 해?

<선 임>

해병대 군조가는 애국가의 형님이다.
5파운드 숟가락으로 위장복, 작업복 다렸다.
야전삽으로 병사 지었다.
1대대가 무적대대고 나머지는 물대대, 당나라 대대다.
하루라도 집합 없고 안 맞으면 잠을 못 잤다.
때리고 오면 용서해도 맞고 오면 용서 못한다.
음식맛에 실패한 자는 용서 받아도 배식에 실패한 자는 죽음이다.
해병은 안 먹어도 살 수 있지만 남기면 맞아 죽는다.

◈ 해병은…

땅개는 죽어서 가죽을 남기고
물개는 죽어서 썩은 해구신을 남기고
참새는 죽어서 고철 비행기를 남기고
해병은 죽어서 신화를 남긴다

◈ 집합

마음이 편할 수 있다면 조금의 고통도 참을 수 있다.
피 맺힌 엉덩이와 허벅지
또 먹물이 튀고 가슴팍은 검게 변한다 해도
맞아야 한다 맞아야 참아낸다

잘못해서도 아니요 잘해서도 아니다
이것이 해병대의 전통이니까
집합은 해병대의 정신봉이다
맞아보라 맞고나면 후련해진다
해병대의 역사는 밤에 이루어진다
그래서, 악은 생겨났고 해병대는 용감했다
한번 해병은 죽어서 돌아올 때까지 영원한 해병이다
아~ 그 이름 잊혀지지 않을 해병이여..

◈ 한탄가

내 나이 스무 살에 해병대가 웬말이냐
아침 저녁 꽁보리밥에 콩나물국이 웬말이냐
선임의 빳다소리 구타소리 그칠날 없고
후임의 신음소리 원망소리 그칠날 없다.
츄라이판 있는 곳에 규정량 변함 없고
해병대 기수 있는 한 집합은 여전하고
M60 똥총 있는 한 몸성히 나가긴 글렀다.

아~휴가는 꿈이요, 제대는 전설이라.

해병은 죽어서 신화를 남긴다

◈ 해병혼

천자봉 구름 벗고
청룡, 흑룡, 황룡이 태어났으니
피보다 붉은 혼으로 산천으로 내딛는다.
혀끝으로 밤송이를 못까랴
안되면 될때 까지..
태양을 끓이는 정열이 있기에 해병이라 했던가
이역만리 정글을 흔들은 해병혼
독수리 되어 맹호되어 하늘을 날고 돌아오지 않는다고 혼이라 했던가
충성으로 열국하신 투혼
그대들 앞에 훈장으로 바치노니
그 붉은 꽃으로 길이길이 피어나시고
그 붉은 혼이 마르고 닳도록 정의의 총을 메고
돌진하는 해병앞에 그 누가 상대하리
무적상승이란 해병의 뜻
저산 너머 우리들의 의형제가 자유의 깃발아래.
어서 가자 조국 통일 이루는 역군이 되자
한번 해병은 영원한 해병으로 남으리라.

◈ 천자봉

◆ 천자봉

용바위를 붙잡고 어머니를 부르면
여운이 남는가?
눈물이 흐른다

흐르는 땀으로 목을 축이면
기합이 드는가?
악이 남는다

악으로 뛰었다
천자봉 구보길

땀으로 적셨다
천자봉 행군길

해병이 되어간다!
해병이 되어간다!

◈ 해병 주기도문

이층에 계신 하늘 같은 선임 해병님
이름을 거룩하게 여기시며 전쟁에 임하옵시며
뜻이 이층에 이루어진 것 같이 단층에서도 이루어 주옵소서.
우리를 귀신잡는 해병으로 이끄신 것과 같이
우리 후임들이 들어오면 선임의 뜻을 받들어 신나게
두들기고 괴롭혀서 무적해병으로 이끌게 해주옵시고
전역의 영광이 이층에 계신 선임 해병님과 같이 하옵시기를..
아~멘!

◈ 해병대 3대 정신

1. 앉으면 이빨
2. 일어서면 짜세
3. 돌아서면 긴빠이

◈ 해병대 5대 정신

1. 해병은 해병이다.
2. 미제 철조망은 녹슬어도 해병대 기수발은 녹슬지 않는다.
3. 해병은 흔적을 남기지 않는다.
4. 해병의 역사는 밤에 이루어진다.
5. 해병은 말이 없다.

◈ 말년 수칙

말년은 숨도 크게 쉬지 않는다. 허파에 빵구 날까봐.
말년은 껌도 씹지 않는다. 이빨 빠질까봐.
말년에는 날아가는 새의 똥도 피한다. 뇌진탕으로 죽을까봐
말년에는 항상 잠만 잔다. 눈뜨면 시간이 가지 않으니까.
말년에는 떨어지는 낙엽도 피한다. 머리에 꽂힐까봐.
말년에는 신병과 장난치지 않는다. 맞아 죽을까봐.

◈ 해병 서곡

당신이 부모님게 효도할 때 나는 나라의 부름을 받았고
당신이 화장을 할 때 나는 검은 위장 크레용을 발랐고
당신이 금목걸이를 할 때 나는 차디찬 군번줄을 목에 걸었으며
당신이 디스코장에서 춤을 출 때 나는 포항 훈련소에서 PT체조를 했고
당신이 시원한 콜라를 마실때 나는 흐르는 땀방울을 마셔야 했고
당신이 조용한 공원을 거닐 때 나는 각개전투훈련장에서 고지를 점령했고
당신이 공부할 때 나는 해병수첩을 펴고 해병정신을 외웠으며
당신이 하이힐을 신고 거리를 나설 때 나는 워카를 신고 산악행군을 했고
당신이 운동장에서 뛰놀 때 나는 연병장에서 뺑뺑이를 돌아야 했고
당신이 열차를 타고 여행을 할때 나는 군용트럭을 타고 작전에 임했고

당신이 향긋한 커피를 마실 때 나는 염화강 똥물을 마셨으며
당신이 별을 보며 하늘을 감상할 때 나는 찬 이슬을 맞으며 야간근무 섰고
당신이 흥겨운 팝송을 들으며 감상할 때 나는 목이 터져라 군가를 불렀고
당신이 캠퍼스 잔디를 거닐 때 나는 돌무덤에서 낮은 포복을 해야 했고
당신이 침대에서 잘때 나는 침상바닥을 기었으며
당신이 다른 사랑을 찾았을 때 나는 조국의 사랑을 찾았고
당신이 내 곁을 떠날 것을 결심했을 때
나는 조국에 이 한몸 바칠 것을 맹세했습니다.
청춘아 동작 그만! 내 사랑 원위치! 세월아 구보로!

◈ 팔방 미인

삼보이상 구보에 마라톤 선수되었고
모진 기합 받다보니 우량아가 되었고
말 못하다 보니 벙어리가 되었고
선임 워카를 닦다 보니 구두닦이 되었고
긴빠이를 하다 보니 도둑놈이 되었고
후임 빳다 치다 보니 야구선수가 되었고
군가, 싸가 부르다 보니 가수가 되었고
한잔 두잔 하다 보니 초배이가 되었고
선임 눈치 보다 보니 사팔뜨기 되었고
전투수영 하다 보니 물귀신이 되었고

벽암지 유격훈련을 받다보니 타잔이 되었고
식사당번 하다 보니 식순이가 되었고
볼펜신고 하다 보니 중매쟁이가 되었고
여기저기 맞다 보니 샌드백이 되었고
수색훈련 받다 보니 병신이 다 되었다
에라~ 신난다 해병대 좋은 곳…

◈ 신세 타령

꿈 많은 내 가슴은 피로 멍들고
장발머리 간곳없이 사라지고
살찐 몸은 뼈다귀만 앙상하게 변하였고
아무리 살펴봐도 옛 생각이 간절하다
내 몰골을 보라!
용모와 태도는 남달리 뛰어 났건만
달 밝은 밤에 애인아닌 총칼 차고
오늘도 서부전선 앞바다에 매복을 서는 이 사나이를 보라
나도야 한때는 부모님 곁에서
따뜻한 밥먹고 충분한 잠을 이루었지만
지금은 옛 추억이 되었다
이제는 원한 맺힌 휴가증을 가슴에 안고
고향행 직행버스에 몸을 실었지만
나를 반겨 주는 그녀는 과연 어디에 가서 찾는단 말인가
아~ 괴롭고 싶구나
이 마음 몹시 외로우니 소주나 하자꾸나

누가 말했던가
1년의 기다림은 춘향이요
2년의 기다림은 열녀요
3년의 기다림은 미친년이라…

◈ 해병을 타군과 비교하지 마십시오

해병을 타군과 비교하지 마십시오
우리는 항상 피곤합니다
해병을 애인이라 독점하지 마십시오
우리는 국가의 몸이랍니다.
해병을 겉만 보고 어려워 하지 마십시오
내면적으로는 아주 다정다감 합니다.
사랑할 때 술을 권하지 마십시오
꼭지가 돌면 곤란하니까요
또 사랑할 때… 너무 망나니라 불평하지 마십시오
상륙군은 약간 와일드 해야 하니까요
자신 없으면 그옷 다리지 마십시오
그 방면에는 아주 도삽니다.
봉급이 얼마냐구요?
묻지 마십시오
공제하고 마이가리 빼면 없습니다.

◈ 서부전선 이상무

밤 깊은 서해바다 수색하는 해병대
비바람이 몰아쳐도 보트 타고 나는 간다
저 멀리 저끝에는 불빛만 아련한데
기약없는 고향소식 기다린들 무엇하랴
내 전우 앗아간 파도는 말이 없다.
전우의 분노 메아리 되어 스쳐간 기슭에
조국의 한을 말해주듯
녹슨 포탄 하나 숨쉬고 있는 이곳…
두 동강 조국의 맥을 잇고자 전우의 충혼들은
백로의 나래 펼치고
하얀 낙화송이 어둠에 지는
변방의 파수꾼.
그들은 오늘도 외친다
서부전선 이상무!

♥ 사랑

육군을 사랑하면 밟혀 죽고
공군을 사랑하면 떨어져 죽고
해군을 사랑하면 물에 빠져 죽고
해병을 사랑하면 맞아 죽는다.

땅개는 죽어서 가죽을 남기고

물개는 죽어서 고기를 남기고
해병은 죽어서 그 이름과 기수를 남긴다.

사랑은 핑크색이라 변하기 쉬우며
순정은 흰색이라 때묻기 쉬우며
우정은 무색이라 영원히 변치 않는다.

군대 → 쓰벌, 하얀 쓰레기가 오신다.

잼있는 군대이야기

해병인터넷명 : ^^

저는 작년에 제대를 하였습니다.
제가 처음 군에 갔을 때는 3월인 데도 눈이 오더군요.
군대에서는 눈을 이렇게 부릅니다. '하얀 쓰레기'라고.
군에 다녀오신 분이라면 다들 알 거예요.
군에 가기 전엔 그 맑고 아름다운 눈!!
하늘에서 눈이 오면 낭만적인 생각과 함께 솔로는 솔로대로 미팅이나 소개팅을 즐기려고 눈이 붉어지고 커플은 물론 그렇게 좋던 눈이 왜 군대에서는 하얀 쓰레기가 되었는지.
　　사회 → 와!눈이다. 이리 좀 와봐. 눈온다. 어쩜 이리도 이쁠까?
　　군대 → 쓰벌, 하얀 쓰레기 오신다. 긴장해라.!!
　　저는 대구 50사단에서 신병훈련을 받았습니다.
군대에서의 낙은 특히 신병교육 때의 낙이라곤 역시 자는 것과 밥먹는 거.
저희는 소대에서 돌아가며 일주일씩 배식을 맡았습니다.
배식을 맡는 주는 정말 배 터지는 주죠.
왜냐하면 배식은 먼저 와서 식사 준비한 후에 자신들이 직접 밥과 반찬 등을 먹었으니까요.
참고로 저희 신병교육은 항상 먹을 것이 부족했었어요.
무슨 개, 돼지새끼들도 아니고 왜 그리 먹어대는지.

저도 첨 왔을 땐 3일간은 밥이 목구멍으로 안넘어 가더라고요.
그러나 몇일만 지나보면 알겠지만 밥은 생명이라는 것을.
저희가 배식을 맡던 일주일중 3일째 되던 날 그날은 저녁시간에 닭볶음이 나왔습니다.
그걸 본 우리 배식조 아그덜은, 다 다 닥이다 닭. 국그릇은 닭그릇이 되어 버렸지요.
배식조 20명이 죄다 국그릇을 닭그릇으로 사용했으니 전체 300명이 먹을 양의 절반을 저희 20명이 먹어 치웠죠. 뒤늦게 온 조교.
"씨벌 니네 죽었다.! 동작그만! 3중대 전원 연병장 집합." 그날 저희 배식조를 포함하여 3중대 부대원들은 모두 연병장에 집결했답니다.
3시간 정도 얼차례를 받았습니다. 저희 땜시 300명의 인원이 밥도 먹지 못한채 벌을 받는다는 것이 못내 미안했어요. 그날 저희는 중대인원에게 사과를 하였고 저희를 미워할줄 알았는데 중대원들은 이해를 해주었습니다.
물론 그렇지 않은 녀석들이 더 많은줄은 알지만 그날 저희는 모두 모여서 서로의 땀을 닦아 주며 '어머니 은혜'를 불렀습니다.
저희는 정말 미안했습니다.
모두 울었습니다. 저두 울었습니다.
집에 가고 싶다. 엉엉엉....
처음 가서 10일 정도 지났을때 첫 부식이 나왔습니다.
이름하여 '건 빵'
처음 건빵을 먹었을 때 그 맛은 상상조차 할 수 없는 그런 환상의 맛이었습니다.
저희 윗기수가 여기저기 낙서를 하고 나간 내무실에 이런 글귀가 있더군요.
'건빵은 마약이다.'

첨엔 이해가 안갔지만, 건빵 하나 입에 들어간 순간 느꼈습니다. 너무 맛있어서 도저히 손을 뗄수가 없었습니다.
옆 내무반에서는 어떤 녀석이 전우의 건빵을 하나 먹었다는 이유로 피터지게 싸웠습니다.
저희는 쌈 구경도 잼났지만 조교의 눈에 띌까 두려워 말리려고 애를 쓰고 있었습니다.
그러던중 건빵을 정신없이 정말 허겁지겁 먹던 싸움에도 신경을 쓰지 않던 녀석이 있었습니다.
건빵을 절반 정도 먹었을까 그 전우는 벌떡 일어나서 행정반으로 뛰어 갔습니다.
우린 녀석이 왜 그러지? 혹시 쌈한 거 일러 바치러 가는 건 아닌지 두려운 마음에 그 녀석을 따라 가 보았습니다.
그 녀석이 행정반 앞에 도착한 후,
"똑똑. 들어가도 좋습니까?"
"들어와"
"충성! ○○○훈병 아무개 행정반에 용무있어 왔습니다."
'뭐야?'
저희는 침을 꿀꺽 삼켰습니다.
저 녀석이 싸움이 있었던 일을 말하면 죽여 버릴 각오를 하고 그러나 그 녀석은 이 말 한마디 하고 그날 저녁내내 행정반에서 얼차례를 받았습니다.

"건빵에 별사탕이 없습니다.!!!!!!"

허거덕....
제대한 지금도 그 녀석이 어디서 어떤 일을 또 저질렀을까 정말 궁금

합니다.
현재 군에 들어가지 않은 대한민국의 많은 분들 군대 잼납니다.
사회에서 겪지 못한 작은 것에 감사할 줄 아는 겸손한 마음 자세가 생긴답니다.
대한민국 남성이라면 한번쯤은 다녀올 군대, 우리 모두 어차피 갈꺼 열심히 군대생활 합시다.

하나 더!
어느 날 해병대에 한 청년이 입대를 하였어여.
그런데 번호를 불렀어여.
그런데............
고참 : 하나
고참 : 둘
새로 입대한 청년은 세번째에 서있었어여.
그러자 그 청년 왈
짝....(박수소리)
삼육구를 생각한 나머지 자기가 세번째라 박수를 쳤데여
하하하하하하하하하하하하하하하하 후훗~~~~
썰렁하져~~~~~~~~~~~~~~~~~

해병대 에피소드

양 용 대(해병 740기)

첫번째 에피소드 · 1

저는 대한민국 해병대에 740기로 1994년 8월 24일 입대하여 96년 10월 24일 병장으로 만기 제대한 양용대라고 합니다.
군대에서 있었던 재미있는 얘기, 가슴 아팠던 얘기들을 조금씩 적어 볼려 합니다. 여러 해병 선배님들에게는 옛추억을, 현역 해병 여러분에게는 군생활의 노하우를, 그리고 해병대를 알고자 하시는 분들에게는 또 다른 해병대를 알게 될 것입니다.
그 무덥던 마지막 늦더위가 기승이던 94년 8월 24일 포항 버스터미널에 내린 저는 택시를 잡아 타고 그 추억이 서려 있는 해병 제1사단 서문을 향했습니다. 택시 안에서 온갖 생각들이 뇌리를 스치더군요.
20분을 달리니 서문 앞에 다다를 수 있었습니다.
서문 앞에는 헌병이 딱 서서 있었고 거리에는 저와 동기가 될 젊은이들이 머리를 상륙돌격형으로 깎아 온 이도 있었고, 어깨까지 내려오는 머리를 한 이도 있었습니다. 저는 전날 이발소에서 스포츠로 머리를 자름--가족, 친구들과 석별의 정(?)을 나누고 있었습니다.
저는 해병대를 지원하러 고향으로 갔을 때 친구따라 군대간다고(?)
저와 같이 지원한 불알 친구와 같이 서문 앞에서 마지막 사제 아이스크림으로 더위를 식혔습니다.

아마 제 생각에는 14시인가 15시인가 헷갈리는데 30분 전에 서문 앞을 지나 해병대의 일원이 되기 위한 관문을 통과했습니다.

서문 옆에 있는 PX에서 실컷 전화를 했습니다. 그리고는 강당이라고 해야 하나? 하여간 거기에서 상영하는 홍보영화를 보고-(같이 온 가족, 친구들도 볼수 있음)한마디로 부모님 안심 시키기 위한 뻥이 좀 가미된 그런 내용--나오니 훈련소 DI(교관)들이 집합하라고 외치고 있었습니다.

그때는 진짜 긴장이 되더군요. 나와 성찬(같이 지원한 고향 불알 친구)이는 누가 먼저랄 것도 없이 뛰어 갔죠. 다른 이들도 가족들과 헤어지며 애인과 헤어지며 친구와 헤어지며 오더군요.

정말 씁쓸 하더군요. 해병대가 좋아 해병이 되고자 왔음에도 그 순간 만큼은.

대열이 완성되자 DI의 구령에 맞춰 훈련소로 향했습니다.

한 10미터 앞에 있는 코너를 돌고 이쪽이 부모님, 애인, 친구들에게 안보일 때 쯤 되니 갑자기 웃음을 띄고 있던 DI의 눈빛이 달라지며 웃음은 간데 없고 바로 한마디가 튀어나오더군요.

"야 이 씨발 개쌔끼들아!"

헤헤! 지금은 웃지만 정말 그때는 해병대를 지원하는 사람치고 이런 경우 생각을 안해 본 사람은 없겠지만 물론 저도 이럴거라 예상은 했지만 눈을 제대로 못돌리겠더라고요. 가슴은 콩닥콩닥 뛰고.

하여간 훈련소까지 가는 약 500미터 동안 연신 쉬지 않고 튀어나오는 욕을 감수(?)하며 다다른 곳은 지금도 있을지 모르겠지만 절대 잊을 수 없는 실외 화장실. 여기서 잠깐 훈련소에 있는 동안 우리 동기 아니 전 해병대 훈병들은 이 연병장 끝에 있는 실외 화장실에 열맞춰 가서 (화장실 가는 시간도 정해져 있음)볼일 보고 그리고 그 옆 공터에서

DI는 2층 높이의 계단에 올라가고 우리는 열맞춰 서서 여러 교육을 받았죠.
말이 교육이지 하여간 화장실 얘기는 앞으로도 할말이 많으니깐 차차 하죠.
입소하고 맨처음으로 실외 화장실 공터에 집합을 시키더군요. 건물에도 들어가지 않고, 그리고 앞으로 '요'자 쓰지 말고 짝다리 하지 말고 담배는........ 기타 등등의 교육을 받고는 지금은 이름을 잊어버린 건물로 들어가서 개인 신상명세 조사, 그리고 가지고 온 돈을 걷더군요. 나중에 준다고.
우리 동기가 400여명 돼서 저는 중간쯤 있었는데 그래서 잘 안보일 것 같아서 돈을 짱박으려고 했죠. 담배하고. 그때 DI의 말이 내 행동을 멈추게 하더군요.
"니들 400명 중에서 100명 옷을 다 벗기겠다. 그때 담배 한가치, 돈 10원이라도 튀어나오면 그땐 상상하지 마라. 니들은 상상도 못하는 그런걸 가르쳐 주겠다."
 어쩌겠습니까? 담배 한가치도 남김없이 돈 10원이라도 실수로 남아 있지 않나 해서 두 번 세번 옷을 뒤졌죠. 헤헤
시간은 잘 지나갔고 우리는 신병 3대대에 배치받는다는 걸 알았고 여기서 잠깐, 신병 1대대는 당나라 1대대, 신병 2대대는 물2대대, 신병 3대대는 무적 3대대로 통했답니다. 제가 3대대라 그런게 아니라 진짜로 그렇답니다.
3대대는 이동시 항상 구보로 이동하고 또... 이것도 차차....... 조사가 끝나니 저녁식사 시간이 되더군요. 열맞춰서 구보로 왕자식당(식당 이름)으로 옮겼습니다.
해병대에서는 식판을 '추라이'라고 합니다. 식당에 들어서서 주계병이 나눠주는......

에피소드 · 2

훈련소 입소 첫날 저녁식사 애기부터 시작하겠습니다.
식당으로 들어서니 주계병(물론 해병선임. 첫날은 실무병 선임들이 하셨고 다음 부터는 훈병중에서 식사당번을 정해 식사준비를 했음. 배고픈 훈병들에게는 부럽던 당번이었음. 물론 무작위로 뽑힘)들이 나눠주는 추라이(식판)를 받고 아직도 기억나는 찜밥과 왕멸치의 눈알이 번뜩였던 된장국(일명 똥국), 고기볶음, 김치를 받아들고 자리에 앉자 DI(교관)가 식사를 시작하라는 명령(?)을 내렸습니다. (물론 다음 식사 때부터는 달라짐. 그건 나중에 적기로 하고) 대부분의 동기들이 제대로 식사를 못하더군요. 처음으로 맛보는 군대에서의 식사. 끈덕끈덕했던 밥과 멀건 똥국, 고기볶음이라고는 하지만 고기보다는 비계덩어리와 기름기가 많았고 김치 또한 사제와는 판이했습니다. 대부분이 제대로 식사를 못했던거 와는 달리 저는 먹어야 살 수 있다고 생각하고는 국에 들어 있던 왕멸치 대가리까지 완벽하게 먹어치웠습니다.
식사를 다 하고 식당 한쪽에 있는 수돗가에서 추라이를 씻었습니다. 수세미도 없었고 세제 또한 없었습니다. 처음에는 망설였습니다.
고기 기름이 잔뜩 배어있는 추라이판을 들고 어딘가에 수세미와 세제가 있을 거라 생각하고 저뿐만이 아닌 다른 동기들도 찾았습니다.
DI가 말하더군요. 맨손에 물만 가지고 닦아내라고. 수세미와 세제는 훈련소 수료할 때까지 보지 못했습니다. 흙을 이용하고 수돗가에 떨어져 있는 헝겊조각을 이용하고 해병대 선임들은 다 알고 계실 겁니다. 그리곤 고개를 끄덕이겠죠.
별수단을 다 동원하니깐 기름기가 없어지더군요. 대충 씻을 수는 없었습니다. DI가 딱 버티고 있었으니깐요.
겨우 합격을 하고 식당밖에 집합하여 다 같이 화장실로 향했습니다. 볼

일을 보고 다시 열을 지어 드디어 3대대 병사로 향했습니다.
병사 앞에 있는 연병장에 집결해서 임시번호를 주더군요.
말 그대로 임시번호여서, 3일간만 쓰는(첫입소 날부터), 3일 동안은 여러 검사를 받습니다. 신체검사 등등. 지원제였기 때문에 검사에서 불합격하면 집으로 보내졌습니다. 그리고 3일 동안 지내보고 도저히 못견디겠다는 이들은 집으로 갈 수 있었습니다.
임시번호를 받고 병사 안으로 들어가 자리를 배정받고, 병사는 2층인데 크게 4개의 내무실이 있습니다. 1개 내무실당 2개 소대 약100여명이 들어가게 되어 있습니다. 2층 침상이 있고, 대기병이라고 훈련소를 수료하고 위탁교육 받으러 가기 위해 대기하고 있는 선임들이 약 1주일간 같이 있으면서 도와주더군요. 시간이 흘러 순검 준소를 했습니다.
처음이라 뭐 제대로 하겠습니까. 대기병 선임들이 가르쳐 주더군요. 대부분이 신고 있던 신을 벗어 한손에 들고 바닥에 있는 동선을 닦았죠. 가만히 있으면 불안하니까.
나중에도 대충 정리가 끝난 우리들은 특별히 할게 없으면 슬리퍼로 동선 닦기에 여념이 없었답니다. 뭔가를 하고 있다는 안도감이라고 하면 될까요?
20시 45분이 되자 갑자기 우렁찬 정말 군기가 꽉꽉 들어가 있는 목소리가 온 병사 안을 휩쓸더군요.
"수으은검 십오분 저언, 순검 십오분전!!!"
해병대에서 생활해 보신 분은 이 말을 떠올리며 박자와 음을 아실 겁니다. 그리고 조금 있으니
"수으은검 오분 저언, 순검 오분전!!!"
하더군요. 이 말이 떨어지기 무섭게 모두가 동선에 1열 횡대로 정열했습니다.
정적 그 자체였고, 한개 내무실에 2층 침상이 가운데 동선 바닥을 중앙

으로 양쪽에 두개씩 있습니다.
그래서 정면에서 봤을 때는 2열 횡대가 되는 것이고, 동선에 정열해서 앞에 있는 동기의 눈을 처다보며 차려 자세로 한 5분을 있었죠. 다시 우렁찬 목소리가 들리더군요.
"신병 3대대 수은검, 순검!!!"
이로써 역사적인 나의 첫번째 해병대 순검은 시작되었죠.
 아아! 순검 하면 참 할 말이 있습니다. 저는 2층에 있었는데 그날 당직 DI가 한 개 내무실씩을 돌면서 순검을 실시했습니다. 30분쯤 흐르니 DI가 우리 내무실로 오더군요.
정식 순검이 아니어서 바로 말을 하더군요
첫 마디가 생각이 납니다.
"해병대 순검 시간에는 날아가던 새도 비켜가고 떨어지는 낙엽도 직각으로 떨어진다.........."
DI는 약 15분 동안 비장한 목소리로 훈련소 생활과 규율, 금기사항 등을 말해 주었습니다.
그렇게 첫 순검이 지나갔습니다. 무사히 바로 취침에 들어갔고 벽과 관물함 안에 적혀 있던 낙서들이 생각납니다.
'35일 남았다.', '해병 6○○기 49일 남음.', '해병대 왜 왔냐?' 등등 물론 잠은 안왔고.
다음날 부터 신체검사가 시작되었고, 사단 안에 있는 통합병원에서 하는데 도보로 가는 동안 군가를 가르쳐 주더군요. '팔각모 사나이', 오면서는 '영원한 해병' DI가 선창하면 따라 부르는 그런 식으로.

팔각모 얼룩무늬 바다의 사나이
검푸른 파도 타고 우리는 간다.
내 조국 이 땅을 함께 지키며

불바다 헤쳐 간다 우리는 해병
팔각모 팔각모 팔각모 사나이
우리는 멋쟁이 팔각모 사나이...

사나이 가슴에 품고 품었다.
불사조 그 이름 영원한 해병
노도와 함성이 산하를 덮을 때
상륙전 선봉에 선 우리는 간다
무엇이 두려우랴 무적의 사나이
겨레와 함께 한 영원한 해병....

3일간의 가입소 기간이 끝나는 마지막 날, 불합격자 명단이 발표되고 그 녀석들은 따로 모와졌습니다. 20명쯤 된걸로 기억되는데 다수가 끝까지 남고 싶다고, 이대로 집으로 갈수는 없다고 애원하던 모습이 마음에 남습니다.
DI도 그들 마음을 아는지라 다 보내진 않더군요.
그들도 지원 당시 신체검사에서는 통과된지라 눈에 띄는 몇을 제외하고는 같이 훈련을 받을 수 있었습니다. 나머지는 하는 수 없이 집으로 가더군요.
여담이지만 제 실무 후임중에 장수광이라고 761기 해병이 있었습니다. 수광이도 738기로 지원했다가 불합격 판정을 받고 다시 지원해 해병대에 일원이 되었죠.
DI가 집에 가고 싶은 사람은 나오라고 하더군요. 합격자 중에. 전에도 말했듯이 해병대는 지원제였기 때문에 완전한 입소가 되기 전인 가입소 기간에는 해병대 생활에 자신이 없는 이들은 포기할 수 있었습니다. 여기에 한 20명이 나가더군요. 씁쓸 했습니다.

드디어 가입소 기간이 끝나고, 입소식을 치르고 나자 처음으로 제 소속을 배정 받았습니다.

'제2해병 훈련단 신병 3대대 7중대 5소대 33번'. 다른 데도 그런지는 모르겠지만 처음 부터 빨간 명찰을 주지는 않더군요.

신병대대마다 다른 데(1대대는 빨간색, 2대대는 초록색(?), 3대대는 노란색) 노란색의 임시 명찰에 7533이라고 적혀져 나온 명찰을 달고 생활을 하기 시작했습니다.

우선 머리부터 자르더군요. 훈련소에서는 두번을 자르는데 입소하고 나서와 수료하기 전에. 처음에는 별 기술이 필요없기 때문에 각 소대마다 바리깡(이발기구)을 주고 그냥 미는 겁니다. 나중에는 이발병(방위)이 상륙돌격형으로 자르고요. 태어나서 아주 어렸을때 한번 삭발을 해 보고 아마 평생에 두번째 삭발이 아닐까 생각이 듭니다.

머리를 삭발한 다음 목욕탕 벽을 배경삼아 사진을 찍습니다.

조그만 칠판에 군번을 적고 죄수들이 사진 찍을 때를 생각하면 될겁니다. 나중에 사진 나온 거 보면 진짜 죄수지만. 연병장에 모여 보급품을 지급받고 거기서 옷을 갈아 입습니다. 그리고 집에 보낼 군복입고 경례하는 사진을 찍고 사제 옷을 소포에 쌉니다. 이젠 진짜 군인이 된거죠. 그리고 훈련소 생활을 기대해 주십시오. 이제부터 본론으로 들어갑니다. 그럼.

에피소드 · 3

아직도 풀리지 않는 똥물 사건의 진상을 파헤지고 싶습니다.
훈련소 입대 4주차에 있었던 일이라 생각됩니다.

훈련소의 내부반은 2층으로 각 층 중앙에는 좀 크게 느껴지는 실내 화장실이 있었습니다. 말이 화장실이지 저희는 그 화장실을 사용할 수 없었습니다. 대외 홍보용이라 해야 하나? 아님. 꼭 깨끗한 실내 화장실을 놔두고 완벽한 푸세식인 야외 화장실을 사용해야 했습니다. 밤에는 불도 안들어 오는. 하지만 DI들의 엄명이 있었기에 실내에서는 생리욕구를 해결할 생각을 할 수도 없었습니다.
그러던 어느날 새벽 1시쯤이었나, 갑자기 단잠을 깨우는 DI의 목소리가 들려오는 겁니다. 설마 어제도 빵빠레를 했는데 오늘도 하겠나? 혹시 했지만 역시더군요.
그런데 이상히도 실내 화장실에 집합을 하라는 겁니다.
하지만 생각할 여유는 없었죠. 시키면 시키는 대로 근데 또 이상한건 2층을 쓰고 있는 7중대 훈병들만 집합을 시키는 겁니다.
거의 200명 가까운 동기들 틈에서 어떤 일이 벌어질지 잠시 불안에 떨었죠.
사건의 내용은 이렇습니다.
동기중에 한 명이 실내 화장실에서 변을 본 것이었습니다.
그런데 실내 화장실은 사용을 안했기 때문에 물이 나오질 않았던 것입니다. 그래서 똥은 내려가질 못하고 그냥 덩그러니 남아 있었죠.
DI가 순찰을 돌던중 실내 화장실에서의 변 냄새로 인해 들어갔고, 그래서 집합을 시킨 것이지요.
DI의 흥분된 억양으로 동기중에 한 명에게 세숫대야를 가져 오라고 그러더군요.
세숫대야에 물을 담고는 처음엔 '얍'하면서 우리 몸을 적시더군요.
9월 말이었는 데도 약간 추었습니다. 그리고는 불쌍히도 앞에 있는 동기에게 세숫대야에 똥을 담아오라는 겁니다.
맨손으로. 헤헤. 동기는 얼굴하나 찌푸리지 못하고 세숫대야에 똥을 담아 왔죠. 으으. 그리고 DI가 물을 담더군요. 가득히. 그리고는 나무로 휘휘 저었습니다. 덩어리가 라면 스프 풀리듯이 풀리고. 그리곤 하는 소리, "어이! 가서 컵좀 가져와!"
"억!!!!! 저걸 먹으라고 하진 않겠지? 설마"
DI의 억장 무너지는 한마디.
"이걸 한컵씩 마시고 내무실로 뛰어 들어가!"
그리곤 움켜진 5파운드(곡괭이 자루)를 불끈 잡더군요.
'억'
호령이 떨어졌는데 어쩌겠습니까? 까라면 까야죠. 한컵씩 한컵씩 먹고는 내무실에서 오바이트 하는 소리가 계속 들려왔고 조금씩 조금씩 내 차례가 되는 겁니다. 으으으.......
드디어 내 차례다.
앞에서는 DI가 5파운드를 든 손에 힘을 주고 있었고 뒤에는 어쩔줄 모르는 동기들의 눈망울이. 내무실에서는 오바이트 하고 있는 동기들의 비명(?). 멀건 똥물을, 마치 계란을 풀어놓은 라면 국물인듯 보이는 한컵. 사실은 반컵을 뜨는 순간 많은 생각이 주마등처럼 배에 힘을 주고 호흡을 멈추고 입을 아 벌리고 눈은 똥그래지더군요. 소주를 처음 마실 때처럼 아아..........
완샷!
최대한 입안에 있는 시간을 줄이기 위해 완샷을 했건만 그때 그 냄새, 와 ! 그 맛은 지금도, 근데 전 오바이트는 안나오더군요. 그렇지만 등에서는 식은땀이 배어나왔고 끈질기게 올라오는 신물, 똥냄새 나는 신물. 꼬냑을 마실 때처럼 목은 타왔고, 전부가 마시고 나서 DI는 가볍게 웃으며 말하더군요.
"전체 팬티 바람으로 옥상에 집합!"
엎친데 덮치고, 포항의 가을밤은 참으로 시원하더군요. 솔직히 너무 춥더라고요. 이건 완전 저수온 적응 훈련도 아니고. 한 30분 그렇게 있다가 어깨동무를 하라고 하더라고요. 동기의 체온이 정말로...
그리곤 이건 나가서 다른 사람들에게 까발릴 내용도 아니고 너희들만의 추억으로 남겨두라고 하며 그날의 사건은 끝을 봤죠.
그날의 주인공 DI의 이름은 장주영 소대장이었습니다. 당시 계급은 하사였고....
소대장님 지금은 이렇게 웃으며 옛일을 다시 생각해 봅니다.

군대 유머

강 명 국(해병 572기)

필승!!~ 해병572기 강명국입니다.
장마도 지나고, 태풍도 온다고 했놓곤 오질않구(^ ^)… 날씨만 마치 삶아먹을려구 작심한 듯 연일 달달볶구만 있어서… 머리가 벗겨질 정도인지라 무더위에 비례해서 짜증이 늘어만 갑니다.
인터넷 전우회가 무슨 개인의 영리를 추구할 목적으로 만들어진 싸이트가 아닐진데 기대이상(?)으로 회원이 가히 폭발적으로 증가하니 여러 가지 부작용이 일어나는 것 같습니다.
저 역시 개인적으로 이곳에 출입하면서 많은 선후배님들 알게 되었고, 잊고 지내던 현역시절의 살떨리는 추억들을 소중하게 생각하게 되었습니다.
이 사회의 가장 큰 병폐중의 하나인 패거리문화가 전우회 내부에 기습 침투한 것 같은 깊은 우려를 자아내고 있습니다.
좋은 인연이 추잡하고 상처뿐인 헤어짐으로 변질된다면 비록 얼굴을 모르고 어디 사는지도 알지 못하지만 서로에게 깊은 상처로 각인될 것입니다.
해병대! 참 가슴 설레게 만드는 단어입니다.
현역때 귀에 못이 박히도록 들었던 말중에, '선임은 하나님과 동기동창생이고', '석가모니의 불알친구이며', '성모마리아의 기둥서방이신', 태권도가 100단이신 거룩한 선임해병님! 선임해병의 말씀 한마디에 쫄병들의 희노애락이 결정되었던 그때 그 시절 그 분위기가 오늘을 사는 나의 마음에 그리움으로 밀려오는 것은 무슨 조화일까. '해병은 말이 없다'는 것을 미덕으로 여기며 살아온 지난 시절이 왠지 미련하고 멍청하게만 느껴지는 것이 요즘 전우회를 바라보는 나의 마음입니다.

그냥 지켜만 보렵니다. 해병대 팔자는 어차피 '무'에서 '유'를 창조해 나갈 수 밖에 없는 환경의 연속인지라, 지금 겪고 있는 전우회의 잡음도 어쩌면 전우회 발전을 위한 보약이라 여기며, 그냥 지켜 보렵니다.

항상 좋은 하루를 위하여 필 승~

어느 날 군대에서 아무 일 없이 빈둥대던 김병장, 갑자기 얼마 전에 들어온 이병을 불렀다.
야, 이병!
얘! 이병×××
저기 누워 있어.
옛!
그리고는 다시 다른 이병을 부르는 것이었다.
야, 너!
예!
너, 저 위에 직각으로 앉아 있어.
예, 알겠습니다.
그리고는 그걸 한참을 쳐다보더니,
야, 너! 넌 저 옆에 쭈그리고 앉아 있어!
예!
이런 식으로 계속 쫄병들을 괴롭히는 김병장, 그런대로 즐거워 보인다.
지나가다 김병장의 이런 행동을 보고 의아해 하는 이 하사가 묻는다.

이보게, 김병장! 자네 지금 뭐하는 건가?
예! 좀 심심해서 애들 데리고 테트리스나 하고 있었습니다.

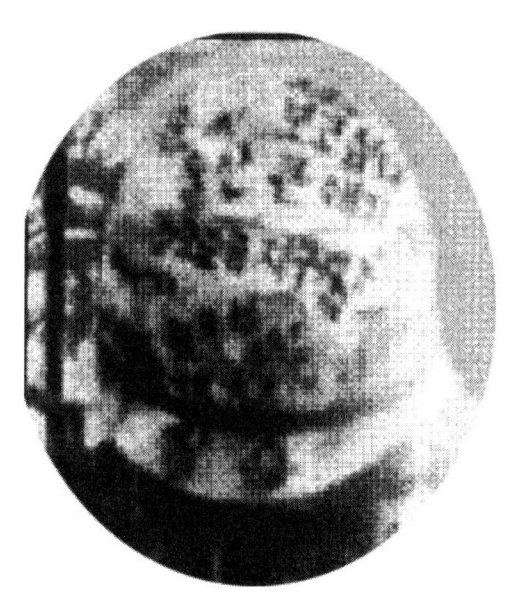

한국 축구와 섹스 초보자의 공통점

강 명 국 (해병 572기)

1. 체력만 앞세운다.

2. 골문(?) 앞에서 허덕거릴 때가 많다.

3. 여럿이 달려들면 어찌할 바를 모른다.

4. 비디오를 보며 완벽하게 상대전술을 분석해도 막상 실전에서는 잘 안된다.

5. 다음엔 더 나을 거라는 기약을 꼭 한다.

6. 열정 하나로 맨땅에서도 잘한다.

7. 초반에 너무 빨리 실점(?)하기도 한다.

이넘의 답답한 현실이라두 홀라당 잊어버리게 얼른 월드컵이나
시작했으면 참말로 좋겠당,, 근데 먼넘의 눈보라가 이리두 세차게
몰아치는지 다시 겨울인가보당,, 춥당,,
살맛나는 세상을 위하여,, 필승!!

최근 한국 축구의 비애

강 명 국(해병 572기)

1. 경기시작전 양팀 주장 상견례
    일본: "즐겜합시다."
    한국: "쪽바리새끼"
2. 코너킥 할때
    일본: 일본넘 머리를 맞고 아슬아슬하게 한국 골대를 벗어난다.
    한국: 공이 한참을 넘어가 반대쪽에서 일본이 드로윙 한다.
3. 패스 할때
    일본: 월패스로 좁은 공간을 가볍게 뚫고 나간다.
    한국: 한번 주면 그 공은 다시는 오지 않는다.
4. 개인기 할때
    일본: 한 두명 정도는 가볍게 제껴 버린다.
    한국: 한 두명 정도의 성대모사나 모창은 가볍게 한다.
5. 드리블 할때
    일본: 공과 발이 하나가 돼 움직인다.
    한국: 땅과 발이 하나가 돼 움직인다.
6. 골킥 할때
    일본: 일본넘이 헤딩을 해서 일본넘이 받는다.
    한국: 한국넘이 헤딩을 해서 일본넘이 받는다.
7. 오프사이드
    일본: 심판 휘슬소리가 들리자마자 아쉬워하며 뒤돌아 선다.

한국: 심판 휘슬소리는 들리지 않는다. 일단 넣고 본다.
8. 패널티킥할 때 (1)
일본: 항상 골키퍼가 아슬아슬하게 놓치며 아쉬워한다.
한국: 항상 공과 반대방향으로 온몸을 내던지고 아쉬워한다.
9. 패널티킥할 때 (2)
일본: 골키퍼를 가볍게 속이고 대강 차도 들어간다.
한국: 골키퍼 속일라구 온지랄 다하다가 발야구한다.
10. 중거리슛
일본: 가슴이 철렁할 만큼 날카롭다.
한국: 쪽바리 수비수들 얼굴을 겨냥한다.
11. 프리킥
일본: 기가 막힌 세트플레이로 한국 골문을 위협한다.
한국: 아무리 먼거리도 직접 슈팅. 물론 일본골킥이다.
12. 골을 넣었을 때
일본: 동료들에게 둘러싸여 서로 축하해 준다.
한국: 나 잡아봐라 식으로 졸랑 뛰어대고, 남은 동료는 그거 잡겠다고 역시 쌔빠지게 뛰어댄다.
13. 결정적인 골찬스
일본: 달려나오는 골키퍼까지 제껴가며 여유있게 밀어넣는다.
한국: 달려나오는 골키퍼에게 몸을 내던져 패널티킥을 노린다.
14. 결정적인 실점위기
일본: 조직적인 움직임으로 상대방을 교란해 실점 위기를 넘긴다.
한국: 조직적으로 골문 앞에 일렬횡대로 줄을 선다. 물론 빈틈이 없도록...
15. 태클을 당했을 때
일본: 훌훌털고 일어나 제위치로 묵묵히 돌아간다.

한국: 태클한 놈은 곧 죽는다고 보면 되겠다.
16. 골키퍼와 일대 일 상황
일본: 골키퍼의 움직임을 보며 정확히 슈팅한다.
한국: 공의 움직임을 보며 강력하게 슈팅한다. 물론 홈런이다.
17. 코너킥이나 프리킥으로 세트플레이 공격시
일본: 공이 정확하게 앞이마에 맞고 골네트를 가른다.
한국: 항상 헤딩은 위통수로 한다. 물론 다시 헤딩을 해야 하는 상황이다.
18. 장점
일본: 공격수와 수비수가 일정간격을 유지해 공이 물흐르듯 끊어지지 않도록 하는 유연성과 조직력을 갖추고 있으며, 선수 개개인간의 개인기가 크게 향상돼 어느 위치에서도 위축되지 않는 플레이를 펼친다. 또한 게임의 흐름을 조율하는 플레이메이커의 능력이 탁월하고, 패스미스같은 실책이 적어 큰 실점 위기를 맞지 않는다는 장점이 있다.
한국: 강한 정신력이 있다.
19. 단점
일본: 아직까지 골결정력의 문제점이 있는 편이고, 선수들이 거친 몸싸움을 기피하는 경향이 있다.
한국: 별로 말하고 싶지 않다.
20. 목표
일본: 2002년 월드컵을 대비해 미리부터 착실히 준비해 온터라 큰 장애는 없다. 2002년까지 순탄할 전망이어서 대대적인 개편이나 선수물갈이는 없을 거로 보인다. 목표는 월드컵 16강 진출이다. 홈팀의 이점을 살려 충분히 가능하리라 판단된다.
한국: 물론 한국의 목표는 월드컵 16강과 월드컵 첫승이라는 두

마리 토끼를 다 잡을 계획이다. 이러기 위한 유일한 방법은 언능 호나우도라든지 바티스투타, 베르캄프, 말디니 같은 선수를 귀화시켜 주민등록증을 발급해 주는 것이다. 물론 감독은 최소 5개 국어에 능통한 외국어학원 강사 출신이어야 한다.

실력으로 앞질러야 합니다..
언능 월드컵이나 시작했으면 참좋겠당^ ^

어느 아가씨(?)의 회고록

강 명 국 (해병 572기)

첫번째 남자는 너무 아프게 했고
두번째 남자는 날 반 죽여놓다시피 했고
세번째 남자는 '이렇게 해라 저렇게 해라' 주문이 많았고
네번째 남자는 처음 보는 기구까지 사용했고
다섯번째 남자는 무조건 벌리기만을 강요했고
여섯번째 남자는 벌려진 그곳을 이리저리 구경했고
그리고, 지금 이 남자는 매우 섬세하고 자상하다.
제발 이 남자가 마지막이길 바랄뿐이다.

.
.
.
.
.
.
.
.

SS치과에서 박양이...^ ^ (야리쿠리한 상상일랑은 버리셔요^ ^)
살맛나는 세상을 위하여,,,필승!!

남자가 군대에 가야 할 20가지 이유

강 명 국 (해병 572기)

1. 반찬투정을 안하게 된다.

엄마가 해 주시는 반찬이 맛이 없는가?
군대에 가보라, 엄마가 해 주시는 밥이 제일 맛있다.

2. 여자가 다 이뻐 보인다.

내가 만나고 있는 여자 친구보다 다른 여자들이 더 예뻐보이나?
그렇다면 군대에 가라. 치마만 두르면 아줌마도 이뻐보인다.

3. 축구를 사랑하게 된다.

축구라면 밤에 잠을 못자도 중계방송을 보게 된다.

4. 뻥이 는다.

좋은 말로 하면 넉살이 좋아진다고 해야 하나?
암튼 군대만 가면 '내가 있던 부대가 대한민국에서 제일 힘든 부대가

된다.'

5. 낭만보다는 실리를....

그렇다, 군대 가기 전에는 낭만이 있어 좋았다.
그러나 군대에 갔다오면 실리가 없는 곳에는 가지 않는다.
예를 들면 군대에 가기 전에는 눈이 오면 좋았다. 그런데
군대에 있으면서 눈이 내리면 욕이 먼저 나온다.

6. 알뜰해진다.

한달 월급이 1만원 안팎이다. 이걸루 한달 살려면 알뜰해질 수 밖에 없다.

7. 다리가 길어진다.

태권도 승단심사를 위해 다리를 찢기 때문이다.
침상 위에서 배게를 딛고 올라가 한쪽 배게를 툭 쳐내면서 다리를 째기도 한다.
우...아직도 살 떨린다.

8. 생활력이 좋아진다.

그렇다, 군대에 가면 최소한 삽질은 배워 온다.
이 삽질 하나만으로도 공사판에서 십장의 지위까지 오른 입지전적인 인물이 다수 있는 것으로 안다.

9. 아버지가 대통령선거 출마하실지 모른다.

지난번 대통령 선거때 봤나?
아들이 군대 안 간게 대통령선거에 치명적인 결과를 가져다 준다.
대통령 아들이 되고 싶다면 빨랑 군대 가랑께.

10. 대한민국의 모든 욕을 알아듣게 된다.

대한민국에서 통용되는 모든 욕을 그곳에서 들을 수 있다.

11. 사이코를 많이 만날 수 있는데 이는 사회생활을 위해 감내해야 한다.

별의별 인간을 다 만날 수 있는 곳이 군대다.
심지어 세면대에다 오줌누는 인간, 기둥을 붙들고 신음소리를 내는 인간 등등 다양하게 만날 수 있는 기회가 제공된다.

12. 라면의 새로운 조리법을 알게 된다.

신라면을 봉지째 뜯어서 물 부어먹는 뽀글이를 배운다.
이는 어느 정도 고참이 되어서야 가능하다는 것을 알게 될 것이다.

13. 1등이 좋은 것은 아니라는 것을 알게 된다.

군대에서 1등은 바보나 하는 것이다. 군대에서의 1등은 곧 수많은 사역을 하게 된다는 말이다. 1등이 반드시 좋은 것은 아니라는 것을 배우게 된다.

14. 숏다리 컴플렉스에서 벗어날 수 있다.

군대에서 롱다리는 고난의 연속이다.
높은 데 뭐 올릴 때도 롱다리, 행군중에 맨 앞에서 중대기를 들고 걷는 것도 롱다리 몫이다.
숏다리에게는 어지간해서는 먼저 뭐 시키는 법이 없다.
아, 하나 있다. 개구멍 통과.

15. 담요 터는 법을 배우게 된다.

아파트에서 보면 힘들게 담요를 터는 아낙들의 모습을 간혹 보게 된다.
그러면 나는 음, 저 여자 남편은 군대를 안갔다 왔거나 방위출신이군. 하는 생각을 하게 된다.
생각해 보라. 부부가 오붓하게 군대식으로 담요 터는 모습을.
얼마나 아름다운가? 담요를 털때 발생하는 요란한 파열음은 일종의 카타르시스를 제공한다.

16. 군대 안간 놈들을 욕할 수 있다.

그렇다, 군대 안간 연예인들을 씹고 싶은가?
그렇다면 먼저 군대에 다녀오라. 군대 갔다 온 사람이 욕하는건 아무도 안 말린다.

17. 군대 갈 놈들에게 겁줄 수 있다.

야 군대 가면 얼차려 많이 받어 쥑인다.
치약뚜껑에 머리박아 봤어? 등등

18. 싫어하는 여자 떨쳐낼 수 있는 방법을 터득하게 된다.

여자들이 제일 싫어하는 얘기
3위 '군대얘기'
2위 '축구얘기'
1위 '군대에서 축구한 얘기' 등을 자유롭게 구사할 수 있다.

19. 낯이 두꺼워진다.

즉, 쪽팔리는 것을 두려워하지 않는다.
예를들어 아무 데서나 방귀 뀔 수 있다.

20. 자부심을 갖는다. 진짜 남자가 된다.

이 나라를 내 손으로 일부 지켜냈다는 자부심을 갖게 된다.
자기 여자 하나만은, 자기 가정 만큼은 지킬 수 있는 배포를 갖게 된다.

군대 계급에 따른 차이...

강 명 국 (해병572기)

★ 근무지에서 ★

이병 : 첫근무. 동기가 구른애기 듣고 겁내며 나간다.
일병 : 땜빵으로 첫사수 나간다. 아 정말 기쁘다.
상병 : 내일 근무짠놈 조져야지. 말번이라니.
병장 : 꼬인군번이라 병장에 근무라니.
말년 : 심심해서 한번 나가 보자.

★ 일석점호 ★

이병 : 제발 위생검사만 하지마라. 팬티 안빨았는데.
일병 : 건수 터졌으니 끝나고 죽어나겠군.
상병 : 구타검사만 하지 마라. 야삽으로 가볍게 건드렸는데.
병장 : 100번만 더 받자. 이 지겨운거.
말년 : ××..드라마 시작하는데. 빨리 끝내지.

★ 소원수리 ★

이병 : 뭘 또 수리하라는 거지. 매일 작업이네.
일병 : ××… 또 개념없는 이등병 나오는 거 아냐?
상병 : 그놈이 찌르면 어떻하지?

병장 : 중대장한테 끌려가겠네.
말년 : 와 재밌겠다. 제발 터져라.

★PX에서★
이병 : 전화 한번만 해 봤으면.
일병 : 이제는 안사주네. 내 돈으로 먹어야지.
상병 : 몰래 올라 온 이병 잡으러 다닌다. 건수 만들려구.
병장 : 닭발도 지겹다. 오늘은 뭘 먹지?

★아플 때★
이병 : 말도 못하고 화장실에서 운다.
일병 : 눈치봐서 얘기하고 의무실 간다.
상병 : 그냥 내려간다. 그리고 잘 올라오지 않는다.
병장 : 아프면 그냥 내무실에 깔아져 지낸다.

★전입신병 들어올 때★
이병 : 저놈이 동기일까? 설마 고참은 아니겠지.
일병 : 이제 걸레는 안빨아도 되겠군.
상병 : 또 서열표 만들어야 하네.
병장 : 장난감 하나 들어왔군. .
말년 : 밖은 어떻게 돌아가나 물어 봐야지.

★청소할 때★
이병 : 죽어라 뛴다. 겨울에도 땀이 흐른다.
일병 : 빗자루를 잡았다. 내 군생활도 이제 폈다.
상병 : 야, 여기 먼지 있잖아. 빠져가지구.

병장 : 먼지난다. 뛰지마. ××
말년 : 침상은 안 해도 돼. 내가 하루종일 했어.

★전투화 닦을 때★
이병 : 물먹어서 잘 안닦인다.
일병 : 물광 비스무리하게 낸다.
상병 : 약바르고 천으로 대충 문지른다.
병장 : 물파스같은 검은 거 그냥 칠한다.
말년 : 신어 본 지 오래 됐다. 매일 딸딸이만 끌고다니구.

살맛나는 세상을 위하여. 필승!!

애인이랑 여관에 간 군바리

인터넷해병명 : 지나가는 넘

군에서 동기녀석이 애인 면회로 외박을 나갔다.
그의 말에 따르면 둘이 해운대 백사장(우리 부대는 부산에 있었음)을 거닐며 놀다가 밤이 되어 같이 여관에 가게 되었단다.
손만 잡고 자기로 하고 눕긴 했지만 둘 다 잠을 이루지 못하고 있었다.
두어 시간이 지나 이놈이 자기 딴에는 용기를 내서 여자 위에 올라 탔다.
그러자 애인 왈 '너 왜 그러니'
단지, 딸랑 이 한마디에 동기녀석 당황해서 한다는 말. . ..
.
.
.
.
..
.
.
'어! 넘어가려고……'

길고 긴 포항 시궁창 정신없이~~

천 자 봉 (해병 311기)

필승!!

저는 병 311기 입니다. 저희가 실무에 올라가니 267기 선임부터 계셨던 걸로 기억 합니다.

저희는 한창 무더운 8월 14일 실무에 올라갔는데 선임수병님과는 반대로 더위와 모기와 엄청 시달렸습니다.

한 모기장에 서너명씩 쑤셔 넣고(그 모기장은 마치 야포 위장그물처럼 구멍이 숭숭 뚫린)해서 저희는 그 유명한 포항모기와 밤이면 밤마다 '복수혈전'을 벌여야 했습니다.

290자 및 300자 초기선임들이 식기닦는 법, 인사하는 법, 당직병이 '각 소대 그대로 들어'하면 목청 껏 'O소대'하고 복도로 뛰어 나가는 법 등을 열심히 가르쳐 주셨습니다.

훈련소 수료식때 면회 온 가족으로부터 받은 돈은 분명히 '자발적'으로 갹출을 해서 막걸리 사다가 2층 침상으로 열심히 올려 보냈지요.

사흘 정도 그렇게 지내니 8.18 판문점 도끼만행 사건이 안터졌습니까? 포철 부두에는 LST, LSM 등이 새까맣게 떠 있고, 곧 원산으로 상륙을 하러 간다고 부대 분위기가 일순 변하더군요. 식사를 하러 갈 때도 개인화기를 지참했고, 취침시에도 군화를 신은채 잠을 잤던 기억이 새롭습니다.

저희 동기들끼리 만나면 '휴가 한번 못 가보고 전쟁이 터지나보다'하고 전전긍긍했던 기억도 납니다. 나중에 들은 소린데 그 때 위에 계신 분들이 진짜 한번 붙을까도 했다지요. 도서부대로 배치받은 동기들은 해군 LST를 타고 가다 한밤중에 하선망 훈련이며, 엄청 긴장했었다고 들었습니다.
그 해 8월 중순부터 4주간 IBS 훈련을 받았습니다. 쫄병이니 요령도 모르고 시키는대로 패달링하고, PT체조하고, 뽀드 머리에 이고 선착순, 전투수영 등등 그 와중에 식사 때가 되면 선임수병들 식사수발 들어야지요, 작업병 나가야지요
정말 똥인지 된장인지 먹어 보고도 모를 시절이었습니다.
언젠가 TV에서 수색대 훈련받는 걸 봤는데 형산교 점프때 쩔쩔매는 훈련병을 보며 그때 생각 많이 했습니다.
(저는 분명히 주저없이 뛰어 내렸습니다.-- 식구들은 못믿어 하는 눈치였지만) 무엇보다 담배 조달이 제일 문제였지요. 하루종일 물속에 들어갔다 나왔다를 반복하니 아무리 방수에 신경을 써서 포장을 해도 몽땅 젖어서 피울 수가 없었는데, 근무교대하고 황색작업복에 화이바 쓰고 퇴근하시던 포철 아저씨들께서 피우시던 담배 미련없이 갑째 던져 주셔서 정말 고마웠습니다.
다라이와 양동이에 물떠다가 길가에 놓고, 뛰어가는 우리들에게 바가지로 끼얹어 주셨던 포항 중앙대학생들도 정말 고마웠구요.
저희 때는 팬티에 철모카바만 뒤집어 쓰고 뛰어다니느라 TV에서 처럼 수통 속에 짱박을(?) 생각은 못한 거지요.
노래는 그런 걸 불렀지요 '길고 긴 포항시궁창 정신없이~~'
선배님들 건강하십시오. 필승!!

저도 똥창(미자바리)을 잘라냈습니다

천 자 봉(해병 311기)

선배님 저도 똥창(미자바리)을 잘라냈습니다.
입대통지서(영장)을 받기 전부터 끼가 있었는데 입대일이 다가올수록 점점 더 극성을 부리는게 아닙니까?
훈련소(진해)에 가면 재신검을 하고, 불합격되면 귀가조치를 시킨다고 하는데 정말 걱정이 태산 같았습니다. 해병대에 지원입대 한다고 친구들에게 술 뺏어먹은 것이 무릇 기하이며, 고모, 이모, 삼촌네 순례하면서 차비 뜯어낸 액수도 상당했는데 불합격되어 귀가조치 되면, 그 무슨 개망신입니까?
해서, 내복약과 좌약을 한보따리 사서 들고 들어가지 않았습니까?
내복약은 약명을 잊었고, 좌약은 '포타날'이었지요.
생긴 것이 꼭 60미리 박격포탄 축소판 이지요.(지금도 시판되나요?)
아참! 연고도 있었습니다. '푸레파레이션'이라고.
틈만 나면 먹고, 바르고, 박고(?) 가입소 기간 내내 그 짓만 한거지요.
정성이 갸륵해선지 별 문제없이 통과! 지금 생각하니 무엇엔가 홀렸던 모양입니다. 몸이 멀쩡했던 놈들도 집에 가겠다고 우르르 몰려나갔다가 ㅈ나게 터지고, 아마 댓 놈은 결국 돌아들 갔지요.
이토록 열과 성을 다한 놈은 창설이래 몇 안될걸요.
이윽고, 마침내, 드디어, 급기야, AT LAST....
훈련은 시작되고, 따라서 팬티 속의 복수혈전도 시작 된 것이었던 것입니다. 그러니 남한테 자랑스레 보여 줄 부위도 아니고, 요즘 처럼 '오버

나잇'이니 뭐니 하는 생리대 하나 구할 수가 있나?(아마 훈련소에서 딴 건 어떻게 구할 수 있을지 몰라도) 광목 흰색 팬티(끈 매는 것)는 매일 같이 선혈이 낭자했답니다.
엄지 손가락만한 것을 늘 달고 다녔으니까요.(그러니까 앞뒤로) 좋은 건 딱 하나, 팬티 도둑맞을 일은 없었지요. 동기들은 긴빠이가 무서워 매직으로 이름도 써놓곤 했습니다만 내건 그냥 줘도 안 가져 갔으니까요. 위생순검때, 소대장님이 보셨지만 병원에 입원하면 제때 수료를 못하고, 후임기수들과 수료를 해야 한다고 하시길래 정말이지 이를 물고, 버텼다는 거 아닙니까?
지금 생각해 봐도 스스로가 대견스럽네요.
선착순 꼴찌는 맡아 놓고, 일요일 과실자 훈련도 열외없이 받아 넘겼지요. 그 몸을 이끌고 보병특기반은 물론 기습특공 4주, 팀스피리트……
졸병 보급이 제대로 안돼, 상병 중고참 때 겨우 포항병원에 입원.
'발본색원' 뿌리를 뽑았습니다.
수술 후 방구가 안 나와 고생했고, 그 보다 소변을 못봐 몸부림 치던 고통… 애꿎은 해군 위생병들만 저때문에 고생을 많이 했는데 고맙다는 인사도 못했습니다.
이 글을 통해 22년 전 포항병원 외과병동에 근무했던 돌팔이(?)들께 감사 드립니다.
부수적으로 치질과 대칭되는 부위도 손 좀 보고 나왔는데(담배 한보루 사주고) 시쳇말로 앞 뒤 밤바 다 체인지한 거죠.
요즘도 요긴하게 써먹고 있습니다.
선배님 덕분에 옛 추억을 떠올리게 되어 고맙습니다.
쌀쌀한 날씨에 건강하시고, 항상 행복하십시오.
해병대 만세!
해군 위생병(해병부대 근무하는) 만만세!!

춥고 배고프고 졸립던 시절을 회상하며

박 동 규 (해병 264기)

충성~

안녕하십니까? 해병 제264기, 군번 9389×××, 박동규입니다.

11월 6일은 저희 264기 444명이 진해훈련소에서 손을 들고 선서를 한 날입니다. 당초 지원은 초여름에 했는데 해군과 통합되는 바람에 11월에 입대했습니다.

제가 입대했던 시즌이 되니 그동안 머리 속에서만 맴돌던 옛날 일을 써 보고 싶습니다.

참 많은 세월이 흘렀지만 이제라도 제가 1973년 11월부터 1976년 6월 15일까지 32개월 보름의 현역생활 중에 겪었던 개인적인 이야기들을 해볼까 합니다.

오래 전의 일들을 기억에 의지하여 쓰는 것이기 때문에 사실과 다소간 차이가 있을 수 있고, 아무래도 제 주간이 반영될 것이기 때문에 비판적인 부분이 있더라도 널리 양해하여 주시길 바라며, 하실 말씀이 있으시면 꼬랑지 달아 주세요. 글 재주는 크게 없지만, 가능한 한 재미있게 써보도록 하겠습니다.

참고로, 요즘에는 구호가 '필승'인 모양인데 제가 군대생활 할 때는 '충성'이었습니다.

1. 훈련소에서

<이빨을 뿌드득 갈던 교관>

가입대를 하던 날로 기억됩니다. 진해훈련소 소대장, 교관들이 양측으로 갈라서서 입대하는 훈련병들에게 박수를 치며 환영하더군요. 그때 시커멓고 얼굴이 동그란 하사관 한명이 '이 새끼들 잘 왔어!'하고 크게 외치면서 이빨을 뿌드드득 갈더군요. 그런 쌍스러운 말을 그렇게 크게 여러 사람 앞에서 함부로 말할 수 있다는 것에 놀랐습니다.
그런데 아, 씨팔 그 인간(미안합니다. 사실은 별로 미안하지도 않지만) 이 하필이면 바로 우리 소대 교관으로 오다니~~ 가끔 그렇게 이빨을 갈아대더니 우리가 훈련을 마칠 때쯤 이빨이 뿌아졌다(부서졌다. 부러졌다는 등의 뜻을 가진 경상도 표현입니다)는 얘기를 들었습니다.

<가입대 첫날 밤 취침나팔 소리>

진해 바닷가 바람소리와 함께 들려 온 첫날밤의 구슬픈 취침나팔 소리에 눈물을 한 방울 찔끔 흘렸습니다.

<진해 앞바다 한 겨울의 빤스(팬티)바람 선착순>

손을 든지 일주일 정도 된 어느 날, 순검을 마치고 막 잠이 들려는데 갑자기 들려 온 구령은 '빤쓰바람 선착순'이었습니다.
빤쓰바람에 통일화(농구화 비슷한 발목까지 덮는 국방색의 신발이었는데, 발가락 위부분과 뒤꿈치 부분은 고무가 대어졌고, 발목은 두꺼운 천으로 만들어져 있었습니다. 발뒤꿈치와 발목 사이의 이어진 부분이 부드럽지 못해 뒤꿈치에 상처가 많이 났습니다)를 신은 놈, 맨발인 놈, 바지를 입고 나온 놈 가관이었죠. 차가운 진해 바닷바람이 몰아치는 11월 한밤중의 첫 빤쓰바람. 그러나 그때는 그래도 괜찮았습니다.

12월의 팬티바람은 거의 죽음입니다.

팬티바람을 여러 번 당하다 보니까 나중에는 순검시 지적사항이 많았다 싶으면 통일화 끈과 작업복 단추를 미리 풀은 상태에서 기다립니다. 선착순에 대비하는 거죠. 그러면 어김없이 팬티바람 구령이 들립니다.

팬티바람 선착순 한 번 해볼까요? '휘~익, 휘~익(호루라기 소리). 가악 소대 들어~!!! 지금 병사 떠나면 연병장에 팬티바람에 선착순으로 집합한다. 팬티바람 선착순 총 병사 떠나, 초옹 병사 떠나!!!'

선착순의 후미에 있는 동기들은 팬티바람으로 뺏다 맞고, 꼬라박고, 쪼굴태기(쪼그려 뛰기)하고, 연병장에서 또 선착순하고, 그리고는 좁은 간격으로 모이게 한 뒤에 쪼그려 앉도록 합니다.

그리고 그 다음이 백미지요. 바께쓰에 미리 준비하고 있던 물을 바가지로 퍼서 교관이 팬티바람으로 웅크리고 모여 있는 대원들을 향해 쫘~악 뿌립니다. 오른쪽에 왼쪽에, 뒤에 앞에, 빈틈없이 골고루 몇차례씩 뿌립니다. 물이 뿌려지는 대열에서 들리는 비명소리는 그야말로 귀곡성입니다. 이쪽에서 아흐흐흐, 다음에는 저쪽에서 아흐흐흐---, 거기다가 눈보라라도 치면 참으로 뼈속까지 추위가 엄습하지요.

군대생활, 특히 훈련소에서의 생활은 춥고, 배고프고, 졸립기만 한데 한겨울 밤에 팬티바람으로 물을 뒤집어 쓰고 진해 앞바다 맵디 매운 바닷바람을 두어 시간 쐬이는 맛, 상징이 되시나요? 어느 날 밤인가는 비 바닷물에 들어가기도 하였는데 차라리 물속이 더 따뜻하더군요.

빤쓰바람의 마지막은 악을 쓰고 구호를 외치거나, 악을 쓴 목소리로 군가를 부르며 연병장을 몇 바퀴 도는 것입니다. 그래야 감기나 동상이 걸리지 않는다나요.

<먹어도 먹어도 먹고 싶던 곰보빵>

먹는 것에 대한 이야기는 뒤에 또 쓰겠지만, 훈련소에서는 정말 너무나

배가 고팠습니다. 한참 먹을 나이에 아침 일찍부터 밤 늦게까지 뛰고 구르니 배가 고프지 않을 수 없지요. 날마다 배가 고파 껄떡 댑니다.
어쩌다가 식사당번으로 차출되는 날이면 그야말로 대낄(대길)입니다.
밥이 담긴 큰 알루미늄 밥통을 다른 식사당번과 둘이서 들고 오면서 한 손으로 밥통을 들고 다른 한 손으로는 뜨거운 밥을 입에 퍼넣느라고 정신이 없습니다. 뜨거운 밥을 쳐 넣어 입천정이 홀랑 까진 기억이 납니다.
해군 훈련병과 해군 하사관 후보생들이 얼마간 떨어진 병사에서 훈련을 받았습니다. 그 친구들은 우리들보다 비교적 자유로웠기 때문에 우리보다 훨씬 자주 PX를 이용했었는데 해병 훈병, 해병 하후생들에게 빵을 많이 뺏겼다고 합니다.
PX에서는 윗부분이 울퉁불퉁한 손바닥만한 곰보빵을 팔았습니다. 일주일에 한 번인가 이용할 수 있는 PX에서 곰보빵은 최고 인기였습니다. 저의 훈병 첫 월급이 600원이었는데, 곰보빵 가격이 20원 아니면 30원이었던 것으로 기억됩니다. PX 가는 날에는 똥깐(화장실)에서도 곰보빵을 먹었습니다.
훈련소 수료하던 날이었습니다. 부모님이 돌아 가셔서 그렇잖아도 가여운 막내 동생이 온다간다 말도 없이 고무신 질질 끌고 입대해 버려 불쌍하다고 멀리서 형님(몇해 전에 돌아 가셨는데 지금도 눈물나게 그립습니다)이 면회 오셨는데, 그때 곰보빵 13개인가를 먹고, 라면을 두 개 먹고, 그러고도 더 먹고 싶어 두리번거리다가 옆사람이 준 닭다리 하나를 또 얻어 먹었습니다. 목구멍으로 음식이 쳐 받치는 데도 음식이 들어 가더군요. 퉁퉁 부은 얼굴로 끝없이 먹어 대는 제 모습을 보시고는 형님 눈가가 붉어지셨어요.
진해훈련소 주계 옆에 덮개가 없는 조그만 하수구가 있었습니다.
하수도 중간쯤에 돼지를 키우는 사람들이 짬밥을 가져 가려고 소쿠리를 받쳐 놓습니다. 기간병과 장교들이 먹다 버린 밥알이 하수구로 흘러 가다가 그 소쿠리에 모아집니다. 그러면 물을 빼기 위해 소쿠리를 건져 놓으면 소쿠리에 하얀 밥알이 수북이 쌓여 있게 됩니다. 어떤 동기들은 그 짬밥을 교관 몰래 잽싸게 손으로 집어 먹었습니다. 어느 날인가는 저도 먹을 뻔 했는데 교관이 앞에 있었기 때문에 먹지 못했습니다.

<사격장의 오발 사고>

훈련소에서 지급받은 개인화기는 M1소총이었습니다. M16은 실무에서 나중에 받았습니다. 반자동인 데다가 무겁다는 단점은 있지만 M1의 위력은 대단합니다. 총신이 길어서 명중률도 좋고, 4명을 관통한다고 하더군요. 특히 총소리가 대단하죠. M1을 쏠 때는 개머리판에 눈을 바짝 대야 합니다. 잘못하면 발사시의 충격으로 오른쪽 광대뼈와 오른쪽 눈탱이(눈두덩이)가 시커멓게 멍이 듭니다.

첫번째 사격을 하던 날, 제 총구에서 나는 소리가 천둥소리로 들렸습니다. 그러나 사격장에 자주 다니다 보니 바로 앞 사선에서 총을 쏴대는데도 잠이 오더군요. 잠이라는 놈도 대단합니다. 군시절을 되돌아보면 그때는 그야말로 시도 때도 없이 잠이 쏟아 졌던 것으로 기억됩니다. 구전되는 월남전 참전 선배들 이야기를 들으면, 허벅지까지 빠지는 수렁에서 판쵸를 쓰고 빗속에 경계근무를 서는 때에도 잠이 온다고 하더군요.

군시절에 무슨 시귀가 생각나겠습니까만, 사격장에서 마치 한마디의 시와 같은 말을 들었습니다. 무슨 말이냐구요? 방아쇠를 당길 때는 열여덟살 먹은 처녀 젖가슴을 만지듯이 부드럽게 당기라고들 교육하지요. 그런데 어느 교관인가가 이런 표현을 쓰더군요. '아침에 이슬이 내리듯' 방아쇠를 당기라구요. 해병대와는 어울리지 않는 정말 시적인 표현이지요? 실제로 사격을 할 때는 소대별 점수를 높이기 위해 잘 맞는 총만 골라서 사격을 합니다. M1이 오래된 총이기도 하지만, 꼬질대로 하도 쑤셔

대니까 총구가 넓어져서 잘 안 맞는 총이 많지요.
그래서 잘 맞는 총은 사선에서 계속 쏘고, 나머지는 따로 사총을 해 놓습니다.
마지막 사격을 하던 날이었습니다. 제 총은 잘 안 맞는 총이었기 때문에 사총을 해 놓았습니다. 사격이 끝난 후는 어둑어둑 했습니다. 탄피야 나오너라 노래를 불러 가면서 탄피를 찾고 이젠 전 병력이 집합해서 구령에 따라 각자 자기 총을 가지고 노리쇠를 후퇴시키고 약실을 검사한 후 하늘을 향해서 격발을 했지요. 그런데 어디선가 발사가 되어 버렸습니다. 대형사고가 날뻔 했습니다. 만약 옆으로 격발했더라면 인명사고가 났겠지요.
소란스러운 중에 이제 누구 총에서 격발이 되었는지를 알아야 하는데 어느 동료 훈병이 저를 지명하는 것입니다. 내 총에서 발사되었다는 겁니다. 엉겁결에 앞으로 불려 나가 좆나게 맞았습니다.
그 당시는 아무런 정신이 없었고, 항변할 수도 없었는데 저는 지금도 내 총에서 발사가 되지 않았다고 믿습니다. 내 총은 분명히 사총되어 있던 것을 풀었거든요. 진실은 하느님만 아시겠지만.

<구보의 하이라이트 천자봉 구보>

보병은 3보이상 구보입니다. 훈련소에서는 행군하는 것 이외에는 걸어다니지를 않았고, 쉴 때도 앉아서 쉬지 못하고 서서 쉬었습니다. 진해훈련소에서의 구보 하이라이트는 천자봉 구보이죠.
천자봉을 진해훈련소에서 보면 하얀 글씨로 '해병혼'이라고 표시되어 있었습니다.
천자봉 구보는 대개 훈련소 수료 얼마 전에 했는데, 가장 힘들었던 것은 M1 소총입니다. 대검을 꽂지 않은 무게가 아마 9.5파운드(4.3킬로그램)였던 것으로 기억됩니다.

이 무거운 총을 어깨총하고 뛰면 좀 좋을까만 앞에총을 하고 몇시간을 뛰니까 팔은 늘어지고, 물이 가득 찬 수통은 엉덩이에서 덜렁거리고, 철모는 화이바가 잘 안 맞아 옆으로 돌면서 뛸 때마다 턱턱 머리통을 치고, 힘들어서 숨은 콱콱 막히고----.
정말 돌아가실 지경이었죠. 구보가 끝난 후에 보면 흘러내린 땀이 찬바람에 소금으로 변해 얼굴에 하얀 줄이 세로로 줄기줄기 나 있었죠.
그런데 천자봉은 일년에 한 번씩인가는 꼭 불이 난다고 하던데 사실이었던가요?

<아! 눈물고개>

저는 훈련소에서 치질이 약간 있어서 어떤 날은 혈변이 상당히 심하기도 하였습니다(지금도 있어요. 지겨워요). 정말 괴로왔습니다.
먹은 것은 없는데 혈변을 하니 가끔 가다 체력이 극도로 떨어져 말이 아닐 지경이었습니다.
한많은 눈물고개를 넘어 상남으로 가던 날도 그런 날이었습니다. 아침부터 죽도록 힘든 날이었습니다. 완전무장으로 고개를 넘는데, 고개마루를 앞두고는 도저히 걸음이 옮겨지지를 않더군요. 그렇게 높은 고개는 아니었던 것으로 기억됩니다만, 발걸음이 비척거리니까 동료 동기가 붙들어 주어서 많이 도움을 받았습니다.

<훔쳐먹은 호빵 한봉지>

진해훈련소에서 8주간의 교육을 마치고, 포항으로 후반기 4주교육을 받으러 가던 때였습니다. 열차를 타고 이동하는데 어떤 역(당시에 정신이 없어서 어느 역인지 모릅니다)에서 열차가 멈췄습니다.
열차가 멈추자 동기들은 먹을 것을 사려고 난리였습니다. 모두들 입대시 맡겨 놓았던 돈을 찾았기 때문에 약간씩의 돈이 있었습니다.

그때 동기 하나가 어느 아줌마에게 호빵을 갖다 달라고 하니까, 부부로 보이는 두 사람이 호빵을 한 아름 가져 와서 팔았습니다.

모두들 달려가서 호빵을 샀습니다. 호빵과 함께 돈이 건네졌는데 빵을 달라고 내미는 손이 하두 많아 도저히 계산이 되지 않았습니다.

처음 몇 사람은 돈을 주고 샀으나, 잠시 후에는 수십명이 두 사람에게 둘러 서서 서로 먼저 빵을 달라고 아우성을 쳤습니다. 그러다 보니 돈은 안내고 빵만 그냥 집어 가는 수라장이 되고 말았습니다. 저도 그때 호빵 한 줄(다섯 개)을 그냥 집어다 먹었습니다. 돈을 안내고 싶은 생각도 있었고, 열차가 금방 떠날 것 같았거든요.

이 이야기는 부끄러워서 제대 후에도 오랫동안 남에게 말하지 못했습니다. 그 분들도 형편이 좋지는 못했을 텐데, 죄송합니다.

2. 혹독한 실무훈련

<실무 배치받은 일주일 후 동계훈련>

저희 264기가 전후반 모두 12주의 훈련을 마치고 실무에 배치받은 때는 1월 말이었습니다.

제가 배치받은 부대는 1사단 ○연대, 2대대, 6중대 3소대였습니다. 말단 소총 중대 소총소대였죠. 부대 배치받아 보니 월남 갔다 온 230대 기수가 가장 선임수병(지금은 해병이라고 부르지만 그때는 수병이라고 불렀습니다.)이었고, 259기가 말단이었는데, 병력이 많이 부족하여 저희 264기가 5,6중대에 20명 정도씩 떨어졌습니다. 259기가 환장하게 좋아했죠.

부대 배치받은 1주일쯤 후에 동계 ○○○훈련을 나가더군요.

저에게는 개인화기로 AR이 주어 졌습니다. 신참 쫄병이라고 가장 무겁고 힘든 화기를 준 것입니다.

AR은 월남전에서 쓰던 것을 가져 온 것이라고 했습니다. M1보다도 훨씬 길고 무게는 M1의 두 배인 19파운드(8.5킬로그램)이었던 것으로 기억됩니다. 총신 앞부분에 두개의 받침대가 있고, 탄창을 끼우는 자동소총이었습니다. 나중에는 무거워서 완전무장 위에 목에 걸치고 다녔습니다.

완전무장에 경주 토함산 어딘가로 훈련을 나갔는데 하루에 한 두 끼니는 케레이션(깡통속에 밥이 들어 있는데 미군의 C레이션을 본따 이름을 케레이션이라고 한 것 같습니다)으로 받았습니다.

훈련은 종일 걷고, 밤에는 야영을 했습니다. AR에 완전무장하고, 토함산 어딘가의 눈밭을 새로 길을 내 가면서 거의 종일 걷는데 아무 정신도 없었습니다. 그냥 하염없이 앞 사람의 발만 보고 걸었습니다. 가다가 배가 고프니까 케레이션을 터서 얼음 덩어리인 밥을 몰래 한 숟갈씩 먹으며 갔습니다. 밥을 미리 먹어 버렸으니, 식사때 쯤 되면 미치도록 배가 고팠지요.

혹시 밥을 주는 날에는 알철모에 밥, 국, 김치를 받아다 서너명이 나눠 먹었는데 고참들은 밥 외에 다른 것도 있어 좀 나았는데, 저는 제일 쫄병이라 서러웠죠.

새벽부터 저녁까지의 행군은 야영보다는 나았습니다. 서릿발이 숭숭 돋은 2월 초의 논바닥에 오와 열을 맞춰 3인용 텐트를 치고 잠을 자는데 바닥에 짚북데기라도 깔면 오죽 좋을까만 그것을 못하게 했습니다.

바닥에 판쵸 두장과 모포 한 장을 깔고 모포 두장을 세명이 덮는데 맨 중앙에는 고참이 자고 저는 가에서 잠을 잤습니다. 정말 무지하게 추웠습니다. 제 몸에서 모포가 벗겨져도 고참에게서 끌어오지를 못하고 그냥 자야 했습니다. 추워서 처음에는 발도 안 씻고 땀에 젖은 양말을 신고 잤는데 발이 엄청 시리더라구요. 다음날에는 얼음을 깨고 발을 씻고 맨발로 자니까 발이 화끈화끈해지면서 더 좋더군요.
이렇게 하도 춥다 보니까 몸은 피곤한데도 잠시 잠이 들었다가 깼다가를 반복 했습니다. 춥기도 하거니와 하룻밤에 몇 차례씩 다리에 쥐가 나서 잠을 깼습니다.
심한 날은 옷에다 오줌을 싸기도 했습니다.
5,6일 정도의 훈련 마지막 날 토함산 어느 산고개를 행군해 내려가는데, 고개에서 보니까 왼쪽에 얕으막한 고개에서 이어진 신작로가 중앙에 나있고, 그 옆에 당산나무가 두 세그루 있는 작은 마을이 보이더군요. 지금도 그 고개마루에 서면 그 마을을 알아볼 수 있을 만큼 한 겨울의 그 마을 풍경이 눈에 선합니다.
그때 제 머리를 스친 것은, 아 저기 가면 밥이 있겠구나 하는 생각뿐이었습니다. 선임수병이 부르는 소리도 못 들은체 산길을 구르다시피 뛰어 내려가 어떤 집에 불쑥 들어 갔습니다. 부엌에 들어가 밥좀 달라고 했죠. 주인 아주머니가 소쿠리에 담긴 채로 보리밥과 김치를 내어 주었는데, 그 보다 더 맛있는 밥이 어디 또 있을까요!
그때 그 아주머니 복 받으소서!

<기습특공훈련 후에 남긴 나의 명언>

일병을 달고 첫 휴가를 가서 술로 몸을 버리고 귀대하여 보니 전 중대가 도구해안으로 기습특공(IBS)훈련을 나가 있더군요.
귀대 당일로 합류했습니다. 술로 몸을 버려서 그런지 훈련소 훈련보다 더 힘들었습니다. 해병 출신, 특히 IBS교육을 받아보신 분들은 아실겁니다.
도구 바닷바람에 날려 오는 은빛 모래가루가 사근사근 씹히는 밥을 먹고, 발이 푹푹 빠지는 모래밭에서 PT체조와 선착순으로 시작하여 PT

체조와 선착순으로 끝나는 그 훈련 말입니다. 훈련에 들어간 지 5일 만에 겨우 똥을 쌌는데 염소똥이 몇 덩어리 떨어지더군요.

얼마 있다가 훈련 장소가 강릉 어딘가의 해안으로 옮겨졌는데, 대통령이 참관하는 상륙작전에 투입되어 임무를 완수하였습니다.

당시 훈련중에 제게 가장 힘들었던 것은 바다 한 가운데서 보트를 뒤집어 보트 안에 있는 물을 빼내고 다시 보트를 바로 뒤집은 후 그 보트에 올라 가는 것이었습니다. 보트줄을 잡고 발로 물을 차서 보트 위로 척 올라가야 되는데 도저히 올라갈 수가 없었습니다.

몇차례 시도를 했지만 계속 실패했습니다.

옆에 있던 조교가 바닷물 속으로 끌고 가려 했습니다. 기합으로 바닷속에 쳐 박으려는 것이지요.

한 번만 더 해 보겠다고 사정했습니다. 실패했습니다. 또 한번 사정했습니다. 또 실패했습니다.

그래서 제가 스스로 조교 옆으로 갔습니다. 조교가 바닷속 깊이 저를 쳐 박았습니다. 조교도 함께 들어갔다가 제가 충분히 물을 먹은 다음에 조교가 숨이 차면 바다 위로 끌어 올렸습니다. 두번을 이렇게 하니까 바닷물이 코로 나올 정도가 되더군요.

그런데 사람의 의지는 참으로 대단합니다.

마지막 세번째 잠수했을 때 제 머리에 문득 '나는 절대 여기서 죽지 않는다. 이것은 훈련이다. 이 씨새끼가 나를 죽이지는 않을 것이다'는 생각이 들더군요.

그러자 숨이 멎어지면서 더 이상 바닷물이 입과 코로 들어오지 않더군요. 아무튼 그로부터 일주일 정도는 국을 먹지 못했습니다. 쓰디 쓴 바닷물을 배가 툭 튀어나올 정도로 쳐 마셨으니 그럴만도 하지요.

참고로 말씀드리면 영영 보트에 못올라 가지는 않았습니다. 다음에 고참 때에 받은 훈련에서는 한 번만에 쉽게 보트에 올라 갔습니다.

이제 이번 편의 마지막으로 이 이야기의 제목에 관한 것을 쓰겠습니다. 금년에 동기 모임이 있어 처음 가 봤더니, 저와 같은 중대에서 근무했던 이○○동기가 그 때 이야기를 하면서 제가 명언을 남겼다고 하더군요. '하면 된다. 안되면 될 때까지'가 해병대의 좌우명인 거는 여러분도 잘 아시죠? 그런데 제가 제대말년에 그 사건에 관해 이렇게 말했다는군요. '안 되는 건 안 되는 거야.'

3. 멀고 먼 긴바이의 길

<5분대기 차량을 털기도>

해병대는 긴바이로도 유명하지요. 긴바이의 어원이 영어에서 기원했는지 일본어에서 기원했는지는 모릅니다만, 고상하게 뜻풀이를 해 보자면, '긴바이란 해병대가 작전상 필요한 물품을 잠시 빌리는 것'이라고 말할 수 있겠지요. 그러나 나쁜 말로 하면 그것은 남의 물건을 훔치는 것이 됩니다.

훈련소에서는 황당하게도 개인 보급품인 못생긴 스푼이 어느 날 없어져 버렸더군요. 탄띠에 매달린 수통 옆에 밤낮없이 꽂아 가지고 다녔는데 사라져 버렸어요. 명청하게도 저는 스푼이 없다고 교관에게 말했죠. 좆나게 맞기만 했습니다.

실무에 배치받은 다음날 친절하게도 선임수병이 없는 물건이 있는지 찾아보라고 해서 관물함을 뒤져보니 훈련소에서 새로 지급받아 한 번도 입지 않았던 작업복이 없더군요. 선임이 묻는 말이라 작업복이 없다고 하였더니, 한바탕 소란이 났습니다. 잠시후 월남갔다 온 고참하사가 씩 웃으면서 옷을 내 놓았는데 그 뒤로 저는 고로왔습니다.

묘한 일은 관물검사만 하면 의례 소대 물품 무언가가 꼭 없더라구요. 모포가 부족하다든지 야전삽이 부족하다든지 합니다.

일요일날 빨래를 하면 소대별로 쫄병이 감시하는 데도 옷이 없어집니다.

더 기막힌 일은, 목욕하러 갈 때는 중대별로 팬티만 입고 목욕탕에 가는데 들어가자 마자 목욕끝 5분전!이라고 외치는 속에서 잠깐 샤워를 마치고 나와 보면 팬티가 바뀌거나 팬티 한 두개가 없어집니다. 그러면 그 사람은 팬티도 입지 못하고 알몸으로 불알을 덜렁거리면서 중대로 돌아 오지요. 팬티에 이름을 써 놓아도 별 수 없어요. 왜 물품이 부족하고, 왜 물품이 없어지는지는 해병 출신이면 잘 아실 겁니다.

물품이 없으면 고참 수병이 오늘밤 순검 끝나고 내밑으로 집합하는 식으로 집합을 시킵니다. 살림 잘하는 고참수병(상병 중참 정도가 책임을 맡았죠)은 침상 밑에 여유 물품을 짱박아 놓았다가 대비하기도 하지만 대개는 ㄱ새끼들 말이야 물건을 어떻게 간수했느냐고 하면서 기수별로 조지죠. 그래서 급하면 작전상 옆 소대에서도 긴바이하고, 옆 중대에서도 긴바이하고 그런 식이었습니다.

나중에는 중대 내에서는 긴바이 하지 말자고 약속 같은 것도 했었지요. 긴바이는 주로 일병 고참 정도가 지휘하였는데, 없는 물건이 있으면 어떤 방법으로든 채워 놓아야 하니까 물불 가리지 않고 어디서든 가져옵니다.

다른 부대가 5분대기 차량을 준비해 놓으면 그 차량마저도 긴바이 합니다. 5분대기 차량에는 완전무장이 주욱 걸려 있거든요. 보초가 소홀할 때 낮은 포복으로 접근하여 군용트럭 포장을 찢고 물건을 가져 갑니다. 완전무장 두어벌 가져 가면 제법 쏠쏠하지요. 당한 중대는 또 어디선가 긴바이 했겠지요.

팀스피리트 훈련때는 미군이 사단 비행장에 주둔하는데 미군들은 실탄을 가지고 보초를 섭니다. 한국 해병대가 하도 긴바이를 해 대니까 그렇다더군요.
긴바이 이야기가 두어가지 더 있는데 좀 심한 것 같아서 긴바이 이야기는 그만 쓰겠습니다.

4. 해안방어의 추억

<엄청나게 용감했던 부산출신 오영○ 선임수병>

저는 군생활 동안 3번의 해안방어를 나갔습니다. 해안방어를 나가면 분초 단위로 생활을 하기 때문에 크게 괴롭히는 선임이 없으면 먹는 것, 생활하는 것 모두 사단 내에서 보다는 낫지요. 날마다 이어지는 지긋지긋한 온갖 훈련 또는 작업도 없고, 주부식을 분초별 또는 다른 수단으로 조달하니 아무래도 여유가 있었습니다. 그래서 포항 사단내 보병들에게는 해안방어가 큰 희망이었습니다.

제가 해안방어, 아니 군생활이 생각날 때마다 가장 잊혀지지 않는 인물이 있다면 두번째 해안방어때 (75년 늦봄으로 기억됩니다.)부분초장이었던 오영○ 선임수병(256기 정도로 기억됩니다. 지난 번에 썼다시피 그 때는 수병으로 불렀으니까 수병으로 쓰는 것을 이해 바랍니다.)입니다.

분초장은 누구였는지 잘 기억이 나지 않습니다.

저희가 근무했던 포항 ○분초는 동해안 육군 위수지역 최남단과 아주 가까웠습니다. 그때는 저도 짬밥이 늘어 일병 고참이니 이제 군생활에 어느 정도 적응이 된 때였습니다. 그래서 오수병이 순찰에도 데리고 다녔습니다.

어느날 밤인가 아직 이른 저녁인데 오수병이 근처 마을에 순찰을 가자고 하여 따라 갔습니다. 순찰이라고 하지만 쌈쌈한 아가씨가 어디 없나 그런 목적으로 나간 작업모에 비무장의 뭐 그런 것이었습니다.
순찰은 육군 지역으로 나갔지요.
갔다가 돌아 오는 길에는 육군 초소가 있었습니다. 오수병과 제가 무슨 이야긴가를 주고 받으며 분초로 돌아 오는데 육군서 두세명이 나와 앞을 가로막고 수하를 했습니다.
수하는 손들어, 뒤로 돌아, 암호, 뭐 이런 식으로 진행되지 않습니까?
육군 해안병들도 마찬가지로 오수병과 저를 향해 총을 겨누면서 '손들어' 하더군요. 그런데, 그 때 오수병의 대응이 참으로 놀라운 것이었습니다. 손을 들지 않고 '얄마 나야. 나 ○분초 부분초장이야' 하며 가던 길을 그대로 갔습니다. 그러자 초병은 또 '손들어!'하더군요. 오수병은 '야 이새끼들아. 나 ○분초 부분초장이라니까!'라고 말하면서 계속 그들 앞으로 걸어 갔다. 저는 주춤주춤 따라 가면서 속으로 조마조마 했습니다. 아시다시피 해안에는 실탄을 장진하고 근무합니다. 만약 그들이 방아쇠를 당겨 버리면 우리는 개죽음이고 저들은 포상휴가겠죠.
우리가 총구에 개의치 않고 계속 길을 내려가니까 육군초병 한 명이 앞장서 가던 오수병을 향하여 쾅쾅! 총을 쏘았습니다. 그러나 정면으로는 쏘지 못하고 머리 바로 옆의 허공에 비스듬하게 쏘았습니다. 밤이라 오수병 귀때기 옆에서 불이 번쩍 번쩍 나가는게 보이더군요.
이때 용감한 오수병님, 갑자기 작업복 웃도리를 확 벗고 가슴을 내밀면서 '이 개새끼들 쏴 봐!'하고는 육군 초병 앞으로 달려 갔습니다. 어이가 없는 육군 초병들이 멍하고 있을 때 우리의 오수병님, 육군 초병들의 귀싸대기를 때리면서 총(카빈)을 빼앗아 버렸습니다. 그리고는 우리들은 빼앗은 총과 실탄을 들고 유유히 분초로 돌아 왔지요.
다음날 육군 분초장 등이 와서 사정사정하자 우리의 오수병님, 앞으로 조심하라고 엄하게 일장 훈시를 하고 나서 총을 돌려 주었습니다. 총을 돌려 주었지만 실탄은 남겼다가 탄두는 빼서 링에 넣고, 탄피는 빈총으로 모래속에 쏘고, 화약은 불붙이고 놀았습니다.

어처구니 없이 무모했지만 용감했던 부산출신 오수병님, 혹시 이 글을 보신다면 꼭 연락을 주세요. 제가 소주 한잔 사겠습니다.

오수병을 생각하면 '내 좆 봐라'도 생각납니다. 분초 막사가 언덕 위에 있었는데, 낮에 바다에서 가끔 해녀들이 물질을 했습니다. 우리의 오수병님, 쪽빛 바다에서 해녀들이 물질을 하는 어느 쾌청한 날, 깎아지른 듯이 높은 언덕 위에서 바다를 향하여 같이 큰소리로 '내 좆 봐라!'하더니 ㅈ대가리를 꺼내어 바다를 향해 오줌을 내 갈겼습니다. 저는 내 좆 봐라는 못했지만 같이 서서 쉬를 했습니다.

<해병방위도 해병대다>

해안방어를 나가면 인근 지역 방위들이 야간에 출근하여 같이 초소 근무를 했습니다. 이 사람들은 그 당시 군입대 제도에 따라 현역을 못 간 사람들이죠. 나이가 많았습니다. 제가 부분초장이었을 때도 저보다 두 세살씩은 나이가 많았지요.

그런데 계급이 이병이니까 분초에서 가장 쫄병이었습니다. 그래서 주로 일병들이 집합을 시켰습니다. 집합 이유는 크게 두가지였는데 기합이 빠졌다는 것과 입이 즐겁지 않다는 것이었지요.

이 사람들은 낮에는 생업에 종사하고 밤에 근무를 나오기 때문에 무지 피곤했습니다. 게다가 집합 당하랴, 근무하랴, 소주사오랴, 안주 조달하랴, 고달팠지요.

제 생각으로는 같이 근무했던 해병 방위들은 충분히 해병대로 받아들일 만한 자격이 있다고 봅니다. 이 분들도 해병대로 인정할 것을 제안합니다.

<해안방어의 재미>

해안방어의 재미는 뭐니뭐니 해도 소주 마시는 재미가 으뜸이지요. 제대 말년인 76년 봄에 나간 ○○분초는 작은 포구를 끼고 있었습니다. 고깃배가 들어올 때쯤해서 가끔 바께쓰를 들고 포구에 나가면, 주로 싱싱한 고디이(포항지역 사투리로 고등어를 고디이라고 부릅니다)를 얻어 왔는데 고디이 회맛이 끝내 줍니다. 거기다 소주 몇 잔 걸치면 대낄입니다.

○○분초의 주변 앞 바다에는 골뱅이가 많았습니다. 방위들을 시켜서 바께쓰에 가득 주어다가 솥에다 삶아 먹었죠. 많아서 잘 먹지는 않았는데, 지금 생각하면 그 때 좀 많이 먹었을걸 하는 생각이 듭니다.

안주 이야기를 하다 보니까 술 생각이 나는데 술 이야기는 다음에 쓰겠습니다. 그 때나 지금이나 저는 술을 참 좋아합니다. 자주 마시지는 않는데 과음을 하는 바람에 마누라에게 찐바를 많이 먹습니다.

해안방어 추억의 마지막으로 지금까지 말씀드린 안주 보다도 더 기똥찬 안주인 전복에 대해서 이야기를 해 볼까요. 전복, 기가 막히죠. 앞서 말씀드린 오수병과 같이 근무했을 당시에 분초원들이 바로 우리 분초 밑에 있는 마을에 정박된 작은 어선에서 전복을 긴바이 해 왔는데 속살만 그 당시 노란 추라이판 밥 담는 곳과 국 담는 곳에 가득 찼습니다. 거기다가 쏘주를 마셨는데 일주일 동안 좆 서가지고 그놈 달래느라 혼났습니다.

쓰다 보니 그 당시에 그 주변에 양파가 많이 나서 가리가리 쌓여 있던 기억도 납니다. 보통 부식 긴바이는 멀리 떨어진 곳까지 가서 했는데, 그 날은 해녀들이 물질을 해서 배 밑에 넣어 놓았던 것을 분초원중 누가 알고 우리 관할인데도 통 크게 전복을 긴바이 했던 것으로 생각됩니다.

나중에는 전복을 따서 먹기도 하였는데 이건 저만의 노하우입니다. 전복은 주로 해녀들이 바닷속 깊은 곳에서 물질을 해서 땁니다. 바닷가에서는 물질을 안해요. 그래서 바닷가에 팔 닿는 곳에 큰 전복이 가끔 있습니다. 전복이란 놈은 바위 색깔과 거의 같지만 유심히 보면 알 수 있습니다.

고참때 바다가 잠잠하면 후래쉬를 들고 순찰을 나가지요. 순찰 나갔다 오는 길에 크고 작은 바위들이 있는 곳에서 후래쉬로 바위 옆을 비추고 가만히 살펴 보면 바위 색깔과는 약간 다른 부분이 손바닥만하게 보이는데 그것이 바로 전복입니다. 전복이 낮에는 바위 밑에 있다가 밤에 바위 옆으로 올라 오는 것입니다.

전복을 발견하면 이제부터 잘 해야 합니다. 전복 껍질을 잡자마자 옆으로 힘껏 비틀어야 합니다. 전복은 빨판 힘이 아주 좋아 한 번 건드리면 절대 떨어지지 않습니다. 작은 전복의 경우는 껍질은 떨어졌는데 알맹이는 그대로 바위에 붙어 있습니다. 생긴 것도 그렇고, 빨심도 쎄서 전복이 몸에 좋다고 하나 봅니다.

손바닥만한 전복을 따면 너무 커서 알맹이를 네 토막 아니면 두 토막을 내서 먹었어요. 요즘 그런 전복 먹을려면 돈이 좀 나가지요.

5. 빳다와 기합

<목구멍에서 피가>

제가 맨 처음 올린 글에서 진해훈련소 입소하던 날 이빨을 뿌드득 갈던 교관 이야기를 썼습니다. 어느 날인가 그 교관에게 M1 개머리판으로 가슴팍을 수없이 맞고 난 후에 다음날 침을 뱉는데 침에 피가 섞여 나오더군요. 며칠간 그런 상태가 계속되었습니다. 악몽이었습니다.

그렇습니다. 구타는 악몽입니다. 그런데 정말 너무 심하지만 않으면, 그것은 별거 아니기도 합니다. 구타당하기 위해 집합해서 자기 차례를 기다리는 순간들이 진짜 악몽이지요.

제가 전역하면서 276기 김윤○ 후임이 만들어 준 추억록에 어느 후임이 이렇게 썼더군요. '집합이란 별거 아니다. 오와 열을 맞추어 서는 것이다' 라구요. 지금 그 추억록은 없지만, 그 글은 제 기억에 남습니다.

<하침에서의 졸도>

제가 병장때 저희 기수가 하침에서 악랄한 하교 102기 도○○ 하사에게 집합을 당했습니다. 정확히 기억나지는 않지만 아마도 제가 술을 마시고 하침에서 약간 헛소리를 한 뒤가 아니었나 생각됩니다.

제 차례가 되어 도하사가 오른손 스트레이트로 저의 가슴을 치고 있었는데, 한 번은 주먹이 저의 명치에 꽂혀 버렸습니다. 다음에 제가 정신을 차렸을 때는 동기 한 명이 저를 부축하고서 제몸을 들었다 놓았다 하는 방식으로 저를 깨우고 있더군요. 덕분에 제 차례 뒤에 있던 동기들은 아마 맞지 않고 그냥 지나갔을 것입니다.

<화기소대>

제가 사단(그 때는 1사단 밖에는 없었습니다) ○연대 2대대 6중대 3소대 그야말로 보병 소총중대, 소총소대 말단 소총수로 처음 배치를 받았다는 이야기는 앞에 쓴 바 있습니다. 일병 말년 쯤인가 화기소대로 옮겼는데 중대에서 화기소대가 가장 군기가 쎄었습니다. LMG라는 자동화기를 가진 소대니까 군기가 쎌 수 밖에 없지요. 군기 쎈 데서 근무하면 남는 게 무어겠습니까?

LMG는 몸통(총신과 총열)과 삼각대가 모두 쇠덩어리로 되어 있습니다. 총열이 총신에서 쉽게 분리되는데, 이 총열이 가공할 빳다가 되었습니다.

총열은 제 기억에 길이 50cm 정도, 지름 5~6cm정도의 쇠뭉치 몽둥이 였습니다. 이 쇠뭉치가 작렬할 때는 엉덩이에서 육중한 소리로 '퍽'하는 소리가 났습니다. 5파운드 곡괭이 자루는 이보다 더 고음이 납니다. 굳이 표현하자면 '빡'소리가 난다고 할까요.

이건 주제와는 다른 이야기인데, 제가 제법 고참때 훈련을 나가 저보다 덩치가 좋은 후임들에게 LMG 몸통을 메어 주면 그 무게에 얼마 못가서 빌빌 하더군요. 완전무장에 LMG가 추가되면 힘이 듭니다.

화가 나서 제가 짊어 졌습니다.(나중에 집합을 시켰는지는 기억이 안납니다.) 무겁기는 하지만 고참은 능숙하게 메고 다닙니다. 그래서 군대는 짬밥이 중요합니다. 그때 빌빌했던 그 후임들도 나중에는 능숙한 고참이 되었겠지요. 참, 강원도 출신 272기 이경○ 해병은 저와 비슷한 체격이었는데 쫄병때도 LMG를 잘도 메고 다녔습니다.

<전역 후에도 남은 상처>

저는 전역하면서 두 군데의 상처를 가지고 나왔습니다. 하나는 귀울림이고, 다른 하나는 갈비뼈가 아픈 것이었습니다. 귀울림은 평생의 업보로 지금까지도 함께 살고 있습니다. 심각한 것은 아니기 때문에 큰 문제는 없습니다만 어떤 때는 신경이 많이 쓰입니다.

갈비뼈는 아마도 금이 갔지 않았나 싶었는데, 갈비뼈란 놈은 자생력이 강합니다. 갈비뼈에 깁스한 사람 못 보셨지요? 갈비뼈는 심하게 부러지면 떼내야 하지만 어느 정도 다친 것은 자기 회복력에 의해 자연적으로 붙게 되지요 전역한 후에도 오른쪽 갈비 한 짝이 가끔 뜨끔뜨끔 아프더니 몇년 지나고 나니까 어느 순간에 아프지 않게 되었습니다.

<가장 흔한 기합, 꼬라박아>

기합에는 가지가지가 있지만 기합중 가장 보편적인 것이 꼬라박아이지요. 심심하면 했던 그 꼬라박아 말입니다. 한쪽 끝에 있는 한 명을 발로 차면 도미노 현상이 일어나 다른 한 쪽 끝에 꼬라박은 사람들까지 넘어지지요.

꼬라박은 채 군가를 실시하는데 '우울려고 내가 왔나' 또는 '어머님 아버님 날 곱게 기일러서 해병대에 보낼라고 날 곱게 기르셨나요' 이런 노래를 부르면 딱 어울리지요.

<집합의 원칙>

구타는 군대에 있어서 필요악입니다. 20대 초반의 팔팔한 젊은이들, 특히 해병대에 모인 남보다는 좀 더 특이한 젊은이들이 규율에 맞추어 생활하다 보니 말로만으로는 안될 때가 있습니다. 때리지 않으면 말을 듣지 않는 꼴통(지금 생각해 보면 아마 저도 약간 꼴통이었던 것 같아요)들도 있지요. 그럴 때는 최소한의 매질은 필요하다고 봅니다.

그러나 구타는 반드시 원칙이 있어야 한다고 생각합니다. 사적인 감정으로 또는 화풀이 수단으로 이용되어서는 안될 것입니다. 강한 군대, 질서있는 군대를 만들기 위해서만 사용되어야 합니다. 예를 들자면, 훈련을 지나치게 태만히 받거나, 선임에게 개기거나 이런 때에는 빳다가 필요합니다. 빳다는 칠 때는 그야말로 빳다로 해야 합니다. 무차별적인 주먹질과 발길질은 곤란하다고 봅니다.

저는 참 많이도 맞았습니다. 제가 맞을 때 뼈저리게 느낀 것은 나는 저렇게 하지 않겠다는 것이었습니다. 제가 나중에 선임이 되어 스스로 집합을 시킬 수 있게 되었을 때, 저는 두번을 경고한 후 세번째에야 비로소 집합을 시켰습니다. 예를 들면, 관물 정리가 되지 않은 것을 이유로 처음 경고를 하고, 총기 수입이 안 되었다고 두번째 경고를 한후 세번째 지적사항이 나올 때에는 집합을 시키는 식이었지요.

그러나, 사실은 그렇지 않았을 때도 있었을 것입니다.

6. 배고픔을 넘어

<해병대 사령관도 내 밀빵을 먹었다>

진해훈련소에서 기본훈련을 몇 주간 교육을 받고 나서는 눈물 고개를 넘어 상남으로 갔습니다. 상남에서의 훈련도 날마다 기고, 구르고, 얻어 맞고, 철조망 통과하고, 가끔가다 빤쓰바람에 선착순 집합… 하는 그런 것이었습니다.

상남훈련소는 막사에서 몇 미터 떨어지지 않은 곳에 철조망이 둘러쳐져 있었던 것으로 기억됩니다. 10분간 쉬어 시간이나 순검 전의 청소 시간에는 밀빵 아줌마들이 철조망에 붙어서 가슴에다 품은 밀빵을 팔았습니다.

밀빵은 호빵 비슷하게 생겼던 것으로 기억되는데, 40~50대 아줌마들이 어떤 때는 야외 훈련장 옆에까지 따라 다니며 팔았지요. 훈련병들이 한꺼번에 여럿이 몰려 들어 밀빵 아줌마가 감당하지 못할 때에는 들개처럼 덤벼서 밀빵을 빼앗아 먹기도 했습니다.

밀빵 아줌마와 관련되어 생각나는 것은 어느 밀빵 아줌마가 '해병대 사령관도 내 밀빵을 먹었다'라고 한 말입니다. 배가 고팠던 것은 장교 후보생이나 하사관 후보생도 마찬가지였던 모양입니다. 그런 의미에서 본다면 상남훈련장을 거쳐 간 모든 해병들은 밀빵 아줌마들의 품에서 나온 밀빵을 먹고 자란 밀빵 동문이기도 하지요.

<필터없는 화랑담배를 반으로 잘라 피우던 어느 동기생>

필터가 붙은 화랑담배가 나온 때는 74년 정도인 것으로 기억됩니다. 필터는 종이를 말은 종이필터였지요. 그 전에는 필터없는 담배가 이틀에 한 갑씩 나왔습니다. 훈련소에서도 담배는 정량이 지급되었습니다. 훈련중 10분간 쉬어 시간 등 시간날 때마다 하릴없이 담배나 피우는 것이 쫄병들에게는 큰 즐거움이지요.

담배가 없으면 선임수병들이 담배 피우는 것을 곁눈으로 지켜보다가 꽁초를 버리면 몰래 주워다 피우기도 했지요.

동기중에 구재○은 골초였습니다. 이틀에 한 갑 가지고는 담배양을 채울 수가 없었지요. 그래서 그 동기는 필터없는 화랑담배를 받으면 담배갑을 반으로 잘라 반똥가리 담배를 늘 피워댔습니다. 필터있는 담배가 나온 후에는 담배를 절반만 피우다가 꽁초를 고이 간수했다가 꺼내 피우곤 했던 동기가 생각납니다.

필터없는 담배를 끝까지 피우자면 손가락과 입술이 몹시 뜨겁습니다. 그런 때는 솔잎 아시죠? 솔잎을 벌려 솔잎 사이에 담배 끝을 끼운 다음 끝이 붙어 있지 않은 쪽의 솔잎 두가닥을 모아 잡고 입술을 쭈욱 내밀어서 담배 끝을 살짝 빨면 손가락과 입술이 뜨겁지 않고도 담배를 끝까지 피울 수 있었지요.

<돼지가 목욕한 국물과 통퉁불은 라면>

74~75년 경에는 도루묵국이 많이 나왔습니다. 피래미 같은 조그만 바다 생선인데 끓이고 배식하는 과정에서 으깨져서 생선살을 발라 먹기가 어려웠지요.

당시에도 식단은 그럴듯 했는데, 내용은 부실할 때가 많았던 것으로 기억됩니다. 특히 돼지고기 국물이 나오는 날에는 국물배식 식관에 시뻘건 기름 국물이 두껍게 덮여 있었고, 살코기는 비계 몇 점 받으면 운이 좋은 날이었습니다. 식사는 주로 소대별로 했습니다. 오늘 1소대가 먼저 식사하면 내일은 2소대가 먼저 식사하는 식으로 돌아 가면서 먼저 식사를 하도록 당직병이 순서를 정하여 식사정렬 병사 떠나를 시켰지요.

배식은 선임기수부터 차례로 받았고, 식사 후에 최고 선임들의 식기는 쫄병이 들고 나오고, 나머진 각자 자기의 식기를 들고 나왔지만, 맨 쫄병이 식기를 닦았습니다.

식기 닦던 생각을 하니 안티푸라민이 생각납니다. 저희들은 한 겨울에 훈련을 받고 말단 생활을 했기 때문에 손에 시커먼 때가 끼고, 쩍쩍 갈라지고, 동상이 걸리곤 했습니다. 그런 때에 안티푸라민은 최고의 피부 치료제였습니다.

그 당시 식사가 부실했던 이유를 저는 절대로, 절대로 모릅니다.

부식을 수령하면서, 수령해 오다가 어떤 일이 있었는지, 주계병들이 밤이면 돼지고기나 라면으로 야식을 하였는지 그런 것들을 저는 모르는 일입니다. 이글을 읽으시는 분들도 그런 것들은 모르실 겁니다.

<후임이 몰래 갖다 준 돼지고기 한 덩어리>

지난 9월에 저와 같이 근무하였던 272기 나상○ 후임을 만났습니다. 인터넷 사이트에서 이리 저리 검색하다가 그 후임하고 연락이 되었습니다. 그 후임과는 잊지 못할 일이 있었지요.

그 후임은 저와 같은 소대에 근무하다가 대대 주계로 파견을 갔습니다. 그런 어느 날 밤에 이 친구가 저를 찾아 와서는 잠깐 밖에서 보자고 하더군요. 그래서 나갔더니, 돼지고기를 한 덩어리 주더군요. 컴컴한 곳에 숨어서 돼지고기를 뜯어 먹었지요.

돼지고기 한 덩어리 이야기를 그 후임에게 하였더니, 그 후임은 저에 대한 이야기를 하더군요. 그 후임이 파견 나가기 전 어느날 밤, 그 후임이 근무시간이 아닌데도 제가 근무를 내 보내 놓고는 '내 밑으로 집합'을 시킨 적이 있다고 하더군요.

배고팠던 얘기는 전에도 많이 했기 때문에 이것으로 마칩니다.

7. 휴가때 깽판치기

<휴가준비>

저는 세 번의 휴가를 갔습니다. 일병, 상병, 병장 때에 각각 한 번씩 갔습니다.

휴가를 가게 되면 쫄병 때는 선임들이 복장에 신경을 써 줍니다. 링이나 워카도 빌려 주고, 복장에 각이 서지 않으면 휴가 보내지 않는다고 으름장을 놓기도 했습니다.

링은 소대 안에 몇 벌이 있어 빌려서 차고 갔습니다. 저는 링을 한 번도 만들어 보지는 못했습니다.

일병 때는 휴가복이 그냥 작업복이었습니다. 작업복에 풀을 잡으려면 풀을 먹여야 했습니다. 풀을 먹이려면 밥을 남겨서 밥풀을 헌 런닝샤쓰에 담아 물에 넣고 주물럭거리면 풀물이 됩니다. 풀물 속에 작업복을 넣어 풀물을 고루 잘 묻혀 말린 다음 세탁소에 맡기면 빳빳하게 주름이 잡혔습니다.

병장 때에는 그린 사지를 입고 나갔습니다. 작업복 보다는 아무래도 그린사지가 폼은 더 났습니다.

쎄무 워카는 쎄무 털이 자주 죽기 때문에 쎄무 털이 죽은 부분을 바늘로 종일 찔러 올리거나, 쇠솔로 박박 문질러 털을 세웠습니다. 털을 세운 다음에는 워카 뒷굽을 태워 빻은 시커먼 가루를 뿌리면 워카가 털이 부슬부슬하고 새카맣게 보기가 좋아지지요.

쫄병들은 이 가루를 만드느라고 고생합니다. 이 가루를 잘 만들기 위해서는 먼저 워카 뒷굽을 잘 태워야 합니다. 너무 많이 태우면 하얀 재가 많아 못쓰게 되지요. 다음에는 이것을 곱게 빻아 병에 넣고 병 끝을 헌 런닝 셔츠로 막습니다. 병끝을 워카에 때리기만 하면 까만 가루가 적당히 쏟아져 나오지요. 쫄병들은 이 가루가 항상 떨어지지 않도록 대기시켜 놓아야 했습니다. 가루가 떨어지는 것도 집합 이유였습니다.
쫄병때는 팔각모를 각을 세워서 쓰고, 고참때는 보통 앞에 삼각만 세워서 써도 폼은 더 났습니다. 요즘은 정모를 쓰고 다니던데 제가 보기에는 팔각모 보다는 못한 것 같습니다.
팔각모를 눈썹이 안보이게 눌러 쓰고, 칼같이 주름을 잡아 옷을 다려 입고, 적당히 소리나는 링을 차고 철렁거리면서 목에다 힘주고 폼을 잡고 다녔지요.
상병 때인가는 태권도 초단을 따지 못하면 휴가를 보내지 않는다고 하여 디지게(죽어라고) 연습하여 모두 초단을 땄습니다. 그때 배운 것이 아마 태극 8장인 것으로 기억됩니다.

<경례받기>

병장 휴가때의 우스운 이야기를 하나 하겠습니다. 절친한 제 친구 한명을 만났는데 그 친구는 육군 병장이었습니다. 둘이 길을 걷다가 우리 앞으로 걸어 오는 육군 상병 한 명과 마주 쳤습니다.
제가 장난끼도 발동하고 육군 친구 앞에서 폼도 잡으려고 그 육군 상병을 불렀습니다. 그리고는 겁을 주었지요. '임마 너는 상급자를 보면 경례도 안 하냐? 너 죽을래? 열중 쉬엇! 차렷! 경례!'하고 구령을 했더니 육군 상병이 떫은 얼굴로나마 저에게 경례를 하더군요. 그래서 제가 '좋아, 가 봐' 하고는 보냈습니다.
그랬더니 친구가 육군 상병에게 '어이 나한테는 왜 경례 안해?'하더군요. 그 육군 상병이 바보입니까? 저한테 경례하느라고 화가 났을 텐데 잘 알지도 못하는 육군 병장한테 또 경례를 하겠습니까? 그냥 지나쳐서 가버렸습니다. 그러니까 제 친구가 그 상병을 따라 가더니 한참 후에 왔어요. 뭐하고 왔느냐고 했더니 경례 받으러 갔다 왔다고 하더군요. 경례를 받았느냐고 했더니 그렇다고 하더군요.

요즘도 그 친구와는 친하게 지냅니다. 언젠가 군대 이야기 끝에 물어보았더니 진짜 경례를 받았다고 하던데 저는 별로 믿지 않습니다.

<서울행 열차안 사건>

상병 휴가 때의 이야깁니다. 별로 할 일도 없는데 같이 휴가 나온 276기 김윤○ 해병이 같이 서울이나 가자고 하더군요. 광주에서 기차를 타려다가 시간이 맞지 않아 송정리역에서 기차를 타려고 송정리로 갔습니다. 송정리로 가는 중에 서울 가려는 해병대 하사관 한 명, 병 5~6명을 만났습니다. 그 중에서 제가 가장 선임이었습니다.

기차 시간이 많이 남아 송정리역 앞 허름한 술집에서 쏘주를 무지 마셨습니다. 저는 선임이라고 더 많이 마셨습니다. 그런 다음 술이 취해 송정리역 광장으로 나와 시끄럽게 악을 쓰며 노래를 부르고 놀았습니다. 노래는 '해병대 곤조가', '성냥공장 아가씨', '언니는 긴자꾸', '뭐 이런 것들을 신나게 불렀을 겁니다.

놀다 보니까 역전앞 어깨들하고 구경꾼들이 우리를 둘러쌌습니다. 어딜 가나 역전 앞에는 노는 애들이 있지요. 그래서 그 때 제가 앞으로 썩 나서면서 이랬죠, '야 너희중에 제일 대빵이 누구야 나와!' 그랬더니 한 명이 앞으로 나오더군요. 제가 그랬죠. '너희들 보다시피 우리들은 해병대다. 여기서 서울행 열차를 탈 때까지 우리는 이렇게 놀겠다. 그 때까지 비켜 주라!' 했더니 좀 노려 보다가 슬슬 물러들 가더군요.

그렇게 놀다가 저는 술이 떡이 된 상태에서 해병들을 인솔해서 기차를 탔습니다. 그 다음에는 이야기가 조금 복잡해지기 때문에 다음 이야기는 생략하겠습니다.

어쨌든 그 며칠 후 해병대 헌병이 주재하는 곳으로 찾아가 귀대증을 끊어 무사히 귀대했습니다.

휴가 이야기도 몇 가지가 더 있지만 여기서 마치겠습니다. 혹시 현역 후임들이 이 글을 읽으신다면 지금은 시대가 그 때하고 다르기 때문에 휴가 나와서 쓸데없이 만용 부리지 마실 것을 간곡히 당부합니다.

<술에 대하여>

저는 좀 어려서부터 술을 제법 좋아 했습니다. 술이란 것이 그렇지 않습니까? 몇 잔 마시다 보면, 세상을 잊어 버리고, 자기 자신마저도 잊어 버리고, 그러다 보면 그야말로 신선이 되는 거지요. 여기서 신선이라고 하는 것은 바로 바보가 되는 것을 말합니다.

제가 술을 마시고 저지른 사건들은 이야기하지 않겠습니다. 다만, 저는 이제야 알았습니다. 술도 습관때문에 마신다는 것을 말입니다.

괴로워서? 즐거워서? 슬퍼서? 아닙니다. 아주 가끔 마시는 사람은 그렇게 말할지 모르지만 술을 자주 마시는 사람들은 습관때문에 술을 마십니다.

<어린왕자>라는 책에 이런 얘기가 나옵니다. 어린왕자가 술 주정뱅이에게 왜 술을 마시느냐고 물으니까, 주정뱅이가 하는 말이 술을 마시는 게 부끄러워서 부끄러움을 잊으려고 술을 마신다고 하지요. 그렇습니다. 술을 자주 마신다는 것은 부끄러운 일이지요.

술은 사람을 미치게 합니다. 많이 마시면 반드시 실수합니다. 그런데 사실 저는 지금도 술을 많이 마십니다. 아주 자주 마시지는 않지만, 마시면 끝까지 마셔버립니다. 못된 버릇은 죽을 때까지 가져 가야 할 모양입니다.

이제 제가 지금까지 술을 마시면서 느낀 술을 덜 취하게 하는 방법을 말씀드리고자 합니다. 자신이 생각할 때 술이 좀 과하다고 생각하시는 분들은 반드시 다음 세가지를 주의해야 합니다.

첫째, 빈속에 마시지 말것
둘째, 좁은 공간에서 마시지 말것

셋째, 빨리 마시지 말것

이 세가지에 대한 과학적 근거는 이 글을 보신 분들 중에 혹시 다음에 저하고 한잔 하실 기회가 있을 때 자세히 말씀드리겠습니다.

쓸데 없는 이야기로 횡설수설하다가 글이 길어 졌습니다. 해병대는 술을 조심해야 한다는 것을 끝으로 이번 이야기를 마치겠습니다.

8. 하사관과 사병

<해병대에서의 하사관과 사병 관계>

군대에서 하사관과 사병은 견원지간이라고 표현될 수 있겠지요. 하사관은 사병들보다 한 단계 높은 계급에서 사병들을 통솔해야 하고, 병들은 같은 나이에 입대한 처지에 더군다나 짬밥이 부족한 하사관의 지시를 받는다는 것이 별로 못마땅하지요. 그러다 보니 항상 어떤 알력관계가 형성됩니다.

그러나 해병대는 좀 다르지요. 물론 위에 말한 알력관계는 비슷하지만, 그것은 내부에서의 문제이고, 일단 밖에 나가면 한식구가 되어 똘똘 뭉치는 특성이 있습니다. 저도 영내에서는 저보다 짬밥이 적은 하사관들한테는 지지 않으려고 했지만, 휴가라든지 밖에서 해병 하사관을 만나면 누구에게든지 깍듯이 경례를 했습니다. 이것은 해병대만의 커다란 자랑이라고 생각됩니다.

<고생스러운 하사관>

70년대 중반에는 하사관 교육이 6개월이었습니다. 병들 교육이 3개월이었으니 훨씬 더 길고 힘든 훈련을 받은 거지요.

훈련을 마치고 실무 배치를 받으면 훈련소 보다야 낫겠지 생각하고 실무에 오는데, 그때부터가 정말 죽어나는 생활입니다.
병들을 못 다룬다는 등의 이유로 밤마다 하사관 침실(하침)에서 집합 당하고, 그나마 월급 좀 받는다고 월급 몽땅 털어 선임들 술 사주느라고 바쁩니다. 그렇다고 소속 소대에 가면 병장들이 말을 듣습니까? 고참 하사관 있는 데서 병장들 혼내주면 병장들은 고참 하사관이 무서워 그대로 참지만 나중에 보복을 하곤 했지요.
이렇게 양쪽에서 당하는 와중에 단기 하사관들은 더 힘듭니다. 고참 하사관들이 집합을 시켜도 장기 하사관들은 좀 봐주는 입장에서 살살 때리고, 단기 하사관들은 더 독하게 다루곤 했습니다.
제가 근무하던 때에는 중대에 중사는 선임하사 한 명 뿐이었던 것으로 기억됩니다. 나머지는 전부 하사입니다. 7호봉 이상되는 하사도 몇 명 있었습니다. 74년도쯤 까지는 하사는 호봉에 관계없이 영외 거주가 되지 않았습니다. 영외 거주를 못하는 고참하사들이 밤에 무슨 즐거움이 있겠습니까. 술이나 마시고 쫄병 하사들 군기 잡는 것이 일이었죠.
그러니 신참 하사들은 정말 고생이 심했습니다. 그러다가 한 2년 지나면 관록도 붙고 병들도 자연스럽게 통솔이 되어 하사관으로 틀이 잡혔습니다.

<'앙거'의 신하사관>
군대라는 것이 전국 각지에서 모이다 보니 사투리 때문에 웃지 못할 일이 있곤 했습니다.
중대에 저보다 고참인 신하사관(이름이 기억나지 않는군요)은 전라도 여수, 여천 지방이 고향이었습니다. 사투리가 좀 심했죠. 어느 날 신하사가 중대 병력을 지휘했던 모습을 그려 보겠습니다.
병들이 열을 맞추어 가는 오른쪽에서 신하사 구령을 붙입니다.

'하나 둘, 하나 둘, 제자리 서!' 제자리에 섰죠. '우향우!' 우향우 했죠. 이렇게 하여 병들을 자기를 향해 세워 놓고 신하사관은 다음 구령으로 '앙거!' 했습니다.

앙거가 무언지 아십니까? 전라도 또는 충청도 출신들은 압니다.

'앉아'의 전라도 사투리입니다. 그 구령에 따라 모두들 앉았으면 다음 구령이 없었을 텐데, 앙거를 아는 몇 명만 앉고, 나머지는 모두 멀뚱히 서 있으니까, 신하사관이 다시 구령했습니다. '앙거!' 그래도 안 앉으니까 또 했습니다. '앙거!'

그날 많이 웃었습니다.

<구전으로 내려 온 어느 선임하사 이야기>

지금부터 하는 이야기는 제가 직접 체험한 것이 아니라 당시에 전해 내려오던 것입니다. 우습기도 하지만 지혜가 돋보이는 내용이기 때문에 그 내용을 전달해 보겠습니다.

어느 선임하사는 가방 끈이 짧았답니다. 그래서 기안이 필요한 중요한 내용은 문서작성에 애로가 많았답니다. 그러나 먹물이 많이 든 행정병은 뽑아 썼기 때문에 어쨌든 살림을 잘 꾸려 나갔답니다.

그러던 어느 날 중요한 기안 사항이 이 선임하사에게 부여되었답니다. 선임하사는 행정병을 불러 지시 했습니다. "이건 중요하다. 잘해!" 행정병은 열심히 문서를 만들어 선임하사에게 갔습니다. 그 문서를 본 선임하사, 두어장 슬쩍 넘겨 보더니 갑자기 행정병의 아구통을 사정없이 갈기면서 호통을 했답니다. "이 새끼 이것 밖에 못해?"

즈나게 얻어 맞고 나온 행정병은 더 열심히 문서를 작성해서 선임하사에게 갑니다. 두번째 문서를 본 선임하사, 몇장을 넘겨 봅니다. 그리고는 아직도 이것 밖에 못하느냐고 하면서 혼을 냅니다. 그러나 이번에는 심하게 패지 않습니다.

이제 행정병은 죽을지 살지 모르고 더 열심히 문서를 고치고 다듬어서 조심스럽게 선임하사에게 갑니다. 그 문서를 끝까지 다 넘겨 본 선임하사, 만족하게 웃으며 행정병의 어깨를 툭 칩니다. "음! 잘했어. 짜식 진작부터 이렇게 해오지 말이야. 너 오늘밤 외박 나가라." 하면서 외박증을 척 끊어 준답니다.

사실은 그 선임하사는 어려운 말은 읽어 보기도 싫고, 이해도 못 했답니다. 그래서 첫번째, 두번째, 세번째 모두 문서는 읽어 보지도 않았답니다. 사람 다루는 지혜로 문제를 잘 해결해 나간거죠. 행정병이 세번째로 문서를 만들었을 때는 나름대로 최선을 다했을 테니, 조져서 최대한 잘 하도록 하되 더 이상 조져 봤자 나올 것이 없을 때는 그걸로 만족하고, 외박이라는 상을 줌으로써 행정병을 다음에 또 잘 부려 먹을 수 있었던 것이지요.

하사관 이야기는 제 이야기가 아니고, 곁에서 본 모습이었기에 잘못된 부분이 있더라도 용서해 주시기 바랍니다.

고생하는 해병대 하사관들의 복지가 향상되기를 바랍니다.

9. 마치면서

<20년동안 또 입대하는 꿈을 꾸다>

저는 자다가 꿈을 참 많이 꿉니다. 가지가지 꿈을 꿉니다만 군대 꿈을 빼 놓을 수 없습니다.

많은 시간동안 꿈을 꾸었습니다. 저는 분명히 이미 군대를 갔다 왔는데도 또 군대를 가는 꿈을 꾸었습니다. 용맹무쌍한 해병대를 이미 갔다 왔는데도 꿈에서 또 군대를 갑니다. 또 갑니다. 그런데 육군을 갑니다.

그리고는 꿈에서 생각합니다. 무적해병이 군대를 또 가다니…….
육군을 가다니……. 그리고, 어느 순간 잠이 깼을 때 눈이 아리곤 했습니다.
이런 꿈을 근 20년 동안 꾸었는데 요즘은 꾸지 않습니다.
이제 어느 정도 나이가 들어 젊은날의 충격마저도 잊혀져 가나 봅니다.
이제는 그것마저도 꿈이었던가 하는 생각이 들때도 있습니다.
그러나 다시 돌이켜 보면 25년 전에 지나간 저의 해병생활, 그것이 꿈은 아니었지요.
<우리 인생은 항상 '선택'을 하며 삽니다>

해병대가 감기 걸리나?

해병대가 감기 걸리나?

함 정 훈 : (해병 823기)

어느 선임 해병님의 말씀처럼 인간도 아니었다는 해병대 일병.
난 어느덧 그 슈퍼 울트라 마린(?)이 되었던 것이다.
이병때야 주면 주는 대로 시키면 시키는 대로 다하는 생명연장의 위대
함을 깨달았지만, 일병이 되고 나니 여기저기 O양을 찾는 손님(?)들 때
문에 몸이 10개라도 2개 더 모자랐다.
눈, 코, 입이 날이 갈수록 제자리를 못 찾고 그나마 이병때 먹은 개기
름 마저 증발하니 몰골이 정말 인간도 아니었다.(여기서 나온 말인가?)
그러던 어느 날 불청객이 이 슈퍼 울트라 마린 몸에 깊숙히 침투한 것
이다.
이름하여 사회에 있는 민간인들이 가장 두려워하고 아직까지 정확한
약 처방이 불가능하다는 그 불치의 병! 감기. 그것도 고열을 동반한 복
합으로 입동을 막 지난 초겨울 일병의 이마에 땀을 맺히게 한 것이다.
아~ 하지만 어찌 대 선임들 앞에서 기합빠지게 그 무서운 감기가 걸렸
다고 말을 할 수 있는가. 몸으로 때우는 수 밖에. 하루가 지나고 이틀
이 지났다. 아침이 되면 구보를 해서 어느 정도 진전이 됐다.(땀을 빼
니)하지만 계속되는 업무와 손님들 시중에 연장전에 들어가고야 말았
다. 기나 긴 연장전의 종지부를 찍기 위해 최후의 수단으로 국방표 내
의를 입기로 했다. 의무중대가 바로 코 앞에 있건만 그것도 눈치 보여

서 아래 다리만 입었다.(여기서 기합이 무쟈게 빠진 거 같다.) 그러던 또 어느 날 드디어 사건이 일어났다.

망중한 일요일 오후 일수(최고)선임이 중대원을 모아서 목욕을 시켰다. 그것도 눈물나도록 고맙게 쫄병들부터 씻으란다.

갑작스런 사태에 난 내의를 수습할 겨를도 없이 속으로는 '난 오늘 좆됐다'를 반복하면서 욕탕으로 끌려 갔다.

드디어 운명의 시간. 앞줄의 화려하고 거무티티한 피부를 야시시하게 보이면서 입장하던 순서가 내 차례에서 끊어져야 하는 건 당연한 결과가 아닌가? 중대 일수선임의 날카로운 눈매는 내 무대 의상복(?)에 초점이 멈추었다.

'해병대가 내복입나?'

어찌할 바를 몰라 솔직히 말하면 형량이 좀 줄어들겠지 하고 순간판단, 최대한 불쌍한 표정을 지으며 '유행성 감기에 걸린 거 같습니다'라고 어설픈 변론을 했다.

"좋아, 내가 싹 달아나게 해주겠어"

나머지 인원들은 엄마 품속같은 온탕에 썩은 몸을 담구는 동안 나는 특별 관리대상으로 지명되어 고달픈 연장과업을 하게 되었다.

"기합이 빠지면 감기가 걸리게 마련이야.!"

"오늘 너의 빠진 기합을 만땅으로 채워주겠어."

"퓌쉬업 준비!"

헉~이게 웬 방구끼다 건더기 나오는 소리인가. 아침에 기상하면 가끔 호흡곤란을 일으키며 내가 여기서 오늘 죽는구나 하고 착각을 일으킬 정도의 체력이 되어 버렸는데 팔굽혀펴기라니… 하지만 이미 내 몸은 화장실 타이루와 입을 맞추고 있었다.

"우리땐 내복 구경도 못했어 알겠어?"

"하나 하면 정신상태! 둘…"

"하나!!"
선임이 하는 소리는 다 들린다.
"정신상태. (끄응~)"
"목소리 봐라! 둘"
"둘…ㄹ… (픽!)"
"이 자식! 벌써 퍼지나?",
"아. 아닙니다."
"근데 이거 밖에 못해?, 다시 하나!!"
눈에 불똥이 튀고 이빨이 뽀사지도록 깨물었다.
"정신상태!!!!", "둘", "불라~~~~~~~앙~~~~~!!!"
10회는 반복된 것 같다.
"다음은 앉아뛰며 돌기 준비!!"
"악!!!"…
20분 정도 지옥과도 같은 1대 1 정신지도 과외는 그것으로 끝을 맺었다.
손수 쫄병의 몸을 닦아 주시면서 감동적인 훈시와 지난날 당신이 겪었던 쫄병시절의 눈물 스토리를 들으면서 많은 것을 배우게 된 계기였다. 그후 난 심상치 않은 감기(?)때문에 힘들어 하다가 대대 전체가 의무실을 이용하게 된다는 희소식을 듣게 되었다. 이것도 머리수가 부족하다고 오리지널 나이롱 팬티 환자까지 합세하니 인원이 대충 맞추어졌다.
거기엔 나도 포함되어 있었다. 그때 내복사건의 담당형사 선임의 적극적인 추천으로 인하여.
"너 이번에도 감기 안 나으면 돌아올 생각하지마!" 라는 따뜻한(?)격려와 함께. 하지만 난 그 선임의 말대로 영영 대대로 돌아가지 못했다.
정확한 변명은 심근경색결손증(맞나?)군의관의 딱 한마디. "수술은 집에 가서 해라이?"

그로 부터 2년이 조금 안되는 시간이 흘렀지만, 나를 조금이나마 강하게 만들어 주셨던 그 ○○해병님. 많은 시간이 흘렀지만 진심으로 감사드린다.

며칠 전 아침에 일어나니 감기 기운이 있는 것을 느꼈다. 열도 조금 있었다. 하지만 난 두려워하지 않았다. 밥도 두 공기나 먹고 약국도 안갔다. 해병대식 감기약 무작정 따라하기? 솔직히 하루 지나니까 이놈들이 활개를 치는 것이었다. 열도 더 올라가는 것 같구. 그래서 나는 이를 악 물고 팔굽혀펴기 15회씩 4세트를 하고, 앉아 뛰며 돌기도 하다가 픽~ 쓰러질 때까지 돌려버렸다.

그리고 티, 남방, 스웨터, 잠바. 눈사람처럼 해놓고서 잠을 청했다.

아침에 일어나니 온몸이 사우나의 신세로. 어쨌든 열은 떨어졌고 감기도 많이 나아졌다.

수술을 한 후 담배도 끊고 좋아하는 술도 조금씩 줄이고 있지만 해병대식 만병통치약(?)은 변함없이 내 단골손님이 되었다.

필!~~~ 쏭!!

죽마고우(가슴찡한 이야기)

인터넷해병명 : 율객

너무나도 친한 두 친구가 있었다. 같은 마을에서 태어났고, 줄곧 같은 학교를 다녔던 죽마고우였다.
그러던 그들 둘이 같이 해병대에 입대했고, 입대후 얼마 월남전쟁이 발발했다.
둘은 같은 청룡부대원이 되어 월남전에 참전하게 되었다. 숱한 전투를 치르며 죽을 고비도 여러 번 넘겼다.
그러던 중 종전을 얼마 남겨두지 않은 상황에서 전투에 참여하게 되었다. 치열한 전투였다.
그 와중에 두 친구 중 한 명이 돌격중 적탄에 가슴을 맞고 한참 격전중인 한 가운데 지점에서 쓰러졌다.
부상을 입고 헐떡이는 것을 본 다른 친구가 뛰어 나가려고 했다. 그 때 분대장이 팔을 붙잡았다.
"김해병, 저 애는 살려봤자 전투불능 상태야. 그리고 우리가 진격이나 퇴각할 때도 그는 짐만 될 뿐이야. 게다가 너까지도 위험해!! 어줍잖은 감상은 집어치워."
그러나 그 친구는 신음하는 친구를 내버려 둘 순 없었다.
분대장의 팔을 뿌리치고 총탄이 빗발치는 전장의 정점을 향해 뛰어나갔다.

얼마후 그는 피범벅이 된 친구를 등에 업고 참호 안으로 돌아왔다. 등에 업혔던 친구는 이미 죽어 있었고, 업고 온 친구 역시 여러 곳에 총탄을 맞아 숨을 헐떡이며 피를 흘리고 있었다.

화가 난 분대장이 소리쳤다.

"내가 뭐랬어? 네 동기는 죽었어. 너 역시 큰 부상을 입지 않았나." 우리 분대의 전투력 손실도 마찬가지야. 그런 무모한 행동이 도대체 무슨 이득을 줄 수 있어?"

분대장의 다그침에 친구는 희미한 미소로 대신했다.

그리곤 가쁜 숨을 몰아 쉬며 대답했다.

"저는 큰 이득이 있었습니다. 그 친구가 제게 말하더군요. '네가 올줄 알았어'하고 말입니다."

그것이 알고잡다!?

유 재 석 (해병 548기)

1. 이상하다. 어젯밤에? 방에서? 맥주를? 마시다가? 화장실? 가기가 귀찮아서? 맥주병에? 오줌을? 쌌는데,? 아침에? 일어나? 보니? 모두 빈병들? 뿐이다. 도대체? 오줌이? 어디로? 갔지?

2. 친구들과? 술마시고? 밤늦게? 집에? 들어와? 이불? 속에? 들어가는데? 마누라가? "당신이에여?"라고? 묻더라. 몰라서? 묻는 걸까? 아님? 딴놈이? 있는 걸까?

3. 이제? 곧? 이사해야? 하는데? 집주인이란? 작자가? 와서는? 3년전 우리가? 이사오던? 때같이? 원상대로? 회복시켜? 놓고? 가라니, 그? 많은? 바퀴벌레들을? 도대체? 어디 가서? 구하지?

4. 어떤? 씨름? 선수는? 힘이? 쎄지라고? 쇠고기만? 먹는다는데? 왜 나는? 그렇게? 물고기? 많이? 먹는데? 수영을? 못할까?

5. 오랜만에? 레스토랑에? 가서? 돈까스를? 먹다가? 콧잔등이? 가려워? 스푼으로? 긁었다. 그랬더니? 마누라가? 그게 무슨? 짓이냐며? 나무랐다.? 그럼? 포크나? 나이프로? 긁으라는? 걸까?

6. 물고기의? 아이큐는? 0.7이라는데,? 그런? 물고기를? 놓치는 낚시꾼들은? 아이큐가? 얼마일까?

7. 우리? 마누라는? 온갖? 정성을? 들여? 눈화장을? 하더니? 갑자기 썬그라스를? 쓰는? 이유는? 무엇일까?

8. 왜? 하필? 물가가? 제일? 비싼? 시기에? 명절을? 만들어서? 우리 같은? 서민들을? 비참하게? 만드는? 걸까?

9. 공중변소에는? 온통? 신사용과? 숙녀용으로만? 구분해? 놓았으니 도대체? 나? 같은? 건달이나? 아이들은? 어디서? 일을? 봐야? 하는가?

10. 짐승만도? 못한? 놈과? 짐승? 보다? 더한? 놈!? 도대체? 어느? 놈이 더? 나쁠까?

11. 참으로? 조물주는? 신통방통하다. 어떻게? 인간들이? 안경을? 만들어? 걸? 줄? 알고? 귀를? 거기다가? 달아놓았지?

12. 대문? 앞에다? 크게? '개? 조심'이라고? 써놓은? 사람은? 마음은 조심하라는? 선한? 마음일까, 물려도? 책임? 못? 진다는? 고약한? 마음일까?

13. 법조인들끼리? 소송이? 걸렸다면? 아무래도? 경험이? 풍부한 범죄자들이? 심판하는게? 공정하겠죠?

14. 하루밖에? 못? 산다는? 하루살이들은? 도대체? 밤이? 되면 ?잠을? 잘까,? 죽을까?

15. '소변금지'라고? 써놓고? 그? 옆에? 커다란? 카위가? 그려져? 있다. 그럼? 여기는? 여자들만? 볼일? 보는? 곳일까?? 아니면? 일을? 보면 거기가? 잘린다는? 뜻일까?

16. 언제나? 동네? 사람들이? 나보고? 통반장? 다 해먹으라고? 하더니, 왜? 통장? 한? 번? 시켜달라는데? 저렇게? 안된다고? 난리일까?

17. 고래나? 상어들도? 참치를? 먹는다는데?? 도대체? 그? 녀석? 들은 어떻게? 통조림을? 따는? 것일까?

18. '나? 원? 참!' 이? 맞는? 것일까,? '원? 참? 나!'가? 맞는? 말일까? 어휴? 대학까지? 다녀 놓고? 이? 정도도? 모르고? 있으니? '참? 나? 원!'?

19. 사귄지? 얼마? 안된? 그녀와? 기차여행을? 하는데?' 터널이?

이렇게 길 줄 알았다면 눈 딱 감고 키스해 보는건데'하고
후회하고 있는데 갑자기 그녀가 얼굴을 붉히며 내 어깨에
기대면서 "어머 자기 그렇게 대담할 줄이야, 나 자기
좋사랑 할 것 같에"라고 하더군요. 도대체 어떤 놈일까?

20. 머리가 파뿌리 될 때까지 사랑하겠냐는 주례선생님!
도대체 대머리인 나에게 뭘 어쩌라고 저렇게 쳐다보는 걸까?

21. 70대 남편과 사별한 30대 미망인은 슬플까? 기쁠까?

22. 여자친구에게 키스를 했더니 입술을 도둑 맞았다고 흘겨
본다. 다시 입술을 돌려 주고 싶은데 순순히 받아줄까?

23. 비싼 돈주고 술을 마신 사람이 왜 자기가 먹은 것들을
확인해 보려고 저렇게 왝왝 기리며 애쓰고 있는 것일까?

24. 화장실 벽에 낙서 금지라고 써있는 것은 낙서일까? 아닐까?

25. 낙서금지라....... 그림은 그려도 된다는 것일까?

26. 대중목욕탕을 혼탕으로 만들자는 말에 남자들은 큰소리로
찬성하고 여자들은 가느다란 목소리로 찬성한다는데, 혼탕이
생기면 남자들이 많이 찾을까, 여자들이 많이 찾을까?

27. 요즘 속셈 학원이 많이 생겼는데 도대체 뭘 가르치겠다는
속셈일까?

28. 피임약 광고 모델은 처녀일까, 유부녀일까?

29. 가난한 청춘남녀가 데이트를 하다가 배가 고파서 중국집에
들어갔다. 남자가 '짜장면 먹을래?" 라고 묻는다면 짜장면을
먹으라는 애원일까, 다른것도 괜찮다는 말일까?

필승!! 548기 유재석이었습니다...^ ^

백령도 단란주점 아가씨와의 플라토닉 러브^^

이 동 원(해병 214기)

백령도에 입도하면 의례 고참 하사들은 백령도 유흥가에 애인(다방 레지, 술집아가씨) 한 두명씩을 갖게 마련이다. 그러나 기독교인이던 나는 그런 생활과는 사실 거리가 멀었다.

그러나 그러던 나도 한명의 아가씨를 알게 되었으니 그때가 제대를 5개월 앞둔 1995년 12월이었다. 나는 진촌의 0000라는 단란주점에서 영아라는 아가씨를 알게 되었다. 그러나 우습게도 우리의 사랑은 피지컬 러브가 아닌 플라토닉 러브였다. 나는 여자에 대해서 잘 알지 못했고 술집 아가씨도 하나의 정상적인 아가씨와 다름없게 보았던 것이다.

어이없게도 나는 그 아이를 마음속 깊이 사랑하게 되었고 언젠가는 내 마음을 전해야겠다는 생각을 했었다. 그러던 중 수색대소대 선임하사였던 동기님이 장난으로 그애에게 동원이가 너 좋아하더라 하고 말하는 바람에 나는 그만 얼굴이 빨개져 버렸다. 후훗.

결국 나는 술도 별로 안좋아하는데 그 애 때문에 0000단란주점을 거의 매일밤 다니게 되었고 나는 그애에게 마음속에 담아 두었던 고백을 하였다.

"여 영아야 나 너 조, 좋아한다. 저 정말루 너 좋아해."

그 말을 들은 영아는 진지해지더니 이렇게 말하는 것이었다.

"오빠 그러면 내 방에 올라가 있어 한시간 뒤에 정리하고 올라 갈 테니까."

이 말을 들은 나는 충격이었다. 내가 자기의 몸이나 원하는 사람으로 보다니 나는 순간 화가 났다. 그래서 책상 위의 맥주병을 쓸어버렸다.

그리고서는 영아에게 소리 질렀다.
"야 너 내가 너한테 그런 거나 바라는 줄 알아!"
영아는 가만이 고개를 숙이고 있었다.
우리는 서로를 그렇게 사랑하게 되었다.
그녀가 섬을 떠나기 4일 전 나는 그녀와 조용히 시간을 보내고 있었다. 어쩔수 없이 일을 저지를 수 밖에 없을 것 같았다. 분위기는 무르익어 갔다. 그런데 부대에서 전화가 온 것이다. 대대장이 전체 하사관 비상 호출을 한 것이다. 좋은 분위기 다 깨지고 부대로 들어가게 되었다.
가지 마라는 영아의 가녀린 말에도 불구하고 난 떠날 수 밖에 없었다.
그리고 그것이 영아를 본 마지막이 되어 버리고만 것이었다.
대대장이 집합을 시킨 이유인 즉슨 하사 한명이 중위한테 개겼다고. 퇴근해 있던 전 하사관을 불러들인 것이었다. 지금 생각해도 너무하는 처사였다. 그리고 다음날 아침에는 더 가관이었다.
대대장은 나와 늦게 들어온 몇 몇 하사관들에게 늦게 집합했단 이유로 퇴근을 금지시켜 버린 것이었다. 그리고 우리 막내 소위가 보직(?)으로 전출가는 통에 소대 티티티 지휘를 내가 맡게 되었던 것이다.
결국 영아를 그냥 보내버리고 말았던 것이다. 그녀가 떠나던 날 바다를 바라보며 얼마나 괴로웠던지 난 그때까지도 너무 순진했던 모양인 것 같다. 대대장이고 소대 티티티고 다 팽개치고 그녀를 배웅해 줬어야 하는 것을… 해병대 악끼는 어디로 갔단 말인가.
상황병이 그녀가 떠나기 전날밤 내게 전화를 했었다고 했단다.
플라토닉 러브는 플라토닉러브로 끝나고만 것이다.
어떤 사람들은 그녀가 술집 여자이기에 그냥 돈 벌려고 너하고 친하게 지낸 거라고. 하지만… 나는 지금도 그녀가 나를 사랑했음을 믿어 의심치 않고 있다. 어디서 어떻게 지내는지 그녀는 부디 그녀가 어디서든 잘 살기를 바랍니다.

노인과 여인

임 정 은

푸에르토리코의 국립미술관에는 푸른 수의를 입은 노인이 젊은 여자의 젖을 빠는 (노인과 여인)이라는 그림 한 폭이 걸려 있다.
방문객들은 노인과 젊은 여자의 부자유스러운 애정행각을 그린 작품에 불쾌한 감정을 표출한다.
이런 싸구려 그림이 어떻게 국립미술관의 벽면을 장식할 수 있단 말인가. 그것도 미술관의 입구에……
딸 같은 여자와 놀아나는 노인의 부도덕을 통렬히 꾸짖는다.
의아한 생각을 떨쳐버릴 수가 없다.
푸른 수의를 입은 주책스런 노인과 이성을 잃은 젊은 여성은 가장 부도덕한 인간의 한 유형으로 비쳐지고 있다.
작가는 도대체 어떤 의도로 이 불륜의 현장을 형상화 하고 있는 것일까?
이 그림은 정말 3류 포르노인가?
푸른 수의를 입은 노인은 분명히 젊은 여인의 아버지다.
커다란 젖가슴을 고스란히 드러내 놓고 있는 여인은 노인의 딸이다.
이 노인은 푸에르토리코의 자유와 독립을 위해 싸운 투사였다.
독재정권은 노인을 체포해 감옥에 넣고 가장 잔인한 형벌을 내렸다.
"음식물 투입 금지"
노인은 감옥에서 서서히 굶어 죽어갔다. 딸은 해산한 지 며칠 지나서 무거운 몸으로 감옥을 찾았다. 아버지의 임종을 보기 위해서였다.
뼈만 앙상하게 남은 아버지를 바라보는 딸의 눈에 핏발이 섰다 마지막 숨을 헐떡이는 아버지 앞에서 무엇이 부끄러운가.
여인은 아버지를 위해 가슴을 풀었다. 그리고 붉은 젖을 아버지의
입에 물렸다.
(노인과 여인)은 부녀간의 사랑과 헌신과 애국심이 담긴 숭고한 작품
이다. 푸에르토리코인들은 이 그림을 민족혼이 담긴 '최고의 예술품'으
로 자랑하고 있다. 동일한 그림을 놓고 사람들은 '포르노'라고 비하도
하고 '성화'라고 격찬도 한다.
(노인과 여인)에 깃든 이야기를 모르는 사람들은 비난을 서슴지 않는다.
그러나 그림속에 담긴 본질을 알고 나면 눈물을 글썽이며 명화를 감상
한다. 사람들은 가끔 본질을 파악하지도 않고 비난의 화살을 쏘아대는
우를 범한다. 본질을 알면 시각이 달라진다.
교만과 아집 그리고 편견을 버려야만 ..... 세상이 보인다

너 뭣하러 해병왔냐? 멋 있어서 왔습니다.

해병일기

임 철 우(해병 731기)

겁없이 들어간 포항 42일

눈물을 머금은 내 사랑 현주를 뒤로 하고
터미널에서 포항으로 가는 버스에 몸을 싣던 나.
아직도 그날을 잊지 못합니다.
94년 4월 6일 무적해병 731기가
아무것도 모른체 포항2훈단에 입대했던 날이랍니다.
용기를 내자고 '객기부린건 나니까 내가 책임지자'고
다져먹고 들어간 해병훈련소.
고통은 시작되었고
밤낮없던 빵빠레에
평균 2~3시간의 수면
목숨걸고 지키던 건빵 한 조각도
하얀 하이바의 철렁거리는 링소리 앞에서는
기합 그 자체였는데…
어느덧 6주의 평생같은 시간도 지나고
퇴소식날 가족 앞에 빨간명찰
당당히 가슴에 달고 섰을 때

그 가슴 벅찬 느낌을
지금도 잊을 수가 없습니다.
건빵 한 조각에 눈부라리던 동기가
한없이 그립기만 하답니다.

북한같은 백령땅★★

길고 긴 여정의 끝 인천
꿈같은 위로 휴가를 마치고
언제 나올지 모르니까 기다리지 말라고
기대도 하지 말라고
또 다시 현주를 뒤로 하고
흑빛 하늘의 인천에서 헤어지던 그날
내가 탄 배는 백령도라는
최북단 섬으로 향하고 있었습니다.
백령도에 처음 발을 디뎠을때
바짝 얼은 신병들을 이리 메치고
저리 메치던 공산당같은
선임 해병들…
그 때의 암담함은 지금도 생생합니다.
'배가 잘못와서 북한으로 온거 아니냐'고
동기가 물었을때
난 정말 북한일지도 모른다는 생각을 했답니다.
그렇게 백령도의 생활은 시작되었고.

까라면 까는 해병 이병★★

웃지도 못한답니다.
그렇다고 울기는 더 더욱 못한답니다.
'까?'로 끝나지 못하는 말투에
'말입니다'로 말투를 고치는데
걸린 수 없는 댓가.
퍽, 퍽, 퍽
'필'하고 3초 후에 '승'
백령전우 여러분 기억하세요.
과자파티에 악끼있게 먹지 못한다고
퍽, 퍽, 퍽
코로 들어가는지 입으로 들어가는지
입천장 다 까지며 눈물을
머금고 삼키던 그 뻑뻑한 과자들.
그때 선임들이
쫄병 처음 봤을 때 묻던 그 말에
"너 뭐하러 해병왔냐?"
난 힘차게 대답했습니다.
"멋 있어서 왔습니다."
내가 택한 길
내가 끝을 봐야겠지요

흰양말 신고 흥분한 해병 일병★★

선임들이 해병 일병을 달아주던 날
선임들이 그동한 수고했다고
'해병앵커' 진하게 박힌
하얀 양말을 한켤레씩 주셨습니다.
이제 휴가도 보이고
쫄병들도 이끌어야 한다고.
그날 난 피곤한 몸에도 불구하고
잠을 이루지 못했답니다.
이제서야 해병이 되었다는 느낌에
말못할 뿌듯함을 느꼈기 때문입니다.

나가자 무적해병 일병(초)휴가★★

드디어 목놓아 기다리던
휴가가 내 앞에 와 있습니다.
어찌 그 심정을 말로
아니 글로 다할 수 있겠습니까?
선임들이 다려 준
줄이 '칼'같이 선 휴가복을 쳐다만 보아도
어지럽고 황홀한게 초휴가랍니다.
빨간 뿔명찰 광내서 가슴팍에 달고
손꼽아 기다리는
현주(?)앞으로.
휴가증 받아들고 한달간 민간인이 되었을 때

세상은 내 것이나 다름이 없었습니다.
위장복 당당히 입고 나선 민간인들 세상.
빨간명찰에 링소리 내고 다닐땐
'길비켜'가 따로 없죠.
길가다 만난 예비역 선임들이
길을 막고 서서 용돈을 주셨고
택시를 타려고 차도에 서있으면
앵커붙은 해병택시가 요금없이
목적지까지 데려다 주었고,
밥먹고 계산하려면
해병은 돈내는 거 아니라면서 계산해 주시던
하늘같은 선임들.
한 선임이 이런 말씀을 하시더군요.
"선임들이 하는 거 고마워 하지 말고
네가 예비역 되었을 때
받은 만큼만 해 주라고."

후임 여러분 휴가나오시면
부디 위장복 입고 다니면서 선임들이
"몇기냐?"고 물어보시면 있는 힘 다해서 '필~승' 때려 주세요.

그거면 아마 만족해 하실 겁니다.
기억하세요. '나가자 해병대'.

도파대의 공포 해글러★★

휴가복귀 때의 그 인천 하늘빛의 암담함을
기억하세요?
그 밀려오는 헤글러의 공포.
도파대에서 이병부터 병장까지
빨간명찰만 보면 물불을
안가리던 헤글러상사님.
제가 생각하기엔 병장때도
끝까지 기합들어야 했던 사람중에
한 사람이 아니었나 생각합니다.
지금 생각해 보니
장기간의 휴가에서 오는 '헤이함'을 단숨에
제압하려는 방법이 아니었나 싶습니다.
아무튼 뭣모르고 사제팬티 입고 왔다가
그 자리에서 박박 찢기고
노팬티로 원산폭격을 당한 기억이 없나요?
지금도 정정하신지 모르겠군요.

귀신잡는 해병말뽕★★

쫄병들의 공포의 대상……
죽음의 그림자……
경쾌한 빳다소리……
섬뜩한 눈빛……
선임들의 해결사……

항상 매서운 눈초리로 병사를 어슬렁거리며
기합빠진 쫄병들을 사냥하는 '해병말뽕'
선임들 옷도 몽땅 다리고, 후임들 몽땅 챙기고
밥도 몽땅 하고, 근무도 몽땅 짜고,
선임들 술시중도 몽땅 들고 등등
 초인적인 힘을 발휘하던 '해병말뽕' 아시죠?
그 시절엔 '해병상병'만 바라보고 생활하는데
생각해 보면, 목표가 있다는 것은
참 중요한 것이 아닌가 싶습니다.

꽃피는 세상 해병 상병★★

12시 '땡'할 때까지 잠을 못자고 기다렸습니다.
말뽕의 산을 넘어
이제 고참의 세계로 접어들었던 것이었습니다.
아끼는 선임 한분이
내무실에서 담배 한 개피를 건네 주시더군요.
"이제 내무실에서 책도 보고
담배도 피우고 싶을 때 피워라."
정말 꿈같은 날이었습니다.
이런 날이 나에게도 오는구나. 아~~
밥먹고 설겆이 안해도 되다니. 으흐흐~~
세상을 모두 얻은 것 같았는데
갑자기 남는 시간을
주체할 수가 없더군요.
역시 목표는 달성보다

그 과정이 중요한가 봅니다.

날짜 새는 해병 병장★★

만고 땡~
바로 이 말이 딱 맞은 겁니다.
뭐하나 제손으로 한 것이 없으니까요.
지금 생각해 보건데 웬만큼 성공을 해도 사회에서
다시는 그런 대접을 받아보기는 힘들 것 같군요. 쯧~
단지 병들의 '짱'이다 보니
하사관들과의 갈등에 스트레스를 받기는 하지요.
아, 하는 일이 하나 있긴 하네요.
날짜 세는 일은 본인이 직접하죠?

울고 들어갔다 울고 나온 백령도★★

드디어 26개월이 끝나던 날
하늘이 우리 731기를 버림으로써(?)
배가 안 뜨는 바람에
만기일보다 2일은 더 하고 인천에 떨어지던 날
그렇게 하늘이 원망스러웠는데.

인천서 헤글러 상사님이
전역증을 나누어 주면서 그동안 수고했다고
동기 모두에게 악수를 청하더군요.
정말 수고는 한건지?

백령도는 울고 들어갔다
울면서 나온다는 말을 하곤 합니다.
쫄병때는 무슨 말인지 몰랐는데
그날 실감을 하겠더군요.

사실 제대하고 난 지금 뭔지 모를 그리움에
백령도를 머리속에 떠올려 봅니다.

끝으로 이글을 보신
모든 해병 여러분 힘내세요

그럼. . . . . .필!승!

제3부

해병대 군가/사가

우리는 해병대 ROKMC 해이빠빠 리빠

해병대 군가

♣ 귀신 잡는 해병

별빛 차가운 달빛 차가운
우렁찬 포성은 승리의 상징이다
귀신잡는 우리 해병
적진속을 파고들 때 당할자 그 누구냐
파도야 전해다오 승리의 깃발을
산울림아 말해다오
죽어도 한없는 이 순간을

별빛 차가운 달빛 차가운
숨막히는 전쟁터에 귀신잡는 해병
귀신잡는 해병
귀신잡는 해병

해병대 추억록 • 211

♣ 나가자 해병대

우리들은 대한의 바다의 용사
충무공 순국정신 가슴에 안고
태극기 휘날리며 국토 통일에
힘차게 진군하는 단군의 자손
나가자 서북으로 푸른 바다로
조국건설 위하여 대한 해병대

창파를 헤치며 무쌍의 청룡
험산을 달리는 무적의 행호
바람아 불면불라 노도도 친다
천지를 진동하는 대한 해병혼
나가자 서북으로 푸른 바다로
국방의 최강부대 대한 해병대

백두산 봉우리 폭풍이 불고
태평양 검은 구름 구비치어도
우리의 젊은 피가 약동하는곳
원한의 삼팔선도 부서져라
나가자 서북으로 푸른 바다로
전장을 구하는 대한 해병대

♣ 달려라 해병

불타는 해병혼은 하늘에 닿고
빛나는 전통을 가슴에 담아
달린다 무적해병 적진을 향해
승전가 드높은 대한의 해병
오늘도 싸운다 조국을 위해
해병이 가는 곳에 승리 뿐이다

검푸른 거친 파도 휘몰아쳐도
돌격하는 무적해병 누가 당하랴
젊음을 불태워 신화를 남긴
장하다 그 이름 대한의 해병
오늘도 싸운다 조국을 위해
해병이 가는 곳에 승리 뿐이다

♣ 도솔산가

하늘의 우레소리 땅 위에 아우성
불바다 피투성이 새우기 몇 밤
이 나라 해병들이 명예 걸메고
목숨 내건 싸움터 도솔산일세
오오~도솔산 높은 봉
해병대 쌓아올린 승리의 산
오늘도 젊은 피 불길을 뿜는다

♣ 무적해병

정의의 총을 메고 돌진하는 해병 앞에
그 누가 상대하리 무적상승이란 해병의 뜻
저 산너머 우리들의 형제가 자유 잃고
기다린다 우리를~
어서가자 어서가자 자유의 깃발아래
조국 통일 이루는 역군이 되자
무적해병이 역군이 되자

♣ 바다에 산다

아침햇살 반짝이는 수평선 위에
불끈 쥔 두 주먹 힘이 솟는다
바다에 목숨걸자 맹세한 우리
갈매기 벗삼아 바다에 산다
바다에 산다

♣ 부라보 해병

귀신잡는 용사 해병 우리는 해병대
젊은 피가 끓는 정열 어느 누가 막으랴
라이라이라이라이 차차차~~
라이라이라이라이 차차차~~
사랑에는 약한 해병 바다의 사나이
꿈속에서 보는 처녀 다링 아이러브유

오늘은 어디 가서 훈련을 받고
휴가는 어느 날짜 기다려보나
우리는 해병대 R.O.K.M.C
헤이빠빠리빠 헤이빠빠리빠
싸우면 이기고 지면은 죽어라
헤이빠빠리빠 헤이빠빠리빠
부라보 부라보 해병대~

♣ 상륙전가

충무공 높은 기상 이어 받들어
젊은 화랑 맥박이 가슴에 뛴다
정의와 자유를 길이 지키려
해병은 굳세게 싸우고 있다
아~상륙전 진격의 싸움
삼군에 앞장서서 해병은 간다

날아라 전폭기야 울어라 함포
모함을 떠나면 배수진이다
빗발치는 탄막을 뚫고 헤치며
성난바다 험산인들 두려울소냐
아~상륙전 필승의 싸움
삼군에 앞장서서 해병은 간다

장하다 강한 신념 노도를 치고
불바다 헤쳐나간 인천 상륙전

중앙청 하늘 높이 올린 태극기
동포는 감격속에 만세불렀다
아~상륙전 정의의 싸움
삼군에 앞장서서 해병은 간다

♣ 영원한 해병

사나이 가슴에 품고 품었다
불타는 그 이름 영원한 해병
노도와 탄성이 산하를 덮을 때
상륙전 성공해서 우리는 간다
무엇이 두려우랴 무적의 사나이
겨레와 함께 하는 영원한 해병

♣ 팔각모 사나이

팔각모 얼룩무늬 바다에 사나이
검푸른 파도타고 우리는 간다
내 조국 이땅을 함께 지키며
불바다 헤쳐간다 우리는 해병
팔각모 팔각모 팔각모 사나이
우리는 멋쟁이 팔각모 사나이

팔각모 얼룩무늬 귀신잡는 사나이
불타는 적진향해 우리는 간다
내 겨레 이 평화 함께 지키며

적진을 뚫고간다 우리는 해병
팔각모 팔각모 팔각모 사나이
우리는 멋쟁이 팔각모 사나이

♣ 해병대가

동해에 솟는 해를 가슴에 안고
저녁 바다 밀물에 파도를 타며
가는 곳마다 그 이름 승리에 용사
오~ 아느냐 대한 해병대

♣ 해병대 행진곡

서쪽하늘 십자성은 별들의 꽃이려니
우리는 꽃피었다 국군중에 꽃이로다
우리의 가는 곳 오대양과 육대주에
이름을 떨치자 해병대 용사여

♣ 달려라 사자같이

달려라 사자같이 돌진이다. 와! 와!
우리들은 방패없이 바다와 모래에서
독수리 되어 나른다.
저기저기 저어기 북녘언덕 향하여
꿋꿋히 달리는 자랑스런 사나이
오 그 이름 용감한 해병.

♣ 청룡은간다

삼천만의 자랑인 대한해병대
얼룩무늬 번쩍이며 정글을 간다
월남의 하늘아래 메아리치는
귀신잡는 그 기백 총칼에 담고
붉은무리 무찔러 자유 지키려
삼군에 앞장서서 청룡은 간다

삼천만의 자랑인 대한 해병대
얼룩무늬 번개되어 원수를 친다
자유월남 짓밟는 붉은 무리들
청룡이 가는 곳에 어찌 맞서랴
온 세계의 곳곳에 평화 심고자
조국의 명예걸고 청룡은 간다

♣ 대한해병대

검은 얼굴 아래서 반짝이는건
귀신잡는 해병의 용맹스런 눈
거센물결 가르는 구리빛 팔뚝은
내 나라 지키는 선봉장의 힘
상승불패 해병의 영원한 전통
우리는 이어간다 대한 해병대

거친파도 해치며 다짐하는건

자랑스런 해병의 역사와 전통
진흙밭을 뒹굴며 웃고 있는 건
무적의 사나이가 되고 있다고
한번 해병은 영원한 해병
끝없이 이어간다 대한 해병대

♣ 인천상륙전가

먹구름 몰아치기 신음의 80일간
원수의 이리떼들 총알이 난동칠때
자유의 함포 앞에 흩어지고 쓰러져
먼동이 트기 전에 상륙한 우리의 해병
태극기 높이 들고 돌아온 대한용사
아 잊지못할 환희의 인천상륙

피구름 덮어눌린 생지옥 80일간
독사의 붉은무리 살인강도 판친다
자유의 반격 앞에 발악치다 도망쳐
먼동이 트기 전에 상륙한 우리 해병
늠름한 모습으로 돌아온 대한용사
아~ 잊지못할 환희의 인천상륙

♣ 우리는 해병대

　　보아라 장한 모습 우리는 해병대
　　출동명령 떨어지면 무찔러 간다
　　어느 곳 가든지 승리의 용사
　　우리는 자랑스런 팔각모 사나이

　　아느냐 소수정예 우리는 해병대
　　거센파도 헤쳐가는 무적의 사나이
　　찬란한 혼을 이은 해병대 용사
　　우리가 있는 한 승리뿐일세

　　나가자 힘찬 열정 우리는 해병대
　　정의와 사랑으로 뭉친 사나이
　　필승의 신념으로 적진을 향해
　　내 조국 위하여 목숨 바치리

　　후렴)아~ 우리는 대한의 아들
　　우리는 최강부대 대한 해병대

♣ 의로운 해병대

　　이 세상 못난이들 쉬운길 편한곳 찾아갈때
　　팔각모 해병대원
　　거친바다 험난한 곳 헤쳐 간다

내 또래 젊은이들 뛰다
숨차면 물러서지만
우리는 물러설 곳 없는 의로운
소수정예 대한 해병대

이세상 젊은이들 수영장
스키장 찾아갈 때
붉은명찰 해병대원
하늘 땅 바다 누빈다
내 또래 젊은이들 싸우다 지치면 포기하지만
우리는 포기할 수 없는 의로운
소수정예 대한 해병대

후렴) 더빨리 더높이 해병대 힘든 일
      험한 일은 내게 맡겨라
      우리는 최고 인간 최고 군인
      아~대한 해병대

때리고 부시고 마시고 조져라 헤이 빠빠리빠

해병대 사가

♣ 곤조가

흘러가는 물결 그늘아래 편지를 쓰고요
흘러가는 물결 그늘아래 춤을 춥니다
처녀 열 아홉 살 아름다운 꿈속의 I LOVE YOU
라이 라이 라이 라이 차차차~ 라이 라이 라이 라이 차차차~
당신만이 그리워서 키스를 하고요 당신만이 그리워서 H.P를 칩니다
오늘은 어디가서 깽판을 놓고 내일은 어디가서 신세를 지나
우리는 해병대 R~O~K~M~C 헤이~빠빠리빠 헤이~빠빠리빠
때리고 부시고 마시고 조져라 헤이~빠빠리빠 헤이~빠빠리빠

아침에는 식사당번 저녁에는 불침번에
때때로 완전무장 연병장을 구보하니
이것이 쫄병생활 저것이 신병생활

알고도 모르는게 쫄병인가 하노라
우리 마누라 키가 작아 키가 작아 싹싹하기는 그만인데 그만인데
부엉이 눈깔을 뜰 때면 뜰 때면 자동차 헤드라이트 못 당해 못 당해
YES OK~ 나는 좋아 좋아 좋아 YES OK~ 나는 좋아 좋아 좋아
가만히 살짝이 오세요 아프지 않게요
언제나 수줍은 긴자꼬 우리 마누라~
살 많은 통통 ㅂㅈ 뼈 없는 순살 ㅂㅈ 강원도 비탈 ㅂㅈ 충청도 멍청 ㅂㅈ
경기도 뺀질 ㅂㅈ 전라도 깽깽 ㅂㅈ 제주도 밀감 ㅂㅈ 경상도 보리 ㅂㅈ

♣ 꼰봉가

꼰봉을 메고 좆나게 쫄았네
청룡버스 올라타던날 빠라~ 바빠빠빠
그리운 내님 남겨두고서 떠나가는 해병대 용사
순검시간 꼬라박아 지겨운 시간
취침시간 집합당해 좆나게 쫄았네
서러운 눈물이 흘러내리네
군대 좆같네 군대 좆같네
니기미 시발 군대 좆같네

♣ 돌진가 (달려라 사자같이)

달려라 사자같이 돌진이다 악! 악!
우리들은 방패없이 바다와 모래에서
독수리 되어 나른다
저기 저기 저~기 북녁 언덕 향하여
꿋꿋이 달리는 자랑스런 사나이
오~ 오~ 우리는 용감한 해병

♣ 동기가

하늘이 울어야만 사나이가 운다는데
그까짓 마음변한 여자 때문에
앞길이 만리같은 새까만 사나이가
울기는 왜울어 왜우냔 말이야
이 못난 내동기야

외롭고 쓸쓸할때 동기밖에 없다는데
낯설고 물설은 머나먼 타향에서
기어이 제대하여 집에 갈 사나이가
울기는 왜울어 왜우냔 말이야
이 못난 자식아

어머님의 손을 놓고 돌아선 이자식은
천근만근 무거운 발길을 옮깁니다
김포로 가야 하는 까까머리 사나이가

울기는 왜울어 왜우냔 말이야
이 못난 내동기야

♣ 말뚝가

이제가면 해병대다 니기미 쉬발 김포땅이다
그리운 영자 남겨두고 나홀로 떠나갑니다
사랑은 외기러기 외기러기 영자야
제대하는 그날까지 정조만은 지켜다오
저 달보고 저 별보니 니기미 쉬발 미치겠구나
그리운 영자 생각하니 탈영도 하고 싶지만
사랑을 위해서라면 영자만을 위해서라면
좆같은 군대 삼년 몸으로 때워 나가자

언제한번 집에가나 니기미 쉬발 아직 쫄따구
집에가니 마누라 하는 말 여보 당신 왜 왔소
요즘군대 좋다던데 말뚝 박지 좆 빨러 왔소
남자다운 해병생활 견디어 나가렵니다

♣ 망치부대가

내 뺨에 뽀뽀하고 해병대에 가신 아빠
훈련이 고되다지요 낙하산도 타신다지요
영자는 걱정이 없어 엄~마가 있으니까
김일성 개새끼래 혼 좀 내어주세요
망치부대 우리아빠 귀신잡는 해병대~

♣ 묵사발가

저 넓은 바다 한가운데 우뚝 서 있는
그 사람은 누구인가 해병대라네
해병대가 가는곳에 묵사발 있고
해병대가 가는곳에 승리가 기다린다

고무보트 울러메고 어디로 가나
성난파도 넘고 넘어 수색하러 가지
해병대가 가는 곳에 묵사발 있고
해병대가 가는 곳에 승리가 기다린다

♣ 물위에 쓰는 유언장

보트에 시동을 걸고서어~
바다를 바라보면은 어머님을
그려봅니다 아~
해병대 못난자식이
해~병대로 떠나간 자식 위해
밤 새워 잠 못이루는 어머님 아버님
만수무강하세요~
보트는 떠나가고 해병은 말이 없다
물위에 쓰는 유언장~
해병대 유언장

♣ 백 ㅂㅈ가

ㅂㅈ 털도 없는 년이 시집은 ㅈ빨러 왔소
이 내몸은 날때부터 백 ㅂㅈ란다
야 이놈아 그런말마라 내 ㅂㅈ에 털 날날 있다
내 ㅂㅈ에 털나면은 니 놈 ㅈ은 ㅈ도 아니다

♣ 백령 엘레지

십자성 반짝이는 백령도에서
병사의 빳다소리 들려오는 이 밤밤밤바라바라밤밤
잊었던 고향생각 부모님 생각에
눌러쓴 철모밑에 흐르는 눈물
아아아~ 아아아아아~ 백령엘레지

해당화 피고지는 백령도에서
옹진호 고동소리 들려오는 이 밤밤밤바라바라밤밤
잊었던 고향생각 짝순이 생각에
불끈쥔 총칼 밑에 흐르는 눈물
아아아~ 아아아아아~ 백령엘레지

♣ 빳다가

빳다도 아구창도 나홀로 씹어 삼키며
시궁창과 화장터를 누비고 다녀도

사랑에는 마음 약한 의리의 사나이
난폭한 해병대라 욕하지마라
오늘도 고무보트에 목숨을 바친
이름모를 영혼들도 알아줄날 있으리라 쓰리라~

♣ 좆대 장군가

(RAP)비바람이 십창나게 몰아치던 어느날 밤
보쥐산 부랄봉에 공비가 나타났다는
소식을 들은 좆대 장군은
두 부랄 장수와 수많은 좆털 병사들을 이끌고
보쥐산 토벌에 나섰는데
뒤를보니 청천절벽이요 앞을 보니 울창한 숲이라
전진후퇴 전진후퇴를 하던 좆대장군은
드디어 흰피를 흘리며 쓰러지고 말았던 것이다
좆대장군 쓰러지며 하는 말 오늘은 내가졌다
하지만 너의 화려했던 보쥐는
나에 의해 무너지고 말았구나 하하하

쇠다마 두개 차고 보쥐산으로
보쥐산 쳐들어 갈적에
보쥐산 공주님이 하시는 말씀
아아~ 이러시면 아니됩니다.
수풀속을 지나 동굴속으로 전진후퇴
했더니 성벽은 무너지고 붉은피만
아~붉은피만 흘러내리네

♣ 좆통수가

좆통수는 불어도 세월은 간다
좆까는 소리마라 길어봤자 삼~년이다
좆빠지게 해봤자 월급 더주나
본 직업도 아닌데 좆빠지게 해봤짜다 봐짜다~

♣ 주란꽃

(RAP)나에게는 사랑하는 여인이 있었지
그녀는 무척이나 아름다웠어
하지만 그녀에게는 나 아닌 다른 녀석이 있었지
그녀석은 나보다 키도 크고 얼굴도 잘생기고 힘도 무척이나 셌어
그래서 난 그 녀석에게 결투를 신청했지 장소는 도구 앞바다
결과는 뻔했지 단 한방에 나가 떨어진거야
그러자 그녀는 이렇게 말했지
싫어요 싫어요 약한 남자는 싫어요
그래서 나는 이세상에서 가장 강하고
멋지다는 해병대에 입대하게 된거야

내 너와 만나던날 어린 나는 행복했고
행복했던 그 순간이 서러워서 울었어요
내 너와 헤어지던날 저 하늘은 흐렸었고
다시 말날 기약 없는 머나먼 길 떠났어요
길가에 한송이 외로운 꽃한송이 주란꽃

이름은 밝히지 못하겠지만 내동갑 여~자
얼굴은 귀엽고 눈이 맑았던 내사랑 여~자
스물 하나 가는 겨울 눈길을 걸으며
난 너를 난생 처음 사랑했었는데
이듬해 깎은 머리 나라를 위해
무엇보다 슬픈건 너와의 헤어짐
무정한 기차 떠나갈 적에 천일동안에 슬픈 이별이
울면서 놓았던 너의 두손 믿고 또 믿고 참고 또 참아
제대하는 그날에 니 앞에 서리라 루루루루루루~.
너는 도대체 무엇 때문에 나는 도대체 누구 때문에
사랑 잃고 사랑찾아
난 돌아 왔건만 너는 남의 여자
난 돌아 왔건만 너는 남의 여자

♣ 첫휴가가

어두운 골목길을 팔각모 쓰고
골목길 접어들 때에
저기 어머님이 울고 계신다
못난 아들 반겨주려고
어머니 어머니 울지마세요
울지말고 들어가세요
나중에 이다음에 제대하면은
못한 효도 다해줄께요

♣ 팔각모 추억

나 태어나 해병대에 가족이 되어
꽃피고 눈내리는 어언 삼년간
무엇을 하였느냐, 무엇을 바라느냐
상륙전에 해병대라 뭉치면 그만이지
아~ 다시 못올 흘러간 내청춘
팔각모에 실려간 꽃다운 이 내 청춘

♣ 해병대 청춘

이 세상에 해병 마음 다같은 마음
해병대가 잘되라고 영원하라고
행동으로 실천하는 해병대인데
술 마시고 깡 부리다 욕하지 마라
이래뵈도 아직까진 승리뿐이다
원더풀 원더풀 해병대 청춘
부라보~ 부라보~ 해병 만만세

♣ 해병의 노래

푸른 물결 춤추던 그곳 해병대가 모여 살던곳
서부전선 김포반도에 해병대가 나를 부른다
어머님은 인당수 떠서 신령님께 정성 들이고
해병대에 간~ 불효자식 밤을 세워 기도 드린다
그리워라~ 그리워라~ 푸른 물결 춤추던 그곳
아아아아~ 저멀리서 어머님이 나를 부른다

♣ 해병 사모곡

별을 보고 시작되는 해병대의 쫄따구 신세
달빛어린 내무실은 꿈실은 고향
언제한번 집에 가요 집에를 가요
그리운 짝순이에게로 편지야 자리자리 잘가요

면회 왔다 돌아가는 철조망밖 어머님의 뒷모습
떡보따리 어머님의 정성에 눈물이 납니다
어머님 죄송해요 죄송합니다
이다음에 제대한 후에 어머님께 효도효도 할래요

♣ 해병대 도는 내력

해병대가 좋다지만 나는야 싫어
낮이면 기습특공 좆뺑이 까고 밤이면
기수빳다 잠 못이루는
이것이 해병대냐 골병대더냐
영자야 내 걱정말고 땅개한테 시집가거라

♣ 해병 찬미

막막한 밤바다를 수색하는 해병아~
너는 무엇을 찾아 왔느냐
이래도 한 세상 저래도 한 세상
돈도 명예도 사랑도 다 싫다

♣ 서울의 왕대포집

서울의 왕대포집은 해병대의 안식처
서울의 사창가는 해병대의 보금자리
먹걸리 한사발에 목로주점 주인마담 해병대의 사랑을 받고
하룻밤 풋사랑에 순아는 울었다오 나 없이
살순 없다고
계급이 쫄병이라고 사랑에도 쫄병이더냐
목로주점 주인마담 눈물의 순아야
내 이름은 순아랍니다
그냥 그냥 17번으로 통한답니다
술이 좋아 마신 술이 아니랍니다
괴로와서 마신 술에 내가 취해서
고향의 부모님이 고향의 여동생이 보고파서 웁니다
그날밤 역전앞에서 그 역전 카바레에서
보았다는 순아는 거짓이예요
실패 감던 순아가 다홍치마 순아가
오늘밤도 파티에서 춤을 춥니다. 순아야~

♣ 순아

나 어릴적 빨가벗고 뛰어놀던 순아야
지금은 빨간 팬티에 브라자도 찼겠지
줄듯 말듯 줄듯 말듯 주지 않던 순아야
오뉴월 장마철에 비ㅈ나 푹푹 썩어라

♣ 시궁창가

길고긴 포항 시궁창 정신없이 헤메어 봐도
내 마음에 드는 시궁창 죽도 뿐이다
죽음이 다가와도 나는 좋아
보트 타고 페더링하며 살아가리라
깡다구와 의리속에 해병은 살아간다

♣ 십대 ㅂㅈ가

앵~두 ㅂㅈ 우물 ㅂㅈ 동네 처녀 바람난 ㅂㅈ
일~잘하는 호미 ㅂㅈ 나도 몰래 내던진 ㅂㅈ
말~만 듣던 서울 ㅂㅈ 긴자꼬 ㅂㅈ
이뿐이 ㅂㅈ 금순이 ㅂㅈ 담뱃불로 콕
지져진 ㅂㅈ

♣ 쎄무워카가

달동네서 내려온지 열흘 밖에 안돼요
낫 놓고 기억자도 모르는 나에게
I Love You You Love me 내가 알게 뭐예요
몰라요 라요라요라요 나는 정말 몰라요
오오오~쎄무쎄무워카 해병대가 신는 워카
오오오~ 쎄무쎄무워카 나를 울려요

극장구경 가자더니 여관방엔 왜가요

ㅂㅈ을 만지려면 양쪽다 만지세요
한쪽만 만지면은 짝재기가 되잖아요
몰라요 라요라요라요 나는 정말 몰라요
오오오~쎄무쎄무워카 해병대가 신는 워카
오오오~ 쎄무쎄무워카 나를 울려요

♣ IBS가 (상어떼 용사)

적막한 밤바다에 보트를 띄우고
새까만 보트 위에 내몸을 싣는다
나라 위해 바친 목숨 상어떼용사
봄 여름 가을 겨울 바다를 헤메인다
상어떼야 상어떼야 어서 가려무나
세계를 수색하는 해병IBS

♣ 수색대가

수! 색! 훈련 삼개월에 수색대 용사
빠밤~빰
박쥐를 새겨 달고서 뽐내는 수색대~
고무보트 울러 메고서 파도를 헤치고 나갈 때
상어떼들도 기뻐 날뛰고 산호초 춤춘다
TNT 씩스틴을 가슴에 안고
부수고 파괴하는 용감한 수색대 헤이
~부라보 수색대 악이야~

♣ 해병 공수가

바람타고 날아간다
구름타고 날아간다
두려울게 하나없는 하늘의 백장미다

불같이 타오르는 정열을 안고
멋대로 제멋대로 살아가지만

인정과 의리에는 목숨을 건다
내 이름은 백장미다
해병 공수다~

♣ 유격대가

검푸른 산속 산길은 사나워도
나는야 언제나 불굴의 유격대
먹걸리 생각날 때 시냇물을 마시고
사랑이 그리울 때 산속을 헤매인다
유격대 한 평생 산속에서 벗을 삼아
굳세게 살다가 깡다구로 싸우리라
아아~산속은 나의 고향 레펠의 낙원이다

♣ 여군 미쓰리

치~마를 홀랑벗고 팬티도 벗고
해병대에 몸을 바친 여군 미쓰리
때때로 멘스때는 짜증도 나지만
해병대가 원한다면 알몸에 선착순
팬티벗고 선착순~

♣ 연평도가

밤깊은 서부전선 갈곳 없는 연평도
빠따 치는 나도 슬프고 빠따 맞는 나도 슬프다
바다 건너 해주에는 달빛만 아련한데
돌아오지 않는 해병
기다린들 무엇하랴
해병대 멍든 내 가슴 내 청춘을 돌려다오

♣ 연평 부르스

연평도 외로운 섬
해병대가 사는섬
별들이 다정이 손을 잡는 밤
기어이 출발신호 떠나갑니다
살아서 돌아올지 죽어서 황천 갈지
아무도 모르는 나의 운명
해병답게 싸우리라 마지막까지`

뜨겁게 뜨겁게 해병이라고

♣ 인천의 성냥공장

인천의 성냥공장 성냥공장 아가씨
하루에 한갑 두갑 많게는 열두갑
치마 밑에 숨겨놓고 정문을 나설 때
치마 밑에 불이붙어 ㅂㅈ털이 다탔네
인천의 성냥공장 아~가씨는 백 ㅂㅈ
(2절 : 인천의 간장공장.)

♣ 제대 ㅂㅈ가

돈도 빽도 없는 놈이 해병대 ㅈ빨러 왔소
이 내몸은 날 때부터 개털이란다
야 이년아 그런말 말고 니 몸팔아 제대시켜라
이~시발넘아 × 까지마라 내 ㅂㅈ가 제대 ㅂㅈ가~

♣ 도구 아가씨

헤일 수 없는 수많은 밤을
외간남자 손을 잡고 자고가라고
얼마나 애원했던가
도구아까씨
손님받다 지쳐서 돌리다 지쳐서
빨갛게 멍이 들었소

제 4 부

해병대는 있다

개병대라니?

이 동 훈 (애뜨랑제:인터넷 명예해병 851기)

'개병대'라는 말을 처음 들은 건 클린트 이스트우드가 주연한 해병대 영화 <The haertbroken ridge>의 한글 자막판을 봤을 때라고 기억합니다. 거기서 해병대원 역을 맡은 클린트 이스트우드의 전부인으로 분장했던 여배우가 이스트우드에게 폭언을 퍼붓는 장면에서 나왔죠.

오늘날 개병대라는 말은 해병대를 욕할 때 주로 쓰입니다만, 원래는 해병대를 칭송하는 말이었죠.

1950년 벌이진 한국 전쟁때, 한국 해병대와 미 해병대는 인천상륙작전 때부터 줄곧 상륙군의 선봉에 서서 북한군을 무찌르며 진격했고, 당시 대통령이었던 이승만 박사는 해병대의 이런 모습이 무척이나 맘에 들었던지 凱(승전가 개)자를 써서 凱兵隊(개병대)라고 불렀던 것이 '개병대'라는 말의 시초입니다.

그런데 언제부터인지 - 고참 해병대원들의 주장에 의하면 월남전쟁 이후부터 - 이 개병대의 '개'자가 '열개'자가 아닌 dog-해병대원을 개에 비유한 - 로 변질되어 버렸죠.

그래서 오늘날 '개병대'라는 말은 극히 상반적인 뜻을 함축한 단어로 변질되어 버렸는데… 이 모순을 시정하기 위해서는 우리나라도 외국처럼 '개병대의 올바른 의미 정립을 위한 위원회'라도 만들어야 하지 않을까 하는 생각도 듭니다.

해병대에서도 여군을 뽑았으면

이 동 훈

"왠 뚱딴지같은 소리야?"
이렇게 말씀하실 해병님들도 분명히 계실 것 같은데 오히려 그런 분들일수록 저의 글을 차근차근 주의깊게 읽어 보시기를 권합니다.
확실히 해군과 해병대는 어느 나라를 막론하고 그 나라의 군대 중에서 제일 보수적인 것만은 확실합니다. 그러나 그렇다고 해서 전 세계적으로 불어닥치고 있는 군 개혁의 물결을 거스리기는 힘듭니다.
우선 해병대나 공수부대 등 거친 군집단에 지원하기를 원하는 여자들도 의외로 많다는 사실을 알아두시기 바랍니다.
인터넷이나 PC 대화방에서도 해병이 되고 싶어하는 여성분들이 자주 나오시는데, 우리 해병대에서 여군을 뽑지 않는다고 설명해 드리면 크게 실망하시는 빛이 역력하죠.
'하고 싶다고 해서 다 받아주는 게 해병이 아니잖느냐? 여자는 남자보다 전투력이 떨어진다!'라고 반박하실 수도 있겠군요. 확실히 여성은 해부학적으로 볼때 남성보다 운동기능이 약한 것처럼 보입니다.
그러나 여성의 체력도 훈련을 거치면 남성과 동등한 수준으로 강화될 수 있다는 것이 최근 미 육군의 테스트에서 밝혀졌습니다.
또 역사적인 사례를 보더라도 여성들이 전투병으로 나가서 나라를 구한 예는 얼마든지 있습니다. 구 소련에서는 2차대전 때에 여성 저격수,

여성 전투기 조종사까지 있었고, 전과도 대단했습니다. 2차 대전시의 고등학생 출신 소련 여성 저격수였던 류바 마카로바 양은 독일군을 30명이나 사살했다는 기록도 있습니다. 또한 5대 이상의 적기를 격추한 소련 여군 조종사도 2명이나 있었습니다.

이런 전통은 현대에도 이어져서 러시아 최강의 특수부대인 스페즈나즈에도 여성대원이 있습니다.

소련 이외의 다른 나라에서도 이스라엘 여군(우리 남자들처럼 의무병제. 2차 중동전쟁까지는 전투임무를 수행했으나 오늘날은 전투임무는 맡지 않습니다. 여자들까지 싸우다 다 죽어버리면 이스라엘 민족의 혈통을 이을 수 없기 때문이라던가요.) 미국 경찰특공대 SWAT의 여성대원, 심지어는 미 해병대의 여군(여자 장군도 있음). 그리고 육군 특전사 소속 707 대테러팀의 여성대원 등 세계 각국에서 여군들은 대활약을 하고 있습니다. 아닌게 아니라 우리 해병대도 한국전 때에는 일시적으로 여군을 채용하였었지요

비록 여군들이 직접 전투임무에 나서지 않는다 하더라도 현대전에서의 중요한 부분인 후방 보조임무(교육, 정비, 수송, 보급 등등)를 수행함으로써 일선의 남성 병사들의 전투력을 더욱 높여 줄 수가 있습니다.

그리고 해병대에서 여군을 뽑는다고 하면, 여자들도 자신들이 해병대 신화의 일원이 될 수 있다는 생각에 해병대를 더욱 가까이 느끼게 될 것이고, 우리나라 인구의 반을 차지하는 여성을 해병대 편으로 끌어들이는 좋은 국민 정서가 생기는 것도 기대할 수 있습니다.

그래서 저는 우리나라 해병대에서도 미국 해병대처럼 여군을 뽑기를 바라는데… 해병 여러분들의 의견도 듣고 싶습니다.

해병대와 타군간의 갈등

이 동 훈

사실 이런 얘기는 어쩜 여기 올라 올 필요가 없을만치 뻔한 것일 수도 있겠습니다.
어느 나라의 군대나 그곳의 최정예부대간의 자존심 경쟁은 언제나 존재하거든요.
프랑스 같은 경우에는 공수부대, 외인부대가 그렇고, 영국같은 경우에는 육군공수부대, 해병코만도, 심지어는 미국의 경우에도 육군과 해병대간의 배타적인 자존심은 대단합니다.
하지만 주위의 여러 열강들 사이에 둘러싸인 우리 현실에서 타군(특히 육군)과 해병대간의 불협화음은 좀 불안해 보이고 관용성이 부족한 느낌을 주는 것도 사실입니다.
그런데 왜(특히) 육군과 해병대는 친하지 못할까요.
그것은 두 군이 똑같이 지상전투를 전문으로 하는 부대라는 사실에서 기인합니다.
사실 육군의 역사는 해군의 역사보다 길고, 해병대의 역사보다도 더 긴 것은 말할 필요도 없는 일인데, 그 긴 세월동안 지상전투를 전문으로 맡아 온 육군에서 해군이 육전대(즉 해병대)를 창설하여 지상전투에 대비하는 걸 좋게 봐주기는 힘들겁니다.
"지상전이 뭔지도 모르는 뱃놈들이…" 아마 이런 생각이었는지도 모르죠.

역시 해병대 측에서도 언제나 상륙전의 선봉에서 육군보다 더 큰 위험부담(상륙군을 해안에서 쳐부수지 않으면 물리치기가 어렵지요)을 감수하면서 싸우는 자신들에 비해 언제나 자신들이 진격한 뒤를 따라오기만(?)하는 육군이 꽤 우습게 보였을 겁니다.

이런 이유로 해서 어느 나라나 육군과 해병대 간에는 팽팽한 라이벌 의식이 있지만, 문제는 이것이 선의의 라이벌이 아닌 적대적 라이벌 의식으로 변질되어 양군간의 정치적 술수나 공작 등 음해수단으로 변할 경우입니다.

군 내부에서 그런 집안 싸움이 벌어질 경우 그 군의 전투력은 약화될 수 밖에는 없죠.

밀리터리 매니어의 입장에서 한마디 한다면 육군과 해병대는 소모적인 라이벌보다는 선의의 경쟁자로서 새로운 자리매김을 해야 한다고 봅니다.

무엇보다도 육군이나 해병대 둘 중 하나만으로 우리나라를 완벽히 방어할 수는 없는 노릇이 아니겠습니까?

저는 얼마전에 실제로 육군 병사와 해병대 병사가 나란히 서서 재미있게 얘기하는 광경을 서울역에서 본 적이 있는데, 앞으로 이런 모습을 더 자주 보았으면 하는 바램을 가져 봅니다.

팔각모 이야기

이 동 훈

해병대 하면 우선적으로 생각나는 복장이 바로 이 팔각모입니다.
물론 팔각모를 사용하지 않고 베레모 등 다른 모자를 제식으로 쓰는 해병대(프랑스, 러시아, 영국 등)도 있고, 우리 육군에서도 조교, 교관들이 팔각모를 착용하며, 일본자위대 같은 경우에는 아예 육상자위대의 제식모가 팔각모이기도 하지만(이 때문에 일본자위대에 해병대가 있다고 착각하시는 분도 계십니다). 적어도 우리나라 사람이라면 해병대 하면 팔각모를 연상하지요.
그런데 이 팔각모의 기원은 어디서 부터일까요.
최초의 팔각모는 2차대전이 한창이던 1944년으로 거슬러 올라 갑니다. 그 이전의 미 해병대는 마치 중공군의 빵모자를 빼다박은 듯한 전투모를 사용했습니다. 정말 품 안났죠.
단지 옆면에 8개의 주름만 잡혀 있던 그 모자를 1944년에 좀더 현대적인 직선형으로 변형시킨 것이 바로 M1944해병대용 전투모 - 한국, 스페인, 남베트남 - 제식모로 애용하고 있는데, 세계적인 해양제국인 영국의 해군 복장이 거의 모든 나라의 해군 복장을 통일시키다시피 한 것과도 비슷한 현상이라 흥미롭습니다.

해병대와 위장복 이야기

이 동 훈

한국 해병대는 한국군 중에서 위장무늬 군복을 제일 먼저 사용하기 시작한 몇 안되는 선구자적인 부대 중의 하나입니다.
한국 해병대가 가져 볼수 있었던 최초의 위장복은 2차대전중 미군을 위해 만들어진 덕헌터(오리사냥꾼) 패턴 전투복입니다.
원래 미국은 이 옷을 육군에 보급할 계획이었으나 유럽전선에 이 옷을 입고 간 미육군 병사들이 역시 위장복을 애용했던 독일 무장친위대로 오인되어 접전이 벌어지는 바람에 태평양 전선에서 일본군과 싸우던 해병대에만 이 옷을 지급하게 되었고, 창설시 미 해병대의 영향을 크게 받은 한국 해병대 역시 이 옷을 사용하게 되었습니다.
덕헌터 패턴은 비록 현대적인 위장복들에 비교하면 위장 효과는 별로 였지만 위장복은 특수부대용이라는 고정관념과 뭔가 멋진 복장을 선호하는 해병대원들 덕에 월남전이 끝날 때까지 착용되었고, 1968년에 창설된 향토예비군의 표준제복으로 정해지기도 했는데, 지금도 해병대 특수수색대에서는 이 옷을 사제로 만들어서 입고 있다는 미확인 정보가 있습니다.
그리고 덕헌터 패턴의 뒤를 이어 등장한 것이 현대까지도 한국 해병대의 상징처럼 되어버린 일명 '큰무늬(혹은 벽돌무늬… 한국군은 군복에 제대로 된 이름을 붙이는 전통이 유감스럽게도 없다)' 위장복입니다.

1970년대 중반 말엽에 개발되었던 이 옷은 요즘의 미군용 우드랜드를 놓고 비교해도 별로 위장효과 면에서 손색이 없는 우수한 것이었습니다.
이 옷에 사용된 4가지 색의 위장무늬는 비록 패턴은 독창적이지만 신통하게도 그 색깔은 한참 후에 나온 우드랜드 패턴과 많이 닮아 있어서 상당히 놀랍습니다.
이 옷은 1991년에 폐지되었지만, 육군과 똑같은 전투복을 입기 싫어하는 해병대원들을 위해 아직도 많이 생산되고 입혀지고 있습니다.
큰 무늬 패턴의 뒤를 이어 등장한 것이 1991년에 나온 소위 '국군 통합복'입니다.
미국의 우드랜드 전투복을 엉성하게 표절한 이 옷은 1982년형 공수부대용 특전복이 그 원조인데, 공수부대에서 미국 우드랜드 패턴을 먼저 모방해 보고, 거기서 미비한 점을 보완하여 전군의 표준 전투복으로 지정한 것입니다. 물론 해병대도 거기서 예외가 될수는 없었죠. 하지만 견장이 없는 등 육군복과는 디자인이 약간 다릅니다.
그러나 여전히 2차대전의 구태(각반착용을 의식해 발목 조임끈이 없으며 샐러리맨들에게나 어울리는 셔츠식 착용법 등…)를 못 벗고 있는 디자인이어서 병사들이나 군복 유통업자들에게는 원성의 대상입니다. 미래 한국 해병대의 복장은 다시금 전군의 패션을 리드해 나갈 만한 기능적이고 폼나는 옷이어야 한다고 생각해 봅니다.

해병대 베레모 이야기

이 동 훈

미군들은 한국 해병대 베레모라면 가질려고 환장을 하더구만요… 총하고 바꾸자는 사람도 있어요. <김융곤 예비역 해병 병장>

베레모는 본래 피레네 산맥에 거주하는 바스크인들의 전통 모자였습니다.

그랬던 것이 1차대전을 전후해서 프랑스 육군을 시작으로 유럽 군대의 작업모로 애용되기 시작하는데, 그 이유는 총기의 발달로 인해 그 이전까지 사용하던 화려한 군모가 소용없게 되고, 군장이 보다 기능적이고 활동적인 방향으로 바뀌게 되었기 때문이죠.

그랬던 베레모가 우리나라 군대에 들어온 것은 육군 공수특전단이 미국의 그린베레를 모방하여 검은 베레모를 착용하기 시작하면서 부터였고, 해병대도 곧 그 뒤를 따르게 됩니다.

재미있는 것은 유럽 군대에서는 베레모를 쓰지 않는 군인이 거의 없을 만큼 베레모 착용이 보편화 되어 있는 반면, 우리나라 군대에서는 베레모는 특수부대용이라는 고정관념이 있는데, 이것은 일부 특수부대만 베레모를 착용하는 미군의 영향 탓입니다.

해병대의 베레모는 미국식으로 모표 부착 위치를 세우는 심이 들어 있으며, 몇 가지 색상이 있습니다.

특수수색대에서는 그린베레를 착용하는데, 이것이 제정된 동기는 월남전에 갔던 특수수색대원들이 미육군의 특수부대 그린베레 모자를 보고 '우리도 질 수 없다!'해서 제정했다는 설이 있습니다.

기갑부대에서는 위장무늬 베레모를 착용하는데, 해병대의 구형 큰무늬 패턴으로 만들어진 것이 제일 흔하지만, 육군기갑부대용의 호랑이 무늬 베레모에 해병대 마크를 붙여 쓰는 병사도 있습니다.

해병 공수부대에서는 붉은색(프랑스 육군/해병 공수부대와 신통하게도 같습니다)의 베레모를 애용했지만 지금은 폐지되었습니다.

베레모에 부착되는 모표는 적색 방패장 위의 해병대 앵커마크가 제일 흔하지만, 장교들은 앵커 대신 계급장을 부착하며, 독자적인 부대 마크를 만들어 달기도 합니다.

다만 유감스러운 사실은 한국군에서는 아직도 육군 공수부대 이외에는 부대 베레모 착용을 공식적으로 인정해 주지 않는다는 것입니다.(전두환 시대때 저질러진 공수부대 편애의 잔재가 아닐까 합니다)…

빨간명찰의 심리학

이 동 훈

저는 일전에 해병대 토론마당 코너에서 빨간명찰이 위장 효과가 나쁘다고 했다가 그걸 빨간명찰의 폐지로 오인한 분들에게서 억울하게도 호된 질타를 당한 적이 있었습니다.
그럼 도대체 빨간명찰이란 어떠한 물건이길래 해병대원들이 집착하는지를 알아 보아야 겠습니다.
빨간명찰이란 빨간색 천 위에 착용자의 성명을 노랑(고급스러워 보이게 규정된 사이즈 보다 더 크고 부드러운 빨강천 위에다 골든 옐로우 실로 새기기도 함)실로 새긴 이름표입니다.
"아니! 고작 그 따위 위장 효과도 나쁜 천 쪼가리(?)에 애착을 갖다니?" 하실 분이 계시다면 그런 분일수록 저의 설명에 귀를 기울여 주시기 바랍니다.
우선 그 자체로 본 빨간명찰은 그것을 보는 사람에게 무척이나 강렬한 이미지를 심어줍니다.
빨간색과 노란색은 모두 난색(따뜻한 색)인 데다 팽창색(실제 면적보다 커보이는 색)입니다. 그리고 빨간색은 인간의 본성상 피―생명유지를 위해 제일 중요한 요소인―를 생각나게 하는 색이기 때문에 주의를 안 끌래야 끌지 않을 수가 없는 색이지요. 그리고 그 바탕에 쓰여진 노란 글자는 어떤 색보다도 채도가 높은 색으로 되어 있기 때문에 더욱 강렬한 명시성을 부여해 줍니다.

더구나 빨간명찰에 새겨지는 메시지는 다른 것도 아닌 그 명찰을 착용하는 사람의 제일 중요한 호칭인 성명인 것입니다.
이런 요인들로 인해 빨간명찰은 그것을 착용한 사람의 이미지를 무척이나 강인하게 보이게 하는 효과가 있습니다.
게다가 해병대 훈련과정상 빨간명찰은 고된 기본훈련을 모두 마친 사람에게만 수여하게 되어 있는데, 이러한 심리적인 요인까지 겹쳐져 해병대원들은 빨간명찰이 위장 효과가 나쁨에도 불구하고 엄청난 애착을 갖는 것입니다.
그래서 전투복이 3군통합복으로 바뀌고, 육해공군의 명찰이 위장 효과를 중시한 타입으로 진화해 갈때도 해병대용 명찰 만큼은 끝까지 살아남을 수가 있었던 것입니다.
하지만 사족을 달자면 199기 맹경수 해병님이 전투에 나갈 때면 빨간명찰을 제거하고 나갔다든가, 624기 이찬규 해병님의 증언으로도 유사시에는 이 명찰을 제거하고 전투에 나가라고 교육하는 걸 보면, 역시 이론과 실제는 어느 정도의 격차가 있지 않나 하는 생각도 듭니다.

노블레스 오블리제

이 동 훈

얼마 전에 한 해병님이 인터넷해병 자유게시판을 통해 이 '노블레스 오블리제'라는 명제에 대해서 다뤄 주실 것을 요청하셨기에 이렇게 글을 쓰게 되었습니다.

과연 노블레스 오블리제(Nobles Oblize)란 무엇인가? 이것은 라틴어 격언으로서 '의무를 지려고 하지 않는 자에게는 명예도 없다', '먹고 싶으면 일을 해라' 정도의 뜻으로 해석할 수가 있겠습니다. 서양인들의 철저한 기브 앤 테이크식 사고방식을 잘 보여주는 글이 아닐 수 없습니다.

이렇게 그들은 공동체를 위해 어떠한 희생을 한 자에게는 그에 상응하는 댓가를 반드시 지불하며, 그렇지 않은 자에게는 아무것도 주지 않는 것을 원칙으로 삼고 있는데, 이 덕목을 해설하다 보면 '해병은 병이다'라는 구호로 대표되는 현대 한국해병대의 각 계급간의 알력이라든지, 한국 사회의 분배의 문제 또한 어느 정도는 해설이 될 걸로 생각합니다.

이 말이 생겨 난 기원은 유럽문명의 원천이라고 할 수 있는 로마 시대까지 거슬러 올라가는데, 당시에 로마에서는 이미 강제 징병식 국가상비군과 외인부대 제도를 도입하여 일정 기간 로마군에 복무한 외국인에게는 로마 시민권을 부여하고, 또한 로마의 정치 지도자들 역시 대부분 일정 기간(약 10년 가량)의 군복무를 거쳐 국가에 의무를 다한 자들로 구성되어 있었던 것입니다.

아마 역사를 조금이라도 아시는 분이라면, 세습적 신분질서가 강했던 옛날에는 동서양 할것 없이 귀족이나 왕족 출신만이 현대의 장교, 즉 군의 간부가 될 수 있었으며, 평민 출신들은 거의 예외없이 병으로 군에 복무해야 했던 것을 알고 계실 것입니다. 그러나 로마에서는 노블레스 오블리제 원칙에 의거하여 병으로 입대한 평민 출신자들도 의무복무 기간을 다 채우고도 군에 남기를 원하는 사람은 간부가 될 수 있는 길을 열었으니, 이것이 바로 현대 하사관 제도의 시초인 것입니다.

또한 로마가 몰락하면서 중세유럽으로 들어서자, 국왕의 권력을 위임받은 각지의 봉건귀족출신의 영주들은 자신의 사병(私兵)들을 데리고 자신의 영토를 보호하며, 국왕의 명령이 있을 시에는 이 사병들을 데리고 국왕을 위해 전쟁에 나서게 되므로 이 때에도 귀족=상류계층=군인이라는 등식은 성립했습니다.

그런데 봉건제도가 몰락하면서 왕권우월시대가 도래하자 각국의 왕들은 지나친 폭정으로 자국민들을 착취하기 시작했고, 참다참다 못한 국민들은 프랑스혁명 등의 시민혁명을 일으켜 왕정을 타도하게 되니, 이로 인해 귀족들의 지위는 심히 위협받게 됩니다.

그러한 상황에서 귀족들이 자신의 위치를 지킬 수 있는 방법은 다시금 노블레스 오블리제 정신에 충실하여 평민들에게 본을 보이는 수 밖에는 없었습니다. 그래서 오늘날까지도 유럽 각국의 귀족이나 왕족 집안, 심지어는 귀족이 없는 미국의 상류층들도 군입대(대개는 장교)를 하여 병역의 의무를 다 마치는 것은 이러한 노블레스 오블리제 정신에 충실한 것이라 하겠습니다.

구미 각국의 군대는 한국군에 비해 장교의 위치가 병과는 비교도 안될만치 높고 권위적이며, 하사관도 단지 계급만 낮을 뿐 비슷한 기간을 복무한 장교와 맞먹는 대우를 누리고 있는데, 이것은 다 이러한 역사적 전통에 근거한 것입니다.

그럼 유럽 각국이 이러고 있는 동안 한국은 과연 어떻게 하고 있었는지 살펴볼 일입니다.

한국은 이미 조선시대에 일정액의 세금만 내면 군입대를 면제받을 수 있도록 제도적으로 확립되어 있었으며 군인이 기타 공무원에 비해 낮은 대우를 받을 만큼 군인이 엄청난 3D업종으로서 천시 받는 '군인 멸시적 전통'을 확립하였고, 일본이 한국을 지배하게 되자 이러한 전통은 더욱 확고해집니다.

군국주의 일본군은 한국을 탄압하기 위한 도구였으며, 그 속의 한국 출신 장병들은 단순히 일본인 장병의 희생을 줄이기 위한 소모품에 불과했고, 또한 일본군의 특징인 가혹한 훈련과 내무생활로 말이암아 군— 어떠한 나라의 군대이건 간에—에 대한 국민들의 경멸감은 더욱 더해져 갔던 것입니다.

설상가상으로 신생 대한민국 군대 역시 친일세력들을 그 창설요원으로 대거 영입함으로써 비인도적인 일본군식 군사문화를 척결하는데 실패하였고, 여기에 한국전과 월남전에서의 혹독한 전투경험과 천민 자본주의적 군사문화가 가세하여 군이란 가급적 가고 싶지 않은 곳으로 국민들에게 낙인찍혀 버렸습니다.

이러한 역사적 배경 하에서 국민들은 군에 대해 관심과 애정을 보이는 일을 극히 기피하게 되었고, 지난 이화여대 사태에서 드러난 군필자와 미필자간의 극심한 알력과 몰이해도 이런 데서 비롯되었습니다. 그리고 더 치명적인 것은, 국가 지도층 인사들마저 군을 버리기 시작했다는 것입니다.

국민들에게 모범을 보여야 할 지도층 인사(그 중에는 군의 두뇌인 장성들마저 있었습니다)들이 자신들의 자제를 군에 입대시키지 않고 온갖 부정한 방법을 사용하여 군에서 빼내는 판이니 군에 강제징병으로 입대하는 국민들은 이래저래 자신들은 '힘없고 빽없어 군대간다'라는 생각을 가질 수 밖에는 없었습니다.

그리고 바로 여기서 '해병은 병이다'라는 구호로 대표되는 각 계급간의 알력이 왜 발생하는지를 알 수가 있는데, 장교·하사관·병 모두 모집 절차는 상이한 반면, 그 출신성분 자체는 그다지 크게 다를 것도 없었으므로 상급자가 하급자에게 정당하고 자연스러운 권위를 세우기가 극히 힘들어졌고, 여기에 어떠한 자격이나 능력보다도 연륜과 출신을 중시하는 한국의 일그러진 풍토, 장교에 비해 상대적으로 지나치게 낮은 처우를 받는 병과 하사관의 현실 등이 겹쳐져 세계 어느 나라에도 별로 유례가 없는 '소대장 길들이기' 같은 '계급파괴' 현상이 벌어지고, 전원이 지원병으로 구성된 해병대에서 제일 큰 비중을 차지하고 있으면서도 가장 빈곤한 대우를 받는 병들의 불만이 그 반작용으로 '해병은 병이다'류의 기가 찰(?) 구호를 만들어 낸 것이 아닌가 하는 게 제 생각입니다.

사회 상류층일수록 군을 기피하는 한국의 잘못된 풍토는 왕조사회에서 급작스럽게 자본주의 사회로 돌입한 한국의 국민의식이 사회발전 속도를 뒤따라 가지 못한 데서 상당 부분 기인하는 만큼 그것을 개선하는 데는 엄청난 노력이 필요합니다. 간부양성 코스의 개량(일정기간 병 생활을 한 사람에게 간부 진출 기회를 더 많이 열어준다든가), 군인 처우의 대폭 개선, 병역비리혐의자의 철저한 색출과 강력한 처벌… 또한 더욱 국민 친화적인 군인상 정립 등등 해야 할 일이 끝도 보이지 않을 겁니다. 그것에 조금이라도 도움이 되었기를 바라며 이 글을 마칩니다.

열차순검과 군사 / 시가 살짝 엿보기

이 동 훈

이번 장에서는 열차순검과 해병대 군가, 사가(군가는 군가인데 군당국에서 정식으로 인정해 주지 않은 사제군가이다)를 살짝 엿보기로 하겠습니다.
글을 시작하기에 앞서 귀중한 자료를 협찬해 주신 신호진 해병님(http://myhome.nets해.com/ho1777/intro.htm)에게 감사를 드립니다(짝짝짝^ ^).
이 분 홈페이지에 가시면 더 많은 자료들이 있습니다.
그럼 우선 노래를 뽑기 전에 휴가비를 걷기 위해 암송하는 열차 순검이 뭔지 보기로 하지요.

열차 순검(부대, 연도에 따라 내용의 차이가 있을 수 있음)

이슬비 축축 내리는 서부전선에
아침이면 피었다가 저녁이면 지고마는
가련한 나팔꽃 망울처럼 일찍이 부모님을 여의고
하나밖에 없는 여동생 588 똥창으로 보내야 했던
오갈데 없는 가련한 내 신세 결국 귀신도 때려 잡는다는
인간 도살장 대한민국 해병대에 지원 입대하게 되었습니다.

날이면 날마다 기습특공, 공수점프, IBS 유격훈련에
밤이면 밤마다 휘엉청 밝은 달빛아래 5파운드 곡괭이 자루가 춤을 추는
김포땅에서 지금 막 휴가나온 마니산 첩보대 요인 암살단 마이가리(편집자주 : 조기진급, 가짜 계급장 등을 의미하는 해병대 속어) 병장 ○○○입니다.
○○년 ○월 ○일 북한 원산만에 정박중이던 소련 항공모함(편집자주 : 구소련 시절에 만들어진 소련제 항공모함이라고 해봤자 제대로 된 건 '민스크'급 말고는 없다. 자매함으로 '모스크바'호도 있음) ○○호를 폭파하라는 지령을 받고 영하 20도의 강추위 속에서 스크류에 TNT를 장착하던 중 1초에 36바퀴 돈다는 스크류에 휘말려 우로 400바퀴 좌로 300바퀴 돌고 나니 그때마다 저는 술만 마시면 다 때리고 부수는 개같은 성격의 소유자가 되었습니다. 그러나 국민의 안전과 조국의 통일을 위해서라면 이 한 목숨 기꺼이 바칠 준비가 되어 있습니다.
지금 부를 저의 노래가 괜찮으시다면 백원짜기 동전이나 빳빳한 만원 지폐, 정 돈이 없으시다면 옆에 끼고 앉은 아가씨의 입술이나 먹다 남은 소주라도 감사히 받겠습니다. 필~승!

그 다음에는 해병대의 각종 군가 중에서 제가 무척이나 좋아하는 노래인 '부라보 해병'의 가사를 감상하도록 하겠습니다.
이 노래가 듣고 싶으신 분은 레코드 샵에서 해병대 군가 음반을 사서 들으시거나 해병대화방에서 감상하시면 됩니다.

부라보 해병

귀신잡는 용사 해병 우리는 해병대

젊은 피가 끓는 정열 어느 누가 막으랴
라이라이라이라이 차차차~
라이라이라이라이 차차차~
사랑에는 약한 해병 바다의 사나이
꿈속에서 보는 처녀 다링 아이러브유
오늘은 어디 가서 훈련을 받고
휴가는 어느 날짜 기다려보나
우리는 해병대 R.OK.M.C
헤이빠빠리빠 헤이 빠빠리빠
싸우면 이기고 지면은 죽어라
헤이빠빠리빠 헤이빠빠리빠
부라보 부라보 해병대~

참고로 부라보(bravo)라는 말은 원래 라틴계열 어원을 가진 단어인데, 그 뜻은 '용감하다'라고 하고, 영어에서는 brave라고 하는 것도 상식적으로 알아두십시오.
그리고 이 군가와 곡조는 동일하나 가사는 영판 다른 '곤조가'라는 해병대의 대표적인 사가 내용도 알아봅시다.
이 노래는 앞서 소개드린 부라보 해병의 원작이며, '근성가'라고 부르기도 했습니다.

곤조가

흘러가는 물결 그늘아래 편지를 쓰고요
흘러가는 물결 그늘아래 춤을 춥니다.
처녀 열 아홉살 아름다운 꿈속의 I love you

라이 라이 라이 라이 차차차~ 라이 라이 라이 라이 차차차~
당신만이 그리워서 키스를 하고요 당신만이 그리워서 딸딸이를 칩니다.
오늘은 어디가서 깽판을 놓고 내일은 어디가서 신세를 지나
우리는 해병대 R~O~K~M~C 헤이~ 빠빠리빠 헤이~ 빠빠리빠
때리고 부시고 마시고 조져라 헤이~ 빠빠리빠 헤이~ 빠빠 리빠
아침에는 식사당번 저녁에는 불침번에
때때로 완전무장 연병장을 구보하니
이것이 쫄병생활 저것이 신병생활
알고도 모르는게 쫄병인가 하노라

우리 마누라 키가 작아 키가 작아 싹싹하기는 그만인데 그만인데
부엉이 눈깔을 뜰 때면 뜰 때면 자동차 헤드라이트 못 당해 못 당해
yes ok~ 나는 좋아 좋아 좋아 yes ok~ 나는 좋아 좋아 좋아
가만히 살짝이 오세요 아프지 않게요
언제나 수줍은 긴자꼬 우리 마누라~
살 많은 통통 ㅂㅈ 뼈 없는 순살 ㅂㅈ 강원도 비탈 ㅂㅈ
충청도 멍청 ㅂㅈ 경기도 뺀질 ㅂㅈ 전라도 깽깽 ㅂㅈ
제주도 밀감 ㅂㅈ 경상도 보리 ㅂㅈ

(ㅂㅈ속에 뭐가 들어갈지는 알아서 판단하시길 히히히, 여성독자들을 비하하는 내용이 될까봐 노출을 안시켰음)
어떻습니까? 해병들의 심오한 정신세계와 생활 모습이 조금이나마 이해가 되시는지?^ ^
단견이지만, 어느 군대의 정신세계를 들여다 보는 지름길은 그 군대의 군가나 사가를 감상해 보는 거라고 생각합니다. 그 가사 속에 그들의 군생활 모습이 가장 리얼하게 박혀 있거든요.

한국 해병대와 프랑스 외인부대의 공통점

이 동 훈

프랑스 외인부대와 해병대간의 공통점이 몇 가지 있는 것 같아 아는대로 적어 보았습니다.

☆그린베레를 애용한다.
☆자신들만이 위장복(외인부대 : 레오파드 패턴, 해병대 : 큰무늬 패턴)을 선호한다.
☆타군(외인부대 : 프랑스 육군, 해병대 : 한국 해군)에 속해 있지만 결코 자신들을 소개할 때 타군 소속이라고 말하지 않는다.
☆지원제인 데다 경쟁률도 엄청 빡시다.
☆전역자들 간의 전우회 활동 역시 빵빵하다.
☆강도높은 훈련을 받으며 타군을 멸시하는 경향도 비교적 다분하다.
☆역사와 전통을 강조한다.
☆모군을 없애려는 정치가들의 농간에 시달린 적이 많다.
☆소속된 나라(외인부대 : 프랑스, 해병대 : 한국)보다도 모군을 더 좋아한다.
☆상륙돌격형 두발을 선호한다.
☆빨간색을 좋아한다(해병대:명찰, 외인부대:예복용 견장)
☆기타 등등…

해병은 어디서 와서 어디로 가는가?

이 동 훈

미래학자 앨빈 토플러는 인류가 여태까지 3단계의 문명대혁명을 거쳐왔다고 주장하는데, 우선 첫번째가 농업혁명, 두번째가 공업혁명, 세번째가 정보화 혁명입니다.

인류의 문명의 패러다임을 뒤집은 각 혁명의 기원은 농업혁명은 인간이 농사를 지을 수 있게 됨으로서 발생한 것이고, 공업혁명은 과학기술 발전으로 대량생산이 가능해지면서 이루어진 것이고, 정보화 혁명은 컴퓨터와 인터넷의 발달로 정보의 대량 고속 유통이 가능해지면서 이루어졌다고 볼 수 있겠습니다.

그리고 해병대는 인류가 농업혁명을 시작하면서부터 태어나 현대의 정보화 혁명의 한복판에까지 살아남아 왔습니다.

인간이 농사를 지을 수 있게 되면서 잉여 물자가 발생하고, 이로 인해 도시가 생겨났습니다. 도시는 용수나 교통문제로 인해 주로 강이나 바다에 건설되기 마련이고, 배라는 물 위에 떠 다니는 기계가 출현하면서 각 도시 간에 물자를 교류하게 되고, 이 배를 이용해 적국의 배에 실린 물자를 약탈하는 조직이 생겨났으니 바로 이것이 해군과 해병대의 시초라 하겠습니다.

농업문명 시대의 전쟁은 문자 그대로 순수한 약탈 전쟁이었지만, 그 약탈의 대상에는 상대국의 모든 것이 다 포함됩니다. 단순한 물자에서부터 노예, 종족을 낳아 줄 여자, 심지어는 상대국의 전 국민과 영토에까지 그 약탈은 얼마든지 이루어질 수 있었습니다.

이러한 전쟁에서 아직 해병대는 해군과 미분화 상태로 남아 있었고, 결국 해군=해병대였습니다. 그래서 이 시기의 해병대식 상륙작전이라고 해 봤자 단순히 보트를 타고 적의 해안으로 올라가는 것 이상의 것을 생각해 낼 수도 없었고 그럴 필요도 없었던 것입니다.

그러나 대항해시대가 되고 총포의 성능이 발달하면서 신개척 식민지에서의 지상전투를 전문으로 맡는 해군부대인 해병대가 해군에서 본격적으로 독립할 필요성이 대두됩니다. 17세기 유럽 열강들은 해병대를 해군에서 독립시켜 자주적인 운영권을 주기 시작했고, 이들의 막강한 해군과 해병대는 전 세계에 자신들의 식민지를 건설하는 앞잡이가 되었습니다.

산업혁명이 일어나면서 모든 것은 기계식으로 대량생산이 되게 되었고, 이것은 군인과 무기와 전쟁이라고 예외는 아니었습니다. 귀족과 부유층 자제가 지휘하고, 할 일 없는 거렁뱅이들이 전투를 맡던 농업시대의 군대는 훈련소를 거쳐 똑같이 통일된 규격품과 같은 장병들로 대체되었고, 그 군대의 무기도 역시 공장에서 대량생산이 된 것이었습니다.

과학기술의 뛰어난 발전으로 인해 병기의 파괴력과 정확성은 날이 갈수록 늘어나고 결국은 병기 자체도 살인을 대량생산하는 도구가 되었습니다. 1차대전에서 기관총과 탱크를 앞세운 참호전에서부터 이런 대량생산, 대량파괴식의 산업시대식 전쟁 양상은 확립되었고, 2차 세계대전 말기에 출현한 문자 그대로의 '궁극의 최종병기'인 원자탄으로 인해 병기는 더 이상 그 대량생산-대량파괴 패러다임을 발전시킬 수가 없게 되었습니다.

그 이전에 유럽선진국가와 식민지 원주민 간의 일방적인 전투만을 벌이던 해병대는 1,2차 세계대전을 통해 처음으로 유럽 선진국가들 간의 전투에 뛰어들게 되고 여기서 물론 혹독한 타격을 입게 되어 이러한 대량파괴의 전쟁터에서 살아남기 위해 과거의 어느 때보다도 철저한 정신무장과 '악과 깡'을 중요시 하게 됩니다.

인간은 원자탄이라는 최종 병기를 만들어 놓고도 이 병기를 사용할 경우 전 인류가 멸망하며, 따라서 얻을 건 폐허 뿐이라는 교훈을 히로시마와 나가사키에서 얻게 됩니다. 그래서 원자탄이 발명된 이후 세계에서 더 이상 세계대전 같은 적을 완전히 파괴시키는 대규모 전면전은 일어나기 어렵게 되어 갔고, 그 대신 게릴라 전투, 테러 전투, 사이버 전투와도 같은 국지적인 공격을 통해 적을 파괴 대신 마비시키는 마비전으로 흘러가게 되었습니다.

바로 이러한 변화의 한 가운데 우리 해병대는 서 있습니다.

하지만 현재의 한국 해병대의 모습은 과연 어떠한 모습입니까? 이제 대량파괴 전투의 가능성은 점점 사라지고 그대신 마비전의 가능성이 높아지고 있지만 안타깝게도 우리 해병대의 패러다임은 여기에 대비하지 못하고 있는 것 같습니다.

미래에도 해병대가 살아남으려면 더 이상 무지막지한 '단순무식'과 '악과 깡'이 해병대의 미덕이 되어서는 곤란하다는 것입니다. 그 대신 적의 약점을 찾아내서 그 곳을 격파시켜 마비시키는 번뜩이는 기지와 날쌘 몸놀림이 더욱 중요하게 되었습니다.

따라서 미래의 해병대는 뛰어난 머리를 갖춘 두뇌해병이 되어야 하고, 원하는 곳 어디라도 쳐들어가 적을 격파시키는 신속한 기동성과 강한 타격력이 중요하다 하겠습니다. 그럼에도 불구하고 아직도 미군의 지원 없이는 독자적으로 상륙작전도 할 수 없는 우리 해병대의 안타까운 현실, 오직 그 옛날의 대량파괴식 전투에 맞게 길들여진 해병대만이 진짜 해병대이고 미래에도 그렇게만 나아가야 한다고 주장하는 일부 사람들. 아… 정말 통탄이 밀려옵니다.

'씹히는 해병대' 문제의 해결책

이 동 훈

유감스러운 일이지만 요즘들어 한국의 여러 군대 중에서 아마도 해병대만큼 언론(?)의 지탄(?)을 많이 받는 군대도 아마 드물 것 같습니다. 한겨레 21의 '월남전 전쟁범죄'를 구실로 한 실질적인 '해병대 때리기'만 봐도 그렇고, 딴지일보의 위장복 사건도 그렇고, 이 홈의 자유게시판에서도 신출귀몰하는 벌레들의 글들도 그렇고… 해병대가 아닌 육해공군이 이렇게 처절하게 씹힐 수 있을까? 하는 생각이 절로 드는 것은 어쩔 수가 없었습니다.

비단 해병대 외부에서의 공격뿐만 아니라 해병대 내부에서의 각 병과·계급·부대별 분열 또한 무시못할 수준인데, 수색대 출신 해병과 비수색대 출신 해병간의 갈등이라든가, 병·하사관·장교 간의 갈등 등이 그 좋은 예일 것입니다. 전군에서 가장 작고 존립기반이 허약한 해병대 내에서의 이러한 파벌주의는 결국 해병대의 생존 자체에 심각한 위협을 끼칠 가능성이 상당히 높습니다.

타군에서 이랬다면 당장 대난리가 날 만한 이러한 사안(그 중에서도 특히 외부 언론의 공격에)들을 꿋꿋이 버텨가는 해병대의 인내력에는 감탄을 금할 수 없지만, 따지고 보면 이러한 것들은 결국 모두 해병대의 생존에 위협 요소로만 작용하는 것입니다.

그러면 도대체 왜 이러한 문제들이 발생하는 것일까요? 해답은 여러

가지가 있을 것입니다. 과거 한국전쟁과 군사정권 시절 등 해병대의 위세가 높았던 시절에 성행했던 해병들의 폭력적인 전통을 인정할 수 없게 변한 시대정신으로 인한 사회적 반작용의 표출, 구 정권에 비해 열악해진 해병대원의 처우와 해병대의 위세, 해병대원이라면 누구나 강하게 갖고 있을 마초이즘의 오남용 등등등… 하지만 이런 문제를 짚어나가다 보면 대부분이 하나의 귀결점에서 만나게 된다고 생각합니다.
'나의 것만이 무조건 존중받아야 하며 나와 다른 것은 무조건 인정할 수 없다'라는 편협하고 몰지각한 사고방식이 바로 그것입니다. 이것은 해병대 문제를 잘 일으키는 사람들(해병출신이건 비해병 출신이건 상관없다)의 공통적인 사고방식이기도 한데, 생각해 보면 참 웃기지도 않는 이러한 생각이 현대 한국 해병대의 문제를 잉태시킨 가장 큰 요인이라고 봅니다.
모든 비해병이 해병들의 문제를 공감하고 이해하려고 해 준다면 딴지일보나 한겨레 같은 일이 터질 수나 있겠습니까? 모든 해병들이 타군과 민간인들을 자신과 동등한 존재로 본다면 권위주의적이고 폭력적인 태도로 물의를 일으키는 일부 해병들이 등장할 이유가 없을 것입니다. 타 계급, 병과, 부대, 심지어는 여자 해병에 대한 이유없는 비하감과 경멸감 역시 자신만이, 혹은 자신의 테두리만이 무조건 잘났다는 사고방식에서 기인한 것 아닙니까?
물론 모든 인간은 어느 정도 위에서 지적한 나르시즘적 성향을 가지고 있다는 것은 인정합니다. 나르시즘적 성향이 없는 인간은 자신의 과오에서 일어난 죄책감을 견디지 못해 자살로 생을 마감할 확률이 대단히 높습니다. 또한 해병대에 근무하는 장병들은 대부분이 감수성이 예민한 젊은 사람들이고, 그런 시절을 집단에 대한 자부심이 강하고 '빡센' 해병대에서 보냈다는 것은 그만큼 해병으로서의 자부심을 더욱 강하게 해주는 것입니다. 특히 군인은 그러한 자긍심이 뒷받침이 되어야 전투에서 적을 격멸하고 이길 수 있습니다. 그러나 한국 해병대가 해병이 아닌 다른 사람들과 어울려 살아가는 한국 사회라는 곳은 해병과 비해병들이, 혹은 해병대의 각 병과나 계급 등이 서로 싸워 한 편을 모두 멸종시켜야 승리를 거두는 그러한 제로 섬(zero sum), 혹은 배틀럼블 게임의 전쟁터가 아닌 것입니다.

오히려 해병과 비해병들이 서로 어울려 보다 나은 한국, 보다 나은 해병대를 건설하는 윈윈(win-win) 게임이 모두에게 더욱 좋고 이상적인 것이고, 좀 더 거창하게 얘기하자면 우리 모두에게 주어진 역사적 사명이 아니겠습니까?

진정으로 비해병들에게 마구 씹히고 내부에서도 분열이 일어나는 해병대의 장래를 걱정하시는 분이라면 그 분이 해병이건 비해병이건 상관없이, 이 세상에서 나만이 제일 잘났다는 사고방식을 버리고, 나와 다른 사람도 존중하실 수 있는 마음을 가지시기를 권합니다.

뉴스 - 첫 여군은 해병대

나 원 철(해병 733기)

★ 황현정 앵커 : 지금까지 우리나라 최초의 여군은 1950년 9월 5일에 창설된 육군 여군으로 알려졌습니다. 그러나 이보다 엿새 먼저 제주출신 여군 70여명이 해병대 4기로 입대해서 한국전쟁에 참전한 것이 확인됐습니다. 김재홍 기자가 전해 드립니다.

★ 김재홍 기자 : 여군 훈련병 차림의 빛바랜 사진들. 1950년 8월 30일 여름 해병대 4기로 입대한 제주출신 여군 72명이 훈련소에서 찍은 사진입니다. 할빈소총까지 든 비장한 모습입니다. 40일간의 신병훈련을 마친 여군들은 모두 자대에 배치됐습니다.

★ 문인순(해병대 4기) : 군번은 91073입니다. 나라가 위태로워서 팽겨버리고 군대에 지원하게 되었습니다.

★ 김재홍 기자 : 해병대 4기로 전선의 후방을 맡았던 할머니들은 50년이 다 돼가지만 해병혼은 아직도 살아있습니다. 요즘은 후배들의 군복을 수선하는 일로 현역시절과 같은 보람을 찾고 있습니다. 지난 2년 동안 여군 선배들이 수선해 준 군복만도 2천 벌이 넘습니다.

★ 김경중 중령(제주 방어사령부) : 여자 해병들은 우리나라 최초의 여자 해병일 뿐만 아니라 최초의 여군입니다.

★ 김재홍 기자 : 1951년 도솔산 전투를 승리로 이끈 귀신잡는 해병대 뒤에는 해병대 4기로 참전한 여군들의 뒷바라지가 컸습니다.

★ 해병대 병장 : 후배들을 위해 피복수선을 해주시는 선배님들의 변치 않는 희생과 봉사의 해병대 정신을 보고 많은 것을 배우게 됩니다.
★ 김재홍 기자 : KBS 뉴스 김재홍입니다.

해병대 중의 해병대

정덕상 (주간한국 기자)

'공포의 지옥주'(地獄週)는 일요일 ○시에 전격적으로 시작된다. 심야의 정적을 깨뜨리는 요란한 사이렌과 함께 교관, 조교들의 무자비한 몽둥이 세례가 시작된다. 아수라장 속에서 엉겁결에 찾아 꿴 전투복과 군화를 갈아 입고, 신을 기회는 그후 일주일간 없다.

거대한 포항시가 배설한 하수가 흘러드는 시궁창에 머리를 박고 배설물로 세면과 양치질하는 것은 그래도 참을만 하다. 쏟아지는 잠은 정말 견디기 어렵다. 지칠대로 지친 몸으로 훈련을 받다보면 남는 것은 점점 '악'뿐이다. 일주일간 눈 한번 못붙였지만 다시 인간의 한계에 도전하는 훈련, 생식주(生殖週)다. 살아남기 위해서는 식용이라고 상상도 못했던 개구리와 도롱뇽알, 초근목피를 산과 풀숲을 헤쳐 찾아 먹어야 한다.

4주간은 전투수영훈련. 섭씨 8~9도의 물에서 인간이 버틸 수 있는 한계는 15분 정도. 그러나 10도의 바다에서 2시간 이상 거센 파도와 추위를 이겨내야 한다. 영일만 파도 한복판에서 떨어지는 체온을 막기 위해 끊임없이 팔 다리를 움직여야 한다. 담력훈련 탈출훈련…, 낙오자는 거들떠 보지도 않는다.

16주 기본훈련이 끝나면 눈에서 살기가 돌아 마주보기조차 소름이 돋는다. 기본훈련이 끝났다고 '해병중의 해병'으로 불리는 특수부대원이 되는 것은 아니다. 공수, 유격훈련과 천리행군이 기다리고 있다. 천리행군은 30kg 완전군장으로 태백산에서 포항까지 400km를 산줄기를 타고 하루 50km씩 꼬박 8박 9일동안 걸어서 내려오는 것이다. 동계·설한지 훈련 등 끊임없는 훈련을 통해 '인간병기'가 완성돼 간다. 백발백중의 사격술, 대검투척술, 모든 화기의 조작법 등은 특수부대원이 갖춰야 할 기본중의 기본기다.

해상, 공중, 수중 등 모든 방법을 통해 적 후방에 침투하는게 해병대의 기본임무. 그렇지만 이같은 임무는 해병대 내에 설치된 특수부대원들의 역할에 의해 성패가 좌우된다.

해병대에서도 대표적인 목적부대는 '특수수색대'. 이 부대는 상륙작전이 개시되기 24~48시간 이전에 적 해안지역에 침투해 정보수집과 정찰, 지휘체계 파괴 등의 임무를 수행한다. 상륙부대의 '눈과 귀' 역할을 하는 것이다. 상륙부대에 편성되는 이들은 적진 40km까지 잠입해 들어가 아군 헬기와 함정의 착·상륙을 유도하고 적의 주요 군사시설을 무력화 해 교두보를 확보한다.

15일 간격으로 들어오는 지원자 중에서 체력테스트를 거쳐 무술유단자, 운동선수 출신 위주로 매기에서 10여명을 선발한다. 편한 것이 최고인 세태지만 매번 지원자가 넘쳐 경쟁률은 상상을 초원한다.

특수수색대가 상륙본대와 행동을 함께 한다면 해병대의 공수부대로 불리는 '공정부대'는 독립적으로 작전을 수행한다. 이들은 항공기를 타고 낙하산으로 뛰어내려 적 후방 깊숙히 침투한다. 요인납치 및 암살, 병참선과 증원부대 차단, 주민선동, 진격부대가 오기까지 거점확보 등이 임무다.

'산악작전부대'도 빼놓을 수 없다. 일명 유격대, 레인저부대로 불리는 이 부대는 산악지대를 이리저리 옮겨다니며 신출귀몰한 작전으로 적을 괴롭힌다. 한반도 전체의 70%가 산악이고 특히 북한지방은 산이 많아 이들의 행동반경이 그만큼 넓다. 이들은 주요 군사시설에 대해 치고 빠지는 전술을 구사하며 대규모 병력의 발을 묶어 둘 수 있다.

이들 특수부대원들은 소속에 상관없이 공중, 수중, 육상의 침투 및 탈출에 필요한 각종 장비와 상황에 따른 적적한 개인화기, 살상용 장비를 갖추고 있다. 고도로 정밀도를 자랑하는 장거리 저격용 소총과 석궁, 독침을 입으로 불어 쏘는 플루트, 수중용 특수대검 등이 포함되어 있다.

해병대 관계자는 '해병대 자체가 특수목적을 위해 창설된 부대인 만큼 사실 2만 7,000여 전해병대원이 특수부대원이라고 보면 틀리지 않다'고 말했다.

사랑해요 해병대, 입대 붐··

최 승 욱 (한국경제신문 기자)

해병대 포항 신병교육대에서 연일 땀을 흘리고 있는 한승록(23) 훈련병은 하루 하루가 즐겁다.
세번째 지원한 끝에 입대를 허락받아 꿈에도 그리던 '붉은명찰'을 달았기 때문이다.
오상진(22), 김민국(22) 훈련병도 '3수'만에 해병대에 들어왔다.
이들은 과거 신체검사 과정에서 어깨 이상이나 간기능 저하, 디스크 등으로 불합격됐던 '아픈' 기억의 소유자들. 하지만 해병대를 향한 열정을 포기할 수 없어 완치되자마자 도전, 결국 뜻한 바를 이뤄냈다.
혹독한 훈련과 엄격한 규율도 마다하지 않고 해병대를 선택하는 신세대들이 늘고 있다.
지난 96년만 해도 입대 경쟁률은 1.5대 1에 불과했지만, 97년 2.2대 1, 98년 2.7대 1, 99년 5.1대 1 등으로 매년 상승세를 이어가고 있다.
심지어 7번씩이나 해병대 문을 두드린 '전설적'인 지원자도 있다.
해병 2사단의 한 고위 관계자는 요즘은 '아들을 강하게 키우고 싶은데 어떻게 좀 입대시킬 수 없겠느냐'는 청탁 전화가 많아 이를 뿌리치는데 애를 먹을 정도라고 분위기를 전했다.
이처럼 경쟁률이 높아진 것은 어차피 병역의 의무를 마쳐야 하는 현실에서 이왕이면 강한 정신력과 끈끈한 전우애로 유명한 해병대에서 군생활을 보내겠다는 청년들이 많아졌기 때문으로 풀이 된다.
'누구나 해병이 될 수 있다면 나는 결코 해병을 선택하지 않았을 것이다'라는 해병대 구호가 말해주듯 독기를 키우는 훈련과정도 신세대들의 도전 정신을 자극하고 있다.
특히 대학생의 경우 복학 시기를 조정할 수 있다는 장점으로 인해 학기말이면 지원서 접수 창구가 문전성시를 이룬다는게 해병대측의 설명이다.
여기에다 예비역들의 봉사 활동과 의리, 결속력도 젊은 세대를 해병대로 이끌고 있는 또 다른 요인으로 분석된다.
해병대 인기가 상한가를 구가중이라는 사례는 다른 곳에서도 발견된다. 지난해 유격훈련과 산악구보 등으로 이뤄진 동, 하계 캠프에 참가한 학생이나 일반인은 3천 2백명에 달했다.
지난해 말 실시된 해병대 사상 최초의 여자 사관후보생 모집 경쟁률은 17대 1이었다.
이같이 입소 문호가 바늘 구멍이 되자 해병대 내에서는 '과거에는 서울대→연고대→해병대순이었으나 이제는 해병대 →서울대→연고대순'이라는 우스개 소리마저 나오고 있다.
해병대사령부 정훈참모실 관계자는 '고교성적, 면접, 재학시절 출결상태, 사회봉사활동 등 전반적인 평가를 통해 입대자를 선발하고 있다'며 '과거보다 우수한 자원들이 해병대를 찾고 있는 것은 사실'이라고 말했다.

해병대 단결력

'전투력은 단결에 있고 단결은 곧 승리를 낳는다.' -맥아더-

단결이란 하나로 뭉치는 것을 말한다. 하나로 뭉치는 것은 여러가지로 다양한 금속을 합금한 것이 더 단단하듯 다양한 하나가 '해병대'란 이름석자 앞에 하나가 됨을 의미한다.

단결력에 있어 가장 중요한 것은 지휘자(관)의 리더십이지만 다른 중요한 것도 많이 있다. 단결력의 의미는 장교와 사병간에 상호 존중뿐 아니라 모든 해병대간의 전우애와 자신감도 포함되고 있다.

또한 부대 전체의 감정적, 정신적 상태를 나타내면서 극복이 불가능할 것이라고 예상되는 장애물을 제거할 수 있도록 해병대원을 고취시키는 정신이다.

해병대 모든 구성원들은 동료 해병 모두가 훌륭한 전투능력을 가지고 있다고 믿고 있으며, 어떠한 위험이나 어려운 임무라도 동료 해병이 훌륭히 이루어 낼 수 있도록 돕는다. 이는 해병대의 전투원으로서의 명성과 해병대가 이룩해 놓은 업적에 무한한 자긍심을 가지고 있는 데서 비롯되는 것으로서 이와 같은 전통은 해병대의 영속에 없어서는 안될 것이다.

창설기부터 싹튼 이 가족적인 단결 정신은 해병대 전통정신의 시발이라 할 수 있다. 육군과 같은 대부대의 집단과는 달리 소규모의 집단이 동일한 지역에서 공동생활을 함으로써 단결은 쉽게 이루어졌고, 상경하애의 정신이 철저할 수 밖에 없었으며 이것은 해병대가 특별한 강도를 지닌 골육지정의 단결로써 오로지 국가와 조직의 발전을 위하여 혼신의 노력을 경주했던 정신이었다.

그러면 해병대가 왜 단결해야만 하는가? 그것은 바로 해병대가 임무의 특성상 창설기부터 현재에 이르기까지 고난과 역경 속에서 상하가 생사고락을 같이 하면서 생활해 왔기 때문이다. 즉 해병대는 엄청난 희생이 요구되는 선봉군의 역할을 담당해야만 하는 관계로 험난한 전투는 필수적이다. 상륙작전 특성상 장비, 물자, 병력 등 충분한 보급이 곤란한 악조건 하에서 작전을 수행해야 하며 상륙군이 적 해안에 투입되면 배수의 진을 치고 작전을 수행하기 때문에 적지에서 살아남기 위하여 단결은 필수불가결한 요소이다. 따라서 전우간 단결하지 않으면 작전 성공이 곤란하며 작전상 환경이 다른 타군의 단결력보다 더욱 강도 높은 단결력을 갖게 되어 있다.

우리가 평시 임무를 수행하는 과정에서도 힘을 모아야만 보다 효과적일 수 있듯이 험난한 전투에서는 지휘관과 부하간의 깊은 신뢰와 전우애에 바탕을 둔 단결심이 없다면 그 누구도 전투의 선봉에 설 수 없을 것이며, 앞으로 전진할 수 없을 것이다.

또한 해병대는 초창기에 적은 인원과 열악한 장비로 창설되었고, 한국전쟁에서 가장 험난한 전투를 수행하면서 상승불패의 전통을 수립하였으며 14년간의 통폐합 그리고 재창설되는 역경을 겪는 속에서 해병대는 스스로 상하 구분없이 오로지 해병대라는 조직 속에서 단결정신이 절실히 요구되었다고 할 것이다.

여기서 우리 해병대만이 갖는 특유의 단결정신은 그 누구도 도전하지 못할 강한 응집력을 지니고 있다. 상관이 부하를 위해 헌신적인 노력을 아끼지 않았고 부하는 그러한 상관의 부하됨을 명예롭게 생각하여 상관의 명령이라면 죽음도 불사하는 군인정신으로 무장되어 어떠한 극한 상황과 고된 훈련에도 결코 불평하지 않는 군인으로서 자긍심을 갖는다.

개인의 이익보다 전우간의 의리를 목숨보다 더 중요시 여기는 전우애, 해병대 조직이 잘되면 그것으로 충분히 만족하고 국가와 조직에 충성하는 단결심은 항상 타군에게 선망의 대상이 되고 있다. 따라서 해병대는 군문을 떠나서도 해병대의 추억과 혈연보다 짙은 강한 전우애를 잊지 못하는 값진 전통과 정신을 유지하고 있는 것이다.

해병이 사회생활하면서 인정받는 법

나 원 철(해병 733기)

사회초년생 해병대 후배님들을 위한 처세술

필승~~~~!!!!
인도네시아 해병대도 아니요 미 해병대도 아닌……
대한민국 해병대 733기 나원철입다…!!
나름대로 결론내린 '해병대 출신'으로서 직장생활의 노하우입니다.
사회 초년생 해병대 후배님들은 정독해 주십시요.^^

1. 해병대 티를 내지 않는다.
   (근데...결국은 알게 된다.)
2. 항상 과묵하게 업무에 충실한다.
3. 과묵하게 하되 회식자리 등에선 발군의 실력을 유감없이 발휘하라.
   (난장판을 만들어도 좋다. 대신 기본은 지켜라.)
4. 노래방에서 해병가를 남발하지 말라.
   (절대 취해서 부르지 말고 엄선해서 한곡만 부른다.)
5. 직장에 맘에 드는 아가씨가 있다면 당차게 자기 표현을 하라.
   (여자는 모름지기 강한 남성에 이끌리게 되어 있다. 단, 한명에 한
   해서다.)
6. 상사의 일손을 덜어 주라.

(예를 들어 상사가 담배를 꺼내 물었다. 그렇다면 라이터를 신속 정확하게 땡겨 준다. 사소한 것부터 실천함이 우선이다.)

7. 직장 상사를 챙겨 주되 아부는 절대 하지 말라.
   (해병의 멋은 행동, 그 자체에 매력이 있다.)

8. 상대방의 얘기를 가능하면 많이 들어 주어라.
   (내가 말하는 것보다 들어주는 것을 상대방은 늘 원하고 있다는 사실을 명심하자.)

9. 회사 비판, 남의 흉보기 등이 경솔한 대화는 하지 말라.
   (맘에 안 드는 회사를 왜 다니나?? 내가 남의 흉을 보면 그 사람도 내 흉을 보게 되어 있다. 이건 진리나 다름없다.)

10. 결정적인 순간에 해병의 모습을 아주 잠깐만 보여 주어라.
    (위기상황시 해병의 진가가 드러나는 법이다.)

11. 여러 사람들과 어울려라
    (친한 몇몇과 항시 어울려 다니는건 문제가 있다. 여러 사람과 접해 보고 친분을 도모하라. 즉, 적을 만들지 말라. 적은 항시 내부에 있음을 명심하라.)

12. 가급적 군대 얘기는 피하라.
    (특히 영웅심의 발로에서 나온 해병대 얘기는 상대방으로 하여금 위축감을 들게 하여 친분을 도모하는데 상당히 껄끄럽게 작용한다.)

13. 가끔 아주 가끔 지나가는 말로 한번씩 해병대 얘길 해 준다.
    (자신의 긍지와 자부심을 알릴 필요가 있다.)

14. 항상 모든 일에 적극적이고 긍정적이어야 한다.
    (설사 맘에 안드는 과업을 지시받았다고 하더라도 절대'꼰티'내지 말라. 그리고 말없이 행하라. 어차피 해야 될 일이라면 불만을 갖지 말고 처신하라.)

15. 할 말은 하고 산다.
　　(바른 말을 하라. 그리고 자신이 손수 모범을 보인다면 누구든지 존경하지 않을 수 없을 것이다.'역시 해병대 출신 ★★야!'하면서……)

해병으로 산다는게 참 힘든 일이다. 고달픈 일도 많을 것이고 때론 역경과 난관에 부딪치는 일도 많을 것이다. 하지만 그대가'해병'임을 잊지는 말자. 사람들은 그대를 일개 개인으로 생각하지 않는다. 해병대 출신 ★★로 생각한다.
나 자신이라면 쉽게 살아도 될 현실이나 내 명함엔 항시 해병대 석자가 따라 다닌다. 해병대의 명예를 지키기 위해 피땀흘린 과거 해병대 선배들을 생각해 보라. 이 정도는 아무것도 아닐 것이다. 충분히 해낼 수 있다. 조금 부지런하고 자기관리만 철저히 하면 된다.
결국에 돌아오는 보상은 무엇이냐?
첫번째, 해병의 명예를 지킴으로서의 자기 만족.
두번째, 사회에서 인정받은 댓가인 조기 진급과 더불어 늘어나는 월급 봉투.
세번째, 사회에서 얻은 인간적인 명예.(인정받은 자의 즐거움)
해병의 명예를 지키는 것은 결국 나를 지키는 것이며, 나의 발전의 초석이자 근간이 됨을 명심하여 매사에 이 말만은 잊지 말자.
나는 대한민국 해병대 예비역 ★★★임을…….
마음속 깊이 조용히……. 파이팅~!!!
~~ 필승~~~!!!
고급 해병대 문화를 선도해 나가는 무적해병 나원철이었습니다……!!!

제5부

해병대 파노라마

한번쫄병은 영원한 쫄병이다. 화이팅!

쫄병 헌장

신 호 진 (해병 730기)

해병대 파노라마

나는 해병 쫄다구의 아찔한 사명을 띠고 훈련소에 입소했다.
선배 해병들의 전통을 오늘에 되살려 안으로 무적해병의
자세를 확립하고 밖으로 조국통일에 이바지할 때이다.
이에 쫄다구의 나아갈 바를 밝혀 생활의 신조로 삼는다.
튼튼한 허프와 뻔뻔한 면상으로 빳다와 따구를 맞고도 참으며
타고난 저다마의 통밥을 개발하고 우리의 깡다구를
약진의 발판으로 삼아 수준 높은
이빨과 개병의 곤조를 드높이자.
한번 쫄병은 영원한 쫄병이다 쫄다구 화이팅!

구 호

● 각~소대들어

DI : 가~악 소대들어!
훈병 : 제~2소대
소대장 훈병 : 팩~쓰응!
DI : 필승! 번호!
훈병 : 하나 둘 셋 넷 다섯 여섯 일곱
DI : 귀관!
훈병 : 옛! 훈병 홍길동!
DI : 해병의 긍지!
훈병 : 해병의 ~긍지! 나는 국가전략 기동부대 일원으로써 선봉군임을 자랑한다. 하나, 나는 찬란한 해병정신을 이어 받은 무적해병이다.
아~추억의 그 소리, 한번 들어봅시다. 한 시간에 한번씩 다운되는 제 고물 펜티엄은 부팅할 때 이상한 소리가 납죠, 각~소대 들어
1대대 DI 김경환(위에 놈)이의 미친 고양이 버전입니다.

◉ 식사 구호

식사~시작!
'나는 가장 강하고 멋지고 질긴 해병이 된다. 악! 감사히 먹겠습니다.'

◉ 번호 붙여가

해병대 번호 붙여가!
'악이야~악이야~악이야~악이야~악! 악! 악! 악!　악이야~~'

◉ 누구나 해병이 될 수 있다면

누구나 해병이
될 수 있다면
나는 결코 해병을
택하지 않았을 것이다.
헤치면 탄성 3발
총원 헤쳐!
악! 악! 악!

◯ 휴가 신고

필~승!
신고 합니다.!
해병 팔각모 용사는 1949년 4월 15일부터 동년 동월 18일까지 위로 휴가를 명 받았습니다. 이에 신고합니다. 필~승!

◯ 해병대 순검

해병대 순검!
해병대 순검은 산천 초목이 다 떨고 떨어지는 추풍 낙엽도 동작그만.
순검~ 번호!
하나 둘 셋 넷 ········· 열 다섯
순검 번호 끝!
오늘도 말없이 수고했다. 해병대 긍지를 가지고 그대로 취침. 취침!
악! 악! 악!
편히 쉬십시요.
필승!

수색대 용사

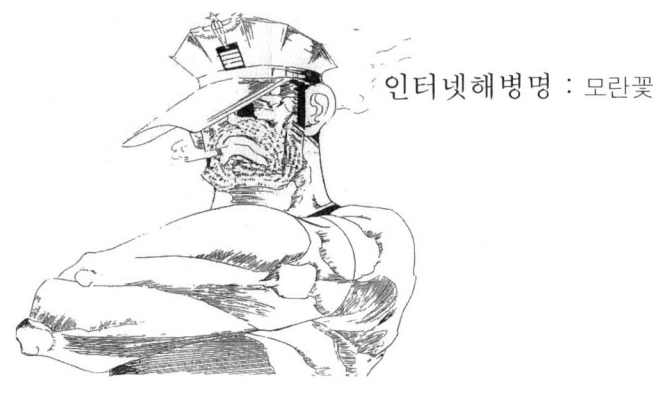

인터넷해병명 : 모란꽃

검푸른 파도를 삼킬 듯 사나와라
나는야 언제나 불굴의 수색대 용사
한평생 파도에 멋을 찾는 사나이
굳세게 살다 깡다구로 싸우는
수중훈련 삼개월에 수색대 용사
상어떼 새겨달고서 뽐내는 수색대
고무보트 울러메고서 파도를 헤쳐나가면
상어떼도 기뻐 날뛰고 산호초도 춤춘다
TNT C3를 가슴에 달고 부수고 파괴하는
수색대 용사

해병이여! 그대를 믿노라

오천년 흘러내린 붉은 피에 넋이 잠겨
노란 황국화엔 충성의 꽃 피어나니
통일의 선봉이여 평화의 기수여
동해의 붉은 태양 변함없이 타오르고
해병의 통일의지 굳건한 바위되어
삼군에 앞장서자.
새역사 주인이여, 동해의 파수꾼이여
의리도 하나된 우리
백년송 의젓한 포항의 앞바다에
아직도 뜨거워라 그 함성
조국이여 영원하라
한조각 하얀 마음 가슴에 묻어두고
흘리는 땀방울에 젖은 어깨여
해병대 용사여!
일어나라
새벽을 노래하자

해병의 아침

태양이 눈뜨기 전
해병의 우렁찬 함성소리가
새벽의 고요함을 깨뜨린다.

솟아나는 기를 마음에 모으고
검게 그을린 고무같은 몸으로
오늘 하루를 그려 나간다.

신선한 새벽바람을 뒤로 하고
불타는 가슴에는
대한해병의 긍지를 다듬으며
오늘도 해병은
아침의 문을 두드린다.

잘 있거라 훈련소야 나도야 간다 포항땅아

해병파노라마 • 1

신 호 진 (해병730기)

별 하나

간다간다	나는간다	서문이	어디멘고
친구들아	잘있거라	친구들을	뒤로하고
더벅머리	빡빡깍고	포항서문	들어서니
선착순에	꼬라박아	이거웬일	잘못왔소
저산너머	낙원인데	이곳은	지옥일세
밥이라고	주는것이	개밥만도	못하구나
그것이나	다먹으면	원도한도	없겠는데
좆같은	소대장이	식사끝	동작그만
조별과업	석별과업	최강육성	해병인가
쥐산잡는	해병대냐	사람잡는	해병대냐
소대장님	중대장님	고향으로	날보내주
울고불고	발광해도	때는이미	늦었구나
산천초목	벌벌떠는	해병순검	시간이면
머리털이	삐죽삐죽	어금니가	달달달달
오파운드	몽둥이가	열개라도	모자라네

별 둘

팬티바람	소이동에	비상훈련	선착순에
야단법석	떨고나니	이제서야	잠이오네
개꿈이나	꾸려하니	총기상에	침구걷어
사격장의	조교들은	피눈물도	없구나
눈물고개	넘고넘어	사람잡는	각개전투
피똥싸는	선착순에	말도마라	어지럽다
꽁초하나	입에물고	하루종일	특수훈련
오즘똥	기고나니	영일만이	욕탕일세
토요일과	일요일은	어느누가	만들었나
과업이나	없는날엔	하루종일	괴롭히네
완전무장	선착순에	천자봉에	갔다오니
악마같은	소대장이	수고했네	수고했어
빨간명찰	받아들고	그얼마나	울었던가
말만듣던	해병대가	이럴줄은	몰랐었네
빡빡머리	서문앞의	그때가	언제인가
옛날옛날	한옛날에	그때부터	시작하여
훈련소	한달반은	깨지고	짓밟히고
기다렸던	수료식은	해병혼을	다시보고
잘있거라	훈련소야	잘있거라	포항땅아

별 셋

실무라고	간곳이	오대불문	김포라
산넘으면	포항이다	백번천번	맞는말씀
넘을것은	하나없는	세월이	약이로다
짠밥먹고	돌았느냐	뺏다맞고	돌았느냐
잠을자도	잠안오고	맞아도	감각없네
해병순검	15분전	이몸은	피곤하고
암기사항	외우다가	대가리만	깨지네
해병대	멘스때면	후리덤이	있을쏘냐
여기가	지옥인데	지옥주가	따로없다
어느놈의	노래인가	어머님	왜날낳소
굶어도	배부른	별천지	포항시절
내고향	쓰레기통	나의친구	마대여
이병마음	일병마음	중앙대학	통치더냐
이놈은	걷어차고	저놈은	쥐어박고
울어도	눈물없고	불러도	대답없네
이럭저럭	열달고개	울며불며	넘고나니
짠밥수도	제법이라	아무데고	막패는데
아이고	나죽는다	선임제발	살려주소
상병이라	달고나니	이거웬일	더괴롭네
순검끝	바로소등	또하루가	깨졌구나
슬그머니	눈불이고	고향생각	하려하니
2내무실	총원집합	야전삽이	춤을추네
해병대	악명을	그일찍이	들었건만

별 넷

내정말	이럴줄은	꿈에도	몰랐었네
동네북이	따로있나	이내몸에	그신셀세
일직병	선임해병	이내몸은	죽는구나
일각이	여삼추라	일년이	몇년이냐
로프타는	유격훈련	그럭저럭	할만한데
보트라고	선착순에	이거정말	못하겠네
해가뜨고	달이뜨고	세월은	흘러가고
해병병장	신호진이	너털웃음	짓는구나
두다리	쭉펴고	만중생각	하던차에
어디선가	병장집합	이거웬	벼락인가
갈수록	첩첩산중	산너머	또산일세
좆통수야	불어라	세월아	구보로
귀신잡는	무적해병	길이길이	빛나리라
내이름	적혀있는	최강중대	인명부에
해병병장	신호진	이제서야	가는구나
해병사단	호적부에	730기	남으라고
짧은세월	긴이야기	그어이	남으련만
칠흙같은	어둠에도	짐짝처럼	내던지고
이곳이	어디매뇨	해병사단	유격대대
그리워라	서문아	나는정말	몰랐었네
이제조금	살만한데	집에가라	웬말인가
해병생활	26개월	어제인것	같았는데
귀신잡는	무적해병	길이길이	빛나리라

별 다섯

그얼마나	받았던가	기합과	훈련을
그얼마나	먹었던가	짠밥과	건빵을
그얼마나	기었던가	시궁창과	화장터를
그얼마나	뛰었던가	선착순과	무장구보
그얼마나	당했던가	갈쿠리와	체질해병
그얼마나	서러운가	취약시간	따블근무
그얼마나	흘렸던가	눈물과	피와땀을
그얼마나	불렀던가	군가와	당신을
그얼마나	기다렸나	휴가와	그대편지
그얼마나	생각했나	제대날과	앞날을
해병주법	5대불문	만인에게	공개하니
천금불문	돈이야	있건없건	마셔버려
번지불문	다방이건	홀이건	마셔버려
생사불문	죽든지	살든지	마셔버려
안주불문	안주가	있든없든	마셔버려
주야불문	낮이건	밤이건	마셔버려
아가리만	뻥긋하면	저질군가	노가리
다방가면	레지아씨	허벅지에	손넣기
남의빨래	걷어내어	HP쳐서	불불이기
PX아씨	성냥한갑	하나사서	이빨까기
야간근무	짱박혀서	꼬라박아	배차기
쫄병머니	착취하여	선임용돈	뒷대주기
주간지	계집주소	편지하여	면회오기

별 여섯

입대전	기다릴께	3년아닌	30년도
훈병시절	사랑해요	보고싶어	죽겠어요
이병시절	자나깨나	당신생각	뿐이예요
일병시절	어쩜좋죠	부모님이	선을보래
상병시절	미안해요	좋은사람	만났어요
병장시절	청첩장에	내일모레	결혼해요
전역후	제애예요	제몫까지	행복해요
자부어라	취해보자	이밤이	다새도록
초라해진	나를위해	돌아서간	당신위해
그린베레	늘러쓰고	위장복	칼날같이
양복이	좋다지만	어찌이에	비할소냐
쎄무워카	링차고	링소리에	장단맞춰
휴가가던	그날이야	구름타고	살던기분
계급장은	마이가리	평양요원	암살단
그대는	모르리라	첫휴가의	부푼맘을
옆집땅개	집에숨고	짜발이들	발발떨고
앞집순이	말더듬고	내가바로	왕이로다
빛나는	눈동자는	해병대의	깡다구요
굳게닫힌	그입술도	무적해병	작품이요
필각모는	삼군왕자	피와땀은	상승해병
무적해병	붉은명찰	상승불패	작업복
쎄무워카	금빛링은	해병대의	멋이잖소

별 일곱

꽃피는   봄이오면   처녀잡는   무적해병
팍팍찌는   여름이면   모기잡는   무적해병
낙엽지는   가을이면   무드잡는   무적해병
꽁꽁어는   겨울이면   동태잡는   무적해병
피튀기는   전쟁터엔   귀신잡는   무적해병
다왔다   힘내라   10KM   무장구보
1백10분   돌파훈련   피땀범벅   영광범벅
전우가   쓰러진다   아니내가   쓰러진다
남들이   맥주빨때   PX썩은   막걸리를
남들이   파마할때   빡빡머리   상륙돌격
남들이   고기썰때   츄라이에   건빵튀김
남들이   88피울때   백자담배   꽁초사냥
청춘을   담보잡혀   어렵게도   살아왔소
귀신잡는   해병대다   이빨은   풀었지만
식사시간   왕건데기   제대로   못먹고요
멋쟁이   해병대다   후까시는   잡았지만
아구창은   허벌창   대갈통은   씹구창
불가능을   모르는   무적해병   자랑치만
내청춘   내사랑   원위치는   불가능
서울놈   뺀때문에   철조망이   생겼고
충청도   멍때문에   선착순이   생겼고
전라도   깽때문에   긴빠이가   생겼고
강원도   비탈땜에   유격훈련   생겼고
경상도   보리땜에   빳다가   생겼고

제주도	독때문에	전투수영	생겼고
김신조	개때문에	무장구보	생겼다

별 여덟

짠밥을	쑤셔넣고	뛰어보자	포올 짝
하늘이	노랗구나	영양실조	사람죽네
좆통수를	불어도	세월은	간 다
즐거운	외박때면	똥폼잡는	무적해병
꿈만같은	휴가때면	땅개잡는	무적해병
생사걸린	전쟁터엔	귀신잡는	무적해병
식전에	해방초	식후에	소화초
그다음엔	회상초	화가날때	진정초
잠안올때	수면초	변소에선	향기초
외박때는	고향초	매맞기전	초조초
맞고나서	한탄초	해병청춘	연기속에
솔담배	연기속에	흘러간	내청춘아
항상불안	이병생활	오줌누고	좆못보고
눈치빠른	일병생활	이리저리	열만받고
요령생긴	상병놈은	위아래	신경쓰고
잠꾸러기	해병병장	귀대날만	기다리네
겁없는	일반하사	항상죽통	15분전
말없는	단기하사	돈잘쓰는	우리물주
어영부영	해병중사	대충대충	싸이드
군대체질	해병상사	어서빨리	제대해라
항상기압	신임소위	다이야는	광만나고

호랑이	중대장	아슬아슬	묘기연출
오토바이	작전장교	밤낮으로	머리짜고
한가로운	대대장	파티다녀	바쁘고
여유만만	연대장	별을따러	왔다갔다
인생황혼	사단장	무적해병	뒤흔든다

별 아홉

링소리가	시끄럽다	불평하지	말아주오
귀신잡는	무적해병	그게바로	멋이로다
해병용사	취미삼아	사랑하지	말아주오
까딱잘못	넘어지면	탈영하여	사고나오
보통일로	면회오면	마음만	설레이오
정에약한	해병용사	조용히	나둬주오
해병에게	아무때나	술권하지	말아주오
끝을봐야	술잔놓는	해병대는	주정뱅이
희귀한	동물인냥	쳐다보지	말아주오
눈물있고	의리있는	다똑같은	인간이오
그누가	말했던가	해병역사	밤에생김
해병대의	순검은	인원파악	명분이다
명일의	전투준비	또하나의	명분이다
치고받는	탐색전	쫄병마음	제발제발
순검끝	바로소등	지랄하네	말이좋네
소등하고	엄습하는	초조함과	불안함
오늘은	어떤새끼	잠안자고	집합할까
깜깜한	어둠속에	눈알들만	말똥말똥

말초신경	곤두세워	선임해병	눈치보니
개새끼들	지금즉시	소각장에	총원집합
니기미	오늘도	글렀구나	또 끌렸어
오파운드	곡괭이와	야전삽	몽둥이라
M 60	예비총열	난무하는	오늘밤에
맞는것도	지겹구나	꼬라박아	연속상영

별 열

믐으로	때워보자	악으로	버텨보자
당직사관	모조리	영창넣어	버리겠어
당직하사	인간대우	안하겠어	새끼들아
당직병	각소대들	일직병	총원집합
일직병	순검후에	야전삽과	집합보고
쫄병들	아이구야	오늘밤도	잠다잤다
니기미	쫄병들만	올라오면	알아서해
이것이	그유명한	해병대	당직계통
해병이여	깡통처럼	찌그러	지지말고
술병처럼	산산조각	박살이	나더라도
구차하게	목숨구걸	죽어도	하지말며
총칼맞아	쓰러져도	막판까지	오와 열
짖궂은	선임해병	왜이리도	말많은가
개구리	올챙이적	생각도	안나는지
첫실무에	떨어져서	똥오줌도	못가릴때
볼펜신고	고향열차	이게무슨	난리더냐
없는여자	주소적어	오직하나	엄마주소

애인없다　　　한마디에　　　침상끝　　　배치불어

별 열하나

총원집합　　　꼬라박아　　　매미울음　　　쥐잡기
울려고　　　　내가왔나　　　처량한　　　　내신세여
해병대　　　　졸업했다　　　사회생활　　　냉대마라
흉악범　　　　살인범도　　　양심인들　　　없을소냐
사랑으로　　　보살피면　　　해병대도　　　착해진다
부엉이　　　　730　　　　　레펠준비　　　이상무
두손엔　　　　생식주라　　　뱀껍질　　　　꿈틀대고
언젠가는　　　사람답게　　　멋진삶을　　　살아보나
휴가도　　　　이제싫고　　　훈장도　　　　필요없고
얼룩무늬　　　예비군복　　　한벌이면　　　족하오
해병생활　　　26개월　　　　돌아보니　　　꿈만같고
중대장님　　　대대장님　　　이몸이제　　　가렵니다
귀신잡는　　　무적해병　　　길이길이　　　빛내리라
내이름도　　　적혀있는　　　최강중대　　　인명부
2사단　　　　 인명호적　　　영원히　　　　남으리라
붉은글씨　　　혈관뚫고　　　고통속에　　　입깨물던
지축을　　　　뒤흔들던　　　우리의　　　　함성도
이젠모두　　　추억되어　　　아쉬운　　　　채취만이
사랑스런　　　후임들아　　　모두모두　　　잘있거라
해병병장　　　신호진은　　　이제그만　　　떠나간다

여기 해병의 파란만장한 군생활 30개월이 있다.

해병파노라마·2

앗싸리 (해병 621기)

<별하나>

간다간다	나는간다	오천서문	어디멘고
고향산천	남겨두고	더벅머리	빡빡깎고
오천서문	들어서니	선착순에	꼬라박아
이게웬일	잘못왔네	저산너머	낙원인데
이곳에는	지옥이네	밥이라고	주는것이
처밥만도	못하구나	그것이나	먹어보면
원도한도	없으련만	두어숫갈	먹을찰라
동작그만	식사 끝	조별과업	석별과업
최강부대	육성이냐	귀신잡는	해병이냐
소대장님	중대장님	고향으로	날보내주
울고불고	발광해도	때는이미	늦었구나
산천초목	벌벌떠는	해병수검	시간이면
머릿털이	쭈뼛쭈뼛	어금니가	아들아들
오파운드	몽둥이가	백개라도	모자라네
빤스바람	비상훈련	선착순에	소 이 동
야단법석	떨고나야	이제겨우	잠이오네
개끔하나	꾸려하니	총기상에	침구걸어

사격장의 조교들은 피눈물도 없는구나
눈물고개 울고싶다 상남지역 각개전투
꽁초하나 시궁창은 말도마라 어지럽다
오줌통에 기고나니 바닷속은 특수훈련
토요일   일요일은 어느누가 만들었나
과업이나 없는날은 새벽부터 괴롭히네.

<별 둘>

완전무장 선착순에 유방고지 갔다오니
악마같은 소대장이 수고했네 수고했어
빨간명찰 받아들고 그 얼마나 울었던가
말만듣던 해병대가 이럴줄은 몰랐었네
언제한번 집에가나 그리워라 오천서문
멋모르고 오다보니 오대불순 포항땅에
산너머 산이더니 천번만번 맞는말씀
믿을 것은 하나없다 세월이   약이로다
기다렸던 수료식날 해병혼을 다시보고
잘있거라 훈련소야 잘있거라 나도간다
빡빡머리 오천서문 그때가   엊그젠데
무적해병 이병들은 이제서야 가는구나

짧은세월 긴얘기를 내어이다 하랴마는
옛날옛날 한옛날에 그때부터 시작하여

훈련소의	한달반은	깨어지고	짓밟히고
수료라고	하고보니	꼰봉메고	가자는데
이곳이	어디메고	지옥같은	실무라네
그리워라	오천서문	나는정말	몰랐었네
짬밥먹고	돌았느냐	뺏다맞고	돌았느냐
잠안자도	안졸리고	맞아봐도	감각없네
해병순검	십오분전	이청춘은	금이가고
암기사항	외우다가	대갈통만	다깨졌네
해병대	맨스때	후리덤만	있을소냐.

<별 셋>

여기도	지옥인데	지옥이	따로있나
굶어도	배가부른	별천지	포항사단
그래도	그때는	희망이	있었구나
이병다음	일병인데	이것정말	미치겠네
이놈도	쥐어박고	저놈도	쥐어박고
그때는	내고향은	쓰레기통	이었구나
상병만	달아주면	원도한도	없으련만
이럭저럭	몇달고개	울고불며	넘고나니
상병되니	제법이라	마주대고	밥먹는데
어이구야	나죽는다	선임제발	살려주소
순검끝	그대로취침	또하루가	가는구나
살그머니	눈부치고	고향생각	할라치면

공내무실	집합	야전삽이	춤을추네
해병대	그 악명	내일찍이	들었소만
나는 정말	이럴줄은	상상조차	못했다오
동네북이	따로 있나	이내몸이	그몸일세
향도병과	선도병은	그럭저럭	양호한데
일직병과	당직병엔	거짓말을	못하겠소
쫄병찾아	한딱가리	선임앞엔	쥐약이네
일년세월	여삼추라	일년이란	몇겹이냐.

<별 넷>

로프줄에	생명을건	유격훈련	이몸도
한몫끼고	처음타는	비행기에	항문이
아찔아찔	똥방망이	걸어채여	구름뚫고
나가는데	청춘이	구만리인	나는정말
못죽겠네	하늘에	꽃이피네	이것이
공수훈련	유격훈련	수색훈련	그럭저럭
할만한데	보트라고	기습특공	죽어도
못하겠네	해가뜨고	달이뜨니	지구는
돌아가네	해병병장	앗싸리는	감개가
무량하네	두다리	쭈욱펴고	생각하는
찰라에	어디선가	병장집합	이게 무슨
날벼락이오	좆퉁수는	불어도	세월은
간다는데	이제 조금	살만하니	이게 또

웬말이오	해병생활	삼십개월	꿈만 같은데
중대장님	소대장님	이몸 먼저	가렵니다.
해병생활	생각하면	무엇인들	못하겠소
귀신잡는	무적해병	길이길이	빛나리라
내이름도	실려있는	최강부대	인명부
자랑스런	후임들아	모두모두	잘있거라
해병병장	앗싸리는	이제그만	가렵니다

"한번 해병이면 영원한 해병"이듯이
이목숨 다하는 그날까지 가슴에 새기리라.

　　　　　　　　　　　　　　　　필～～～승

제6부

해병대 이해하기

해병은 태어나는 것이 아니라 만들어지는 것이다.

김 진 모 (해병 517기)

해병대 이해하기

해병대 이해하기·1

해병대의 독특한 문화는 타군과 비교했을 때 상당히 이질적이다. 현역시절에도 그렇고 전역을 하고 난 후 일반 사회인이 되었을 때도 마찬가지이다. 한마디로 활동성과 집합성이 매우 강하다고 말할 수 있다. 이 활동성과 집합성이 개개인에게 생성 또는 주입되는 시기는 해병대 시절이다. 그 이유를 조금 깊이있게 말한다면 해병대의 고유임무에 의해서 조건 반사적으로 행동하게 되는 활동성과 하나의 개체의 우수성보다는 단체에서 나오는 뭉쳐진 힘을 근원으로 모든 군사적 행동을 필요로 하기 때문에 개인이 하고 싶다고 해서 되는 것이 아니라 해병대의 일원이 되었을 때 자동적으로 숙지가 된다.
이렇게 반복적인 생활을 상당기간 지속시키다 보니 어떤 하나의 룰에 그치는 것이 아니라 그야말로 이전에 내가 아닌 현재의 해병대로 새롭게 탈바꿈을 해 버리는 것이다. 해병대 신병훈련소의 강령 중에 이런 말이 있다. "해병은 태어나는 것이 아니라 만들어지는 것이다." 해병대의 특수성을 생각했을 때 매우 적절한 말이라고 생각한다.
이러한 이유로 해병대 출신들은 전역후 일반인이 되면 아주 강한 귀소본능을 느낀다. 보통의 경우에는 시간과 세월이 흐르면 무디어 지는 것이 정상이지만 해병대 출신들은 반대로 시간과 세월이 흐르면 흐를수록 오히려 더 강해진다는 것이다. 해병전우회에 가보면 환갑 혹은 칠순을 훨씬 넘기신 분들이 젊은 우리들 보다 더 열성적이시다.
갓 전역한 예비역 해병대원들 조차 잘 모르는 역대 사령관 이름을 줄줄 외우고 현재 해병대사령관이 누구누구라는 것까지 다 알고 계시다. 해병대가 해군과 통합은 몇년 몇월 몇일에 되었고, 사령부 재창설은 언제 되었고, 국군조직법상 해병대의 지위보장이 어떻게 되었다는 것도 너무너무 잘 알고 있다.
갓 전역한 사람도 잘 모르는 것을 전역한 지 4~50년이 훌쩍 지나신 분들이 마치 현재의 일같이 훤히 알고 있다는 것은 참으로 아이러니가 아닐 수 없다. 혹자들은 해병대를 곧잘 이렇게 표현한다. 개병대!, 깽판대!, 깡다구들! 겉멋만 번지르르하게 내는 속빈 강정!, 안하무인!, 기타 등등 이루 말할 수가 없다.
그러나 본인은 이렇게 묻고 싶다. 여러분, 해병대를 진정으로 알고 또 이해하고 계십니까? 하고 말이다. 물론 간혹 인성이 결여된 해병대원도 있다. 무슨 해병대만 되면 세상이 다 자기 것인양 떠들기도 하고 훈련은 해병대만큼 빡시게 받는 데도 없으며 해병대를 제외하고는 타군은 군대도 아니다, 이런 식으로 개발 새발 흘리고 다니며 해병대의 얼굴에 먹칠을 하는 그런 류의 말이다.
그건 한마디로 올바른 해병대 문화를 잘못 받아들여서인 것이다. 물론 해병대가 창군 이래로 수없이 많은 설움을 겪은 것은 사실이다. 지금 현역에 계시거나 혹은 이미 전역한 분들한테 자신들이 군생활 할때의 설움을 이야기하면 마치 때리고 부수고 깽판 치는 것이 조직에 충성하는 것이라는 그릇된 충성심의 발로이며 치기일 뿐이다.
그러나 내 자신이 경험한 바에 의하면 그런 부류의 해병대원은 아주 극소수이다. 아주 티끌만해서 잘 보이지도 않는다는 말이다. 이런 류를 잘 살펴보면 해병대 중에서도 고문관에 속한다. 조직 속에서는 올바르게 적응하지 못한다는 것이다.

해병대로서 정말 피땀 흘려가며 열심히 군 생활을 하는 대원들은 절대 그렇지 않다는 것이다. 대한민국에 도둑놈과 강도가 있다. 이런 류의 사람들은 대한민국 인구에 비례하면 극소수에 속할 것이다. 그럼에도 불구하고 대한민국을 도둑과 강도와 깡패의 나라라고 말하는 사람은 없다.

우선 해병들은 심리가 개인이 욕먹는 것은 참도록 단련되어 있다.

실제로 훈련 때나 내무생활이 그런 식으로 흘러간다. 개인감정의 중요성은 그리 따지지를 않는다. 단체가 잘했느냐 못했느냐를 중요하게 여긴다. 고로 만약 해병대를 목전에 두고 해병대는 개지랄같어!라고 한마디만 한다면 눈에 불을 켜고 덤벼들 것이다.

하지만 한가지 분명하게 약속 드리고 싶은 것은 그런 개지랄같은 극소수의 해병대원들도 참다운 해병이 되도록 끊임없이 노력할 것이다. 아울러 이 글을 읽으시는 모든 분들도 부디 해병대를 평하실 때에는 한 사람 해병의 행동을 목격하고 또 체험하고서는 해병대 전체를 거론하지 말아 달라는 것이다.

해병대라는 이름 자체가 단체라는 뜻이기 때문이다. 한 두명의 깡패 때문에 대한민국을 깡패의 나라라고 칭할 수 없듯이 말이다.

해병대 이해하기 · 2

해병대엔 그야말로 땀 냄새 나는 남자 곧 인간이 모여서 집단을 이루어 군복무를 하는 곳이다. 혹자들은 간혹 무슨 살인기계 제작소 같은 생각을 가지고 있을지도 모르나 절대 그렇지 않다. 대한민국 남자라면 누구라도 군 생활을 거치게 되는데 면제를 받더라도 기본교육은 받고 혹은 상근역으로 혹은 육군, 공군, 해군으로 누구나 한번은 거치지 않으면 안되는 신성한 의무이다. 다만 타의에 의해서가 아닌 자발적인 의도로 자원입대를 하게 되는 것이다.

해병대 신병훈련소에 가면 이러한 교훈이 있다. '해병은 태어나는 것이 아니라 만들어진다!'라고 하는 것이다. 같은 말로 본인의 선택에 의해 또 본인의 극복하고자 하는 의지에 힘입어 해병대로 새롭게 재창출된다는 것이다.

필자가 지원 입대했던 14년 전이나 지금 이 시간 지원 입대하려는 예비 해병들의 면접시험시 약 70%에 달하는 인원들이 말하는 한결같은 지원 이유는 다름이 아니라 해병대가 미치게 좋아서 지원하게 되었습니다.!하고 고래고래 소리를 지르는 것이다.

하지만 문제는 이 간단명료한 말들이 그냥 무심코 하는 말이 절대 아니라는 것이다. 입대지원서를 병무청에 접수했을 때의 필자의 각오 또한 그랬었다. 이렇게 해서 입대를 하면 3일간의 예비입소기간이라는 것이 있는데 이때는 아직 군인이 아니라 민간인 신분이다. 곧 언제든지 자신이 원하면 다시 고향으로 돌아간다고 해도 아무도 말릴 사람이 없다는 뜻이다.

이 예비입소 기간에 정밀 신체검사 및 체력검사를 하는데 그야말로 신병훈련소 정문을 들어서기 전과 후는 그렇게 틀릴 수가 없다. 정말 민간인으로서(민간인 취급도 하지 않음!) 최대로 느낄 수 있는 육체적, 정신적 고통을 DI(훈련교관)들은 입대자들에게 선사한다. 곧 이어서 단 한 시간도 그냥 넘어가는 법이 없이 집에 가고 싶은 놈은 언제든지 제 발로 걸어 나가도 좋다고 말한다. 여러분은 쉽사리 이해가 되지 않을 것이다.

해병대가 좋아서 지원입대한 사람들인데 반기고 이뻐하지는 못할 망정

고향으로 쫓아 보내지 못해서 안달복달하는 교관들의 모습을 말이다. 그러나 누구도 돌아가지 않는다. 아니 도리어 신체검사나 체력검사에서 불합격한 사람들이 반대로 울고 불며 또 눈물 콧물 다 흘려가며 제발 해병대가 될 수 있도록 해 달라고 애원을 한다.

무슨 일이든지 시작이 중요하다고 한다. 곧 첫 단추를 잘 꿰어야 한다는 말이다. 이렇듯 해병들의 정신은 시작부터 남다르다. 그들은 고통을 즐길 줄 안다. 당연한 귀결로 어떤 교육훈련이든지 성과가 남다르다. 모든 것이 일취월장한다는 말이다.

그들은 자신감에 충만해 있다. 자부심이 무엇인줄 알고 긍지가 무엇인줄 안다. 정훈장교가 정훈시간에 해병대는 이렇고 저렇고 구구절절 설명하고 이야기하는 예는 없다. 선임해병도 그런 것은 말을 안한다. 그냥 스스로 느끼고 몸으로 체득하는 것이다. 85년 필자가 해병 시절에 이런 일화가 있다.

국방부에서 그때 당시 타군에서 많이 발생하던 탈영과 하극상 등이 상당히 자주 발생되어 모든 면에서 모범적인 해병대를 방문하여 해병들이 입버릇처럼 말하는 해병정신, 해병의 긍지, 자부심, 해병혼 등을 주제로 상당히 자세하게 조사를 한 적이 있었다. 하지만 그 결과는 애초에 국방부에서 기대했던 것이 하나도 없었다.

이렇게 해서 내린 결론 중에 눈에 띄는 대목이 하나 있는데 해병대에서 소위 말하는 해병정신이나 해병혼은 글이나 말로서는 도저히 설명이 불가능한 무형의 것이다. 곧 이 말은 '실질적인 체득이 중요하지 교과서 또는 교범화 하는 것은 불가능하다' 라는 것이다. 필자가 이렇게 구구하게 설을 늘어놓는 것은 다름이 아니다. 활짝 열린 가슴이 아니면 해병대를 이해하기가 힘들다.

필자는 전역 12년이 지난 지금에도 매스컴에서의 해병대 소식이나 길을 가다가 현역 해병들을 만나면 가슴이 마구 방망이질을 한다. 결코 그냥 보내는 법이 없다. 가볍게 소주라도 한잔 정말 바빠서 사정이 안 되면 담배라도 한 갑 사주고 나서야 마음이 후련하다.

그들에게서 나는 동질감을 느낀다. 나는 땀흘리며 이를 악물며 구호까지 악! 악! 악!(실제구호임)되는 해병을 사랑한다. 해병대와 함께라면 무엇이든지 할 수 있을 것 같다. 내 몸속의 피가 용솟음친다. 비록 지금은 민간인 신분이지만 내 정신은 해병이다. 내가 죽을 때까지 말이다.

"자신이 나약하다고 생각하십니까?" "모든 것에 자신이 서지 않습니까?" "삶에 새로운 전환점이 필요하십니까?" "죽을 때까지 가슴을 채울 자부심과 긍지가 필요하십니까?" 그럼 해병대로 오세요. 해병대의 문은 누구에게나 문이 활짝 열려 있습니다.

모든 것은 본인의 의지입니다. 황영조 같은 체력도 김신조 같은 살인기술도 빌케이츠 같은 두뇌도 원하지 않습니다. 오직 해병대를 사랑할 수 있는 마음과 해병이 되고 싶다는 의지만이 필요할 뿐입니다. 두드리세요. 반드시 열릴 것입니다.

해병대 이해하기 · 3

'해병대 특수수색대'는 1950년 한국전쟁이 한창 때 탄생했다. 인천상륙작전을 성공적인 작전으로 완수하기 이전에 일명 '동키부대'라는 것이 있었다.(본인도 자료를 여기저기 찾아보았으나 그 당시에 관한 언급은 없어 해병대 역사 자료를 토대로 기술하는 바이니 독자들께서는 다소 오해의 소지가 있더라도 이해하셨으면 하는 바램이다.)

이 동키부대가 해병 특수수색대 아니 대한민국의 특수부대의 효시라고 할 수 있을 것이다. 초창기에는 특수수색대라는 명칭보다는 일명 '망치

부대' 혹은 '까치부대'로 더 잘 알려져 있는 것도 사실이다. 그후 해병대의 직제가 사단 또는 여단으로 증편되고 사령부 및 해병대의 지위향상에 따라 기존의 이 명칭을 사용치 않고 해병대 특수수색대라고 명명하게 되었다.

해병대의 가장 극명한 임무 가운데 하나가 바로 상륙전이다. 이 상륙전이라는 것은 그야말로 '무'에서 '유'를 창조하는 것이기에 해병대 특수수색대의 임무는 본격적인 상륙작전시 아 해병대 및 장비의 손실을 최소화 하고 상륙작전을 수립하기 위한 정보수집(적의 위치 및 병력수, 장비현황) 요인 납치, 장애물 제거(기뢰, 레이더 기지, 적무기 및 탄약고)등이 주임무이지만 해병대 특성상 밖으로 드러나지 않는 임무가 훨씬 더 많다.

해병대 특수수색대가 한국전쟁 당시에도 다른 명칭으로 그 명성을 세계에 떨쳤지만 본격적인 명성을 알리게 된 것은 다름아닌 월남전에서이다. 그러나 특전사가 1980년대에 들어서면서 공수부대 여단장 출신인 전두환씨가 대통령으로 취임함으로써 그 입지를 공고히 하고 있을 때 일반인들이 알지 못하는 사이에 국가 지도부(육군출신)의 해병대 죽이기는 극에 달하고 있었다. 그 당시부터 해병대 및 해병대 예하 특수수색대의 명성이 밖으로 알려지는 것을 적극 방지하고 조용히 내실만을 기해왔던 것이다.

역시 그렇다. 국군중에 꽃이라고 한다면 당연히 해병대이지만 해병대의 꽃은 해병대 특수수색대라고 주저없이 해병대원들은 말한다. 그만큼 그들의 훈련과정은 고난의 길이고, 인간으로서 감내하기 어려운 극한의 고통도 참고 견뎌낸다. 해군 UDT의 정신은 해병대 특수수색대이다.

그들이 아직까지 해병대의 팔각모를 착용하고 3군이 똑같은 위장복으로 통일하기 이전에 그들은 똑같은 해병대의 얼룩무늬 위장복을 착용했다. 또 월남전 때부터 착용하기 시작한 그린베레(미군의 그린베레 활약에 고무되어 해병 특수수색대는 미 그린베레에 못지 않다는 생각으로 착용함!)도 똑같이 착용하고 있으며, 80년대 중반까지 UDT 기본훈련은 해병대 특수수색대에서 받았다. 같은 복식을 착용한다는 것은 그 의미가 상당히 크다고 할 수 있다. 이는 곧 그 모태를 따르겠다는 의미이기 때문이다. 비단 이러한 점 때문만이 아니라 대한민국 특수부대의 어머니가 해병대인 이상 더 이상 왈가왈부는 필요없을 것 같다. 자신을 낳아주고 길러 준 어머니를 잊어버리고 배신하고 자신이 어머니보다 훨씬 우월하다고 주장할 수 없기 때문이다.

여러분의 이해를 돕기 위해 자세하게 기술하고 싶지만 그럴 수 없는 점이 안타깝기만 하다. 어서 빨리 대한민국이 통일되어서 군에 관련된 사항도 어느 정도 자유롭게 토론하고 말할 수 있기를 바랄 뿐이다.

해병대 이해하기 · 4(기습특공대)

우선 독자 여러분들의 올바른 인식이 필요할 것 같다. 일반인들에 의해 혹은 예비역 해병대원들의 잘못된 정보전달에 의해서 해병대가 마치 게릴라전을 수행하는 비정규전(특수부대)부대로 착각하고 있다는 것이다. 다시 한번 말하거니와 해병대는 분명히 정규전 부대이다. 한국의 대표적인 게릴라전 부대인 특전사와는 그 임무와 성격이 완전히 다르다.

다시 말해서 정규전을 수행하는 특수한 환경의 작전(상륙전)을 수행하는 부대라는 것이다. 일반서적은 물론 국방백서에도 해병대에 관련된 내용이 극히 미미하다. 이것은 두 가지로 추측할 수 있는데 그 하나는 해병대에 인재가 없어서(?) 제대로 된, 또 정확한 정보전달을 해주지 못하고 있다고 보는 것이고, 둘째는 국가적인 중요한 내용이라서 정확한 정보전달을 하고 있지 않다고 보는 시각이다.

이번에는 기습특공대에 관해서 논하고자 한다. 앞장에서도 언급했듯이 해병대의 편제는 크게 분류해서(한국적 특성에 의해서) 기습특공대(IBS대대), 공수대대(공정대), 유격대대(레인저대대), LVT대대, 특수수색대로 나누어지며, 그 나머지 지원부대(기갑, 통신, 보급, 항공, 병기)는 육군의 보병사단과 편제가 유사하다.

그 중에서 기습특공대의 임무는 다음과 같다.

첫째, 신속대응군(해상 기동타격대)이다. 예를 들자면 강릉 무장공비 침투사건 때와 같이 해상을 이용해 적이 침투했을 경우 서해 또는 동해에서 해상작전(초계활동)중인 해군함정에 승선 중인 해병대 기습특공대 요원들을 해상으로부터 신속히 작전지역에 투입하여 적군(게릴라)들의 침투지역 및 도주 지역이 넓어지기 전에 제압한다는 것이다.(그러나 당시에는 작전지역이 육군관할이며 또 아직까지 군 수뇌부의 상당수가 육군이어서인지 몰라도 대한민국에도 이렇게 우수한 전술과 고도로 훈련되어 아주 훌륭한 작전수행 능력을 갖추고 있는 부대가 있음에도 불구하고 전혀 고려되지 않는 것이 현실이다.)

둘째, 상륙작전의 유형중 하나인 기습강공 상륙돌격이다. 쉬운말로 풀이하면 함정의 지원, 항공기에 의한 지원 등 정상적인 상륙작전에 있어 반드시 필요한 요소들이 지원되지 않더라도 목적에 의해서 지정된 시간동안의 목표지점의 점령, 상륙양동작전, (실질적인 상륙지점에 대한 적의 혼란을 야기시키기 위함) 아 해군의 해상통로(함정 및 수송선)를 방해하는 적 해안선의 해안포대, 항공부대, 기타 아 해군에 위해를 가하는 적 관할지역을 기습강공 상륙돌격하여 일시 점령 또는 기능마비(파괴 및 교란)이다.

셋째, 모든 것이 지원되는 상륙작전시 후속 상륙군보다 한발 앞서 적 해안에 상륙하여 적의 예봉을 꺾는 것이다. 당연히 작전의 성격상 중무장 보다는 경무장을 필요로 하고 육중한 장비보다는 은밀하고 신속 정확한 장비가 필요하다. 그중 대표적인 장비가 IBS(공기주입식 고무보트)인데 일반적으로 페달링(노젓는 것)만 생각하면 큰 오산이다. 왜냐하면 고속 모터를 장착하고 경무장한 7명의 대원이 승선하고도 최고속도가 40노트(시속 약 80KM)이기 때문이다.

일반적인 배와 상선, 어선(어뢰정, 쾌속선은 아님)등 빠르다는 배들의 최고 속도가 25노트에 불과하기 때문이다. 그리고 기습특공대원들은 IBS 대하기를 자기 XX보다가 더 많이 만지고 본다. 즉 자나깨나 IBS와 함께 산다는 것이다. 훈련내용도 일반 육군들이 IBS를 이용하여 해상훈련 또는 도하훈련을 경험하면서 그게 뭐 대단하냐고 말하지만 섣부른 판단은 금물. 일반적으로 보고들은 바로는 도저히 상상이 가지 않을 정도다.

또 하나 이들의 필수 훈련과정에는 반드시 특수수색훈련(UDT 훈련)과정을 거쳐야 한다. 또 당연히 기본공수 교육도 장기적으로 받아야 하고, 레인저 과정도 거쳐야만 된다. 물론 하고 싶으면 남들보다 더할 수도 있지만 하기 싫다고 빠지는 경우는 하늘이 두쪽이 나도 없다. 더 자세하게 언급하고 싶지만 설마가 사람 잡고 밥도 한 숟가락 더 먹고 싶을 때 숟가락 놓으라고 말하듯이 나도 여기서 기습특공대에 관련한 글을 마치고자 한다.

본인이 이수했던 훈련과정, 선배들의 경험담, 해병대 작전교리 등 자세하게 논하고 싶지만 어쩔 수 없는 현실에 본인도 수긍하는 도리밖에 없을 것 같다. 물론 해병대를 이해한다는 차원에서 대한민국 해병대의 구성과 기본적인 작전개념만으로도 충분하지만 본인의 생각은 그렇지 않다. 더 자세한 훈련과정과 내용 작전수립과정, 훈련중 일어난 일화들도 언급하고 싶은 욕심이기 때문이다.

해병대 이해하기 · 5(유격대대)

필자 본인이 현재 소지하고 있는 자료량의 50%도 옮기지 못한다는 어려움이 있다는 것을 먼저 밝히며 해병대 제1의 의무는 단연코 상륙작전이라는 것을 이야기 하고자 한다.

모든 해병부대의 편제나 교육훈련 내용도 상륙작전에 그 초점을 두고 있음은 말할 나위가 없다. 따라서 해병대의 임무가 마치 특전사(공수부대)의 임무와 그에 따른 훈련내용과 동일시되는 것은 잘못된 것이다. 컴퓨터 프로그래머가 선반가공 작업을 할 수 없듯이 해병대의 주임무와 특전사의 주임무가 같을 수 없다는 것이다.

물론 다 같은 군인이다 보니 3군이 유사한 교육훈련 과정도 물론 있다. 필자가 강조하고 싶은 것은 지금까지 잘 알려지지 않은 해병대의 속성, 존재의 필요성, 해병대 정신, 해병대가 지향해야 할 과제 등을 일반인들에게 알려 주고자 하는데 그 의의가 있을 뿐이지 해병대의 교육훈련, 생활, 모두를 밝힐 필요는 없다고 생각한다.

이 글을 읽으시는 모든 분들께서는 이점 분명히 이해하셨으면 하는 바램이다. 해병유격대대(레인저대대)의 시발점은 월남전이라고 할 수 있다. 기습특공대가 정식 명칭은 아니지만 한국전쟁 당시부터 이미 존재했던 것에 비교하면 역사는 조금 짧다고 할 수 있겠다.

월남전에 전투부대로서는 처음으로 청룡부대가 파병되기 수개월 전부터 국내에서 미국 특수전 부대인 그린베레 교관들이 한국 해병대원들을 대상으로 밀림전투, 산악작전 등, 게릴라(베트콩)전을 와해시키기 위해 교육훈련을 받고 월남전에서 실질적인 전투를 경험함으로써 노하우를 축적하여 부대 창설에 이르기까지 되었다.

그렇지만 1980년 육군출신인 전두환씨가 대통령에 취임, 해병사단을 방문하여 공수강하에 여념이 없던 해병공수부대의 훈련모습을 지켜보다가 어이~~!해병대에도 공수부대가 필요하나? 그리고 유격대는 뭐하는데 필요해? 공수부대가 있는데 뭐가 필요해 폐지하지! 라는 단 몇마디에 해병 공수대대와 함께(참고로 해병공수대대, 유격대대는 단일부대가 아니라 연대마다 있음, 해병대 전체가 약 3개 사단 병력이므로 1개 연대에 공수, 기습, 유격대대가 있으니까 독자 여러분께서 몇개 대대급의 공수, 기습, 유격대대가 있는지는 짐작이 갈 것임)폐지 당하는 뼈아픔을 겪다가 90년대 문민정부에 들어와서 해병대의 위상이 제고됨에 따라 재창설되는 기쁨을 맞이했다.

해병유격대대를 국내와 해외의 부대들과 비교해서 표현하자면 미국의 레인저(경보병 특공부대), 그린베레, 영국의 M&AWC(산악극지전부대), 스웨덴의 공수레인저 중대, 이스라엘의 골라니여단, 일본의 육상레인저, 북한의 정찰여단, 필리핀의 레인저부대와 유사하다. 하지만 분명한 한가지 차이점은 한국 해병대 유격대대의 주임무는 상륙작전에 있다는 것이 가장 큰 차이점이고, 그 나머지 임무와 훈련과정은 위의 부대들과 매우 흡사하다.

첫째, 상륙작전시 유격대대는 기습특공대가 상륙기습 강공 및 상륙전 초기에 투입되는데 반해 후발대의 성격이 강하다. 부연 설명하자면 상륙작전시 기습특공대가 경무장인데 반해 유격대대는 중무장에 가깝다. 또한 상륙장비에도 차이가 난다. 기습특공대가 IBS(고무보트)를 주로 이용하지만 유격대대는 LVT(수륙양용장갑차)나 혹은 LCM, LSD, LCU, LCVP(각종상륙주정), LCAC, AAV(상륙작전용 공기부양정)등 비교적 탑승병력의 보호조치가 잘 되어진 장비를 이용하여 상륙작전을 수행한다는 것이다.

둘째, 해병유격대대의 상륙작전을 제외한 통상적인 훈련과정은 미국의 레인저부대의 훈련과정과 비슷하다. 미국의 그린베레가 주로 비정규전을 위한 훈련 곧, 적의 배후에서 선무, 교란, 요인납시 등이지만 레인저

부대의 주된 훈련목표는 타격, 전술수색, 특수경보병 작전 등 정규전 상황에서 그 임무를 수행한다는 데 차이가 있다.

해병대와 육군의 성격이 구분되듯이 특전사의 주된 훈련 목표와 해병 유격대대의 훈련 목표와 과정도 당연히 구분되어진다. 그러나 해병 유격대대도 제한적인 범위 내에서 파괴, 교란, 인질구출 등 특수한 임무를 수행하기도 한다. 대한민국의 특전사의 성격이 미국의 그린베레도 아니요, 델타포스(인질구출작전 전문부대)도 아니며 101 공수사단과도 맥락을 같이 하지 않고 위의 3개부대(그린베레, 델타포스, 공정사단)에 비해 해병 유격대대의 주된 임무는 너무나 뚜렷하다.

부연 설명하자면 상륙작전에 수반되는 모든 상황을 대비한 교육훈련을 받고 있다고 생각하면 된다. 하여 전국토의 70%가 산악지역인 점을 고려하면 당연히 상륙작전 지역도 평야지역보다는 해안선을 따라 이어진 산악지역이 대부분이므로 해병 유격대대의 필요성은 새롭게 강조할 필요가 없을 것 같다.

또 해병대의 상륙작전 실시 가능지역이 한반도에 국한되어 있다고 생각하면 큰 오산이다. 미 해병대가 그러하듯이 극제분쟁시에도 가장 먼저 투입할 수 있는 가장 잘 준비되어진(해병대원들의 두발형태가 준비완료의 뜻임)해병대가 가장 효과적으로 상대에게 결정적 타격을 줄 수 있는 부대이기 때문이다.

해병대 상징인 해병대 앵커에도 그 뜻이 잘 내포되어 있다. 공, 지, 해 지구를 둘러싸고 있는 3가지의 기본형태, 즉 지구 어디서라도 전투를 할 수 있는 부대라는 뜻이 그것이다. 후배 해병에게서 한 통의 메일을 받은 적이 있다. 자신이 해병 유격대대 출신인 그 후배 해병은 자신의 경험담, 훈련과정 등을 자세하게 기재하여 필자가 해병 유격대대 관련의 글을 쏠때 참고로 해주십사 하는 바람으로 말이다.

하지만 그 후배 해병이 필자에게 보내온 내용 중에서 단 한 줄도 인용

하지 못했다. 왜? 첫째는 해병대가 제일이다 하는 식의 글이 될까 두려웠고, 둘째는 그런 표현방식의 글이 자칫 타군출신들과의 설전의 시발점이 될지도 모른다는 우려였으며, 셋째는 훈련제일주의 해병대 이미지와 외관상만 화려하고 알맹이는 없는 속빈 강정같은 해병대로 비쳐지는 것이 싫어서이다.

해병대 이해하기 첫장에서도 언급했듯이 해병대의 강점과 장점은 훈련과정에 있는 것이 결코 아니다. 해병대의 오늘이 있기까지는 지금 현재까지도 해병정신이 살아있음을 강조하고 싶었던 것뿐이다. 비록 부족한 것이 많은 글이지만 독자 여러분들이 해병대를 좀더 이해하고 나아가서 해병대를 아끼고 사랑할 수 있는 계기가 되었으면 하는 바램뿐이다.

해병대 이해하기 · 6 (공수대대)

상륙작전의 변천과정을 살펴보면 그 전략과 전술이 나날이 발전함을 알 수 있다. 거대 그리스의 해군 육전대가 실시한 싱륙작전으로부터 미 해병대의 걸프전 당시 쿠웨이트에서 실시한 상륙작전에 이르기까지의 과정에는 많은 발전과 변화가 있었다.

지금 현재는 각국 해병대의 전술과 작전 그리고 상륙전 교리가 미 해병대의 것을 모방, 또는 그대로 자국에 도입하여 사실상 미 해병대의 모든 것이 해병대의 기본교리로 자리잡고 있다.

미 해병대의 오늘이 있기까지는 미국이 자국의 안보와 이익을 위해 또 세계 경찰국가의 위치를 고수하기 위해서 가장 효과적이고 공세적인 부대로 해병대를 선택, 많은 물질적, 이론적 투자로 300여회 이상의 크고 작은 상륙작전을 통한 실전경험을 바탕으로 일궈진 것이다. 이에 비해 한국 해병대는 활동범위를 연안작전에만 국한시켜 우수한 자질과 기능성을 저하시키는 폐단을 낳고 말았다.

다행히도 90년대에 들어서 해군의 중요성이 부각되어 대양해군의 기틀이 마련됨에 따라 해군역시 연안작전 뿐만 아니라 유사시 수출입의 90%를 담당하는 해상통로 확보와 장차 우리의 적(?)으로 돌변할 소지가 가장 많은 일본 및 중국과의 미래전을 대비하여 해군의 원양작전에 있어 필수불가결의 요소인 해병대에 대한 투자와 연구를 가속화시키고 있다는 것은 매우 고무적인 일이다. 이에 따라 해병대 자체에서도 한국적 상륙작전 교리와 부대편제, 교육훈련, 그에 따른 장비도입에 많은 연구와 노력을 쏟아야 할 것이다.

해병대 이해하기 시리즈를 읽은 독자님들 중 간혹 해병대에 무슨 기습특공이니 유격대대니 공수대대니 특수수색대니 하는 것이 필요한가 라고 의문을 제기하는 분이 있으시나, 소국적 견지로 생각지 말고 대국적(대한민국)인 견지로 본 국가의 전략과 전술에 있어서 해병대의 중요성이 얼마만한 것인가 부터 생각을 하며 본인의 글을 읽어주신다면 해병대를 이해하시는데 조금이나마 도움이 될것임을 확신한다.

잠깐 예를 든다면 2차대전 당시의 노르망디 상륙작전, 오키나와 상륙작전, 한국전쟁시 인천상륙작전 등 근대전쟁은 상륙작전의 성공에 힘입어 전세를 반전시켜 승전을 하는 결과를 낳았다. 그럼 이제 해병대의 상륙작전에 있어서 반드시 필요한 공중기동부대인 해병 공수대대편을 이어나가겠다. 해병 공수대대는 1981년애 군 수뇌부에 의해 그 임무와 교육훈련을 폐지당했으나 90년초 재창설되었다. 상륙작전이 종래에 수평적 개념에서 입체적 개념으로 바뀌었듯이 또 다른 상륙작전 개념이 도입될 것이다.

우리 인간의 문화생활이 나날이 변화하고 발전하듯이 국가의 안위를 담당하는 군대의 전략과 전술이 발전됨은 당연한 것이다. 해병 공수부대가 폐지 당했던 10년간 해병대의 상륙훈련은 절름발이식 훈련을 했다. 공중기동이라고는 오로지 헬리콥터를 이용한 방법밖에 할 수 없었으며, 공수강하 훈련은 해병대 특수임무부대인 특수수색대만이 그 명맥을 유지했었다. 그나마 다행스러운 것은 해병 공수교육단은 폐지를 하지 않고 잔존시켜 상륙전에 이용할 공중기존 전술과 훈련체계 등을 연구 발전시켜 왔기에 공수대대가 재창설되자 곧바로 교육훈련에 전념할 수 있어 한 걸음 나아가지는 못했으나 종전의 입체적 상륙작전 개념과 잔력을 유지할 수 있었다.

상륙전은 기동작전이다. 상륙기동을 크게 나누면 수평기동과 수직기동으로 말할 수 있는데, 수평기동은 상륙함 또는 수송함에 탑승한 병력을 적해안에 투입하는 것이고 수직기동은 항공기에 탑승한 상륙병력을 작전지역에 투사하는 것이다. 즉 수평기동으로 한정된 병력을 수직기동을 병행함으로써 훨씬 증가된 상륙병력을 일시에 투입할 수 있게 됨으로써 작전의 효율성이 증대되며 작전의 승패에 지대한 영향을 주게 된 것이다. 수직기동에는 헬리콥터를 이용한 공중기동과 낙하산에 의한 공중투하 두가지로 나뉜다. 수직기동의 방법 면에서는 전자나 후자가 같으나 목적 면에서는 후자가 기습적인 성격이 많으므로 작전의 효과가 크다.

교육훈련 측면에서 보면 헬기를 이용한 기동방법은 특별한 훈련이 없이도 이용가능 하지만 낙하산에 의한 공중투하는 군생활을 경험한 독자님이시라면 그 어려움을 익히 알고 계실 것이다. 그러므로 수직강하(낙하산 투하)를 전문으로 하는 부대와 거기에 걸맞은 교육훈련을 해야 함은 말할 필요가 없을 것이다.

공수대의 주요임무는 위에 열거함과 같이 공중기동에 의한 상륙작전을 감행하고 필요에 따라 상륙전 실행전 상륙지점 후방에 투입하여 적의 보급로 차단, 적의 잔존병력(후퇴하는 병력)섬멸, 상륙 예정지점의 정보수집, 지정된 상륙지점에 대한 적의 혼란을 야기한 적 점령지의 다른 해안 및 인접 산악지역에 공중 기동하여 실시하는 양동작전 등이며 평시에는 공중기동을 통한 대간첩, 대게릴라작전 등이다.

임무와 성격은 각각의 부대가 비슷하나 이용하는 장비와 방법론에 있어 그 차이가 있으나 훈련은 해병대 보병부대 중에서도 힘들기로 정평이 나있고 해병신병교육대에서 지원과 차출을 병행하여 선발하고 있으며 부대 배치후 기본 4주훈련에 일반병은 전역시 까지 평균 8회 정도의 점프를 한다고 한다. 그 외 생존훈련, 오지극기훈련, 침투훈련, 도수훈련 등은 해병대 보병병과라면 누구나 받아야 함으로 따로 언급하지 않겠다.

해병대의 각 단위부대의 편제는 전투목적물의 여건에 다라 각각의 독립된 부대로 작전을 수행할 수 있도록 편제되어 있다. 굴곡이 많고 장애물과 도서(섬) 지역이 많은 한반도나 우리와 환경이 사뭇 다른 세계 모든 국가의 해안에서 상륙작전을 수행할 수 있도록 구성되어지고 훈련되어진다. 이에따라 BLT(대대급 상륙작전)이든 RLT(연대급 상륙작전)이든 사단급이던 간에 상륙작전을 수행함에 있어 각 부대의 장점을 십분 이용하여 작전의 효과를 최대한으로 끌어올릴 수 있다는 것이다.

이로써 대한민국 해병대 상륙작전의 최대규모인 RLT급에 해당하는 부대의 구성과 역할, 효용성에 대해서 알아보았다. 본인 스스로가 보아도 미진한 부분이 너무 많아서 그저 독자 여러분이 잘 헤아려서 읽어주시고 해병대에 대한 이해를 해주셨으면 하는 바램일 뿐이다.

좀더 전문적이고 체계적인 지식을 가지고 계신 분들이 해병대 이해하기를 연재 했으면 좋으런만 하는 바람도 많았고 아직까지도 해병대의 기능과 역할에 대해서 의문을 품고 계시는 분들에게 시원한 해답을 드리지 못해 죄송스러울 뿐이다. 하지만 제가 몇 자 적은 글이 해병대의 실체라고 말할 수 있겠는가. 지금까지 여섯번째의 해병대 이해하기 글은 아주 미미한 수준일 뿐이다.

상륙작전에 어찌 병력만 있을 수 있겠는가? 거기에는 각종 장비와 작전수립, 실행연습 등 이루 말할 수 없는 것들이 많이 있다. 때문에 이 글이 절대 해병대의 작전과 전술, 구성의 전부일 수 없다. 그나마 다행스러운 것은 앞으로 새털 같이 많은 날들이 남아있기에 좀더 많은 자료수집과 해병대를 사랑하시는 분들의 도움을 얻어 해병대를 잘 알지 못하는 분들께 진심으로 해병대를 이해할 수 있는 글을 올릴 수 있는 기회가 남아있다는 사실에 조금이나마 안도할 뿐이다.

해병대 이해하기 · 7(통합편)

해병대는 배를 타고 바다로 나가 적이 있는 곳이면 언제 어디서든지 전투를 할 수 있는 만반의 준비가 되어 있다. 현대 상륙전은 공중, 해상, 지상, 수중 등 모든 공간을 통하여 바다로 부터 육지로 전투력을 투사하는 고속 입체 기동전으로 고도로 과학화 된 첨단 제병합동작전이다.
이러한 작전을 수행하기 위해 해병대원은 강인한 체력과 정신력을 바탕으로 무에서 유를 창조하고 어떠한 여건에서도 승리할 수 있는 전천후 전술전기를 연마해야 하고, 방대한 작전요소를 통합, 지휘, 통제, 협조하기 위한 치밀하고 주도면밀한 훈련을 통해 완벽한 상륙작전 능력을 배양해야 한다. 일반인들이 익히 알고 있는 고지점령작전과는 장소와 규모, 중요성이 비교할 수 조차 없다.
상륙작전의 성공, 실패 여부에 따라 전세가 역전 또는 악화될 수도 있기 때문에 고지점령작전과 같이 한번 실패해도 두번 시도할 수 있는 그러한 유형의 작전이 아니라 단 한번의 시도로 모든것을 판가름 지어야 하는 전술 자체가 배수의 진을 쳐야 하다보니 작전의 수행과정이나 훈련과정에 있어서 해병들의 각오는 남다르다. 덧붙여 설명하자면 그 정신은 타고난 것이 아니라 후천적으로 환경에 의해 만들어질 수 밖에 없다는 것이다. 하여 해병대 출신이 아니면 그들만의 정신세계나 생활환경, 훈련환경 등을 잘 이해할 수가 없다.

이 글을 읽으시는 독자님께서 '해병대는 없는 것이 없군요. 뻥이 너무 심하신 거 아닙니까?'하고 반문을 하실 수도 있을 것이다. 하지만 하늘에 맹세코 절대 뻥이 아니다. 단 한 줄, 단 한자도 과장된 글이 없었다는 이야기다. 아직까지도 왜냐고 물으신다면 그동안 글을 읽으시면서 너무나 무성의하게 글을 읽었고 해병대를 조금이라도 알고 싶어하는 마음이 전혀 없었다는 결론밖에 내릴 수 없다. 그럼 아직 까지도 여러 의문을 가지고 계신 분들을 위해 가상의 상륙작전을 실행해 보겠다.

물론 필자가 상륙전 전술가는 아니다. 그러나 해병대에 왜 특수수색대가 필요하고 공수대대가, 유격대대, 기습특공대대가 필요한지 조금이라도 이해를 하시는데 보탬이 되리라 여겨 가상의 적 해안 상륙작전을 재현하려는 것이다.

서기 2010년 10월 10일 일본은 예상된 씨나리오에 위해 독도 인근해역에 해상자위대소속 함정을 투입해 한국 측의 보급선과 항공기의 통행을 통제하고 있었다. 이에 일주일 동안 본토와의 통신 두절과 보급품이 전달되지 않음으로 인해서 격앙된 독도수비대원이 독도 해안을 순찰중이던 일본 해상자위대 소속 쾌속정을 향해 HMG를 발사하면서 부터 한일간의 전쟁이 발발되어 해상자위대 함정의 함포사격과 뒤이은 특공대의 투입으로 독도를 점령했다.

특공대는 독도를 무력 점령하는데 그치지 않고 전투중 생존한 독도수비대원 부상자 4명을 난자하여 바다에 던지는 만행을 서슴치 않고 행하였으며, 일본이 독도를 점령했음을 한국에 통보해 오면서 국내방송에 독도수비대원 전멸소식과 함께 알려지게 되었다. 이에 대한민국 정부는 즉각 안보회의를 소집하여 일본의 공식사과와 배상을 요구하는 한편 독도 재탈환 작전과 일본 본토 공략을 위한 중간보급기지 역할을 수행할 수 있는 대마도 상륙작전을 실행할 것을 결정하고 해병대사령부에 통보, 출전태세를 갖출 것을 지시하였다. 그후 국가안보회의는 즉각 1개여단 병력의 해병대와 해군 소함대를 울릉도에 투입하였고 10월 20일을 D데이로 설정, 독도 탈환작전과 대마도 상륙작전을 동시에 실행하기로 결정했다.

해병대는 야간을 이용하여 부대이동 및 장비 선적을 마쳤고 15대의 LCAC(호버크래프트)에 1개 유격대대와 2개중대 규모의 기습특공대대를 분승시켜 동해안 OO기지에서 출발하였다. 해병대 제1원정 상륙군이 상륙개시선에 도착하자 대마도에 1차 투입된 특수수색대로부터 작전 완료 보고가 떨어졌다.

예정된 시각에 제1파로 2개 기습특공중대가 30대의 코만도 IBS에 탑승하여 상륙개시선을 통과하여 빠른 속력으로 대마도 해안에 기습상륙, 대마도 해안경비대가 미처 손쓸 사이도 없이 순식간에 교두보를 확보하여 목표지점을 상륙돌격하자 곧바로 호버크래프트에 분승한 유격대대가 완만한 경사의 대마도 해안에 연이어 상륙하여 병력과 장비를 하역하였다.

그 시각 개량된 AN-2기 20여대에 2개중대의 해병공수대대가 대마도 동쪽에 있는 최고지 산악 지역에 투하되어 지상레이더 기지를 점령 SAM 미사일 10기를 배치하고 후속부대가 도착하기를 기다리고 있었다.

위와 같은 상황에 입각하여 각 부대별 임무를 설명하겠다.

1. 특수수색대 : 고속 DSRV(잠함정) 4척에 4개팀 39명중 1팀은 상륙 예정인 서쪽해안 상륙지점에 대한 상륙(수중 및 해안)수색을 하였

고, 2팀은 상륙해안에 배치된 적 보급소, 통신소, 탄약고 파괴공작을 하였으며 3팀은 일본 본토와 연결된 수중 광케이블 파괴 임무를, 4팀은 대마도 시내에 위치한 방송국과 전화국 등 기타시설물을 파괴 혹은 접수했으며 주요건물 및 장비를 후속부대인 기습특공대와 유격대대에 인계하고 철수함.

2. 기습특공대 : 코만도 IBS 30대에 2개중대 240명이 적해안에 기습 상륙하여 제 2파가 상륙할 수 있도록 적군 및 각종 장애물을 제거하여 교두보를 확보하고 2파가 상륙 완료하면 특수수색대에 의해 점령된 시설물과 장비 등을 접수하고 포로 및 적국의 민간인을 관리함.

3. 공수대대 : AN-2기 20대에 2개 중대가 제대별 지정된 지역에 투하되어 현재 아군에게 장애물이 되는 탄약고, 보급소, 적통신시설, 레이더 기지 등을 기습 장악하거나 파괴하고 배속된 레이더 운용요원을 장악한 레이더 기지에 배치시키고 배속된 4개 SAM 미사일 소대를 지정된 방어 장소에 배치함으로써 1차적 임무를 완수하고 예정된 미사일, 레이더기지 건설을 위한 지형, 지물을 확보하여 본대에 인계함으로써 임무를 마무리한다.

4. 유격대대 : 1개대대 약 500여명이 투입되어 호버크래프트를 이용 상륙하여 배속된 전차와 장갑차량, 통신장비, 중화기 등을 하역 배치하고 기습특공대가 설정 방어하던 상륙지역을 인수받아 방어하며 후발대 1진이 상륙하면 대마도 방어임무를 전담하게 되며 산악지역 및 시가지에 은신하여 저항중인 적의 잔당을 포획섬멸하고 본대가 상륙하면 임무를 인계하며 후속작전을 위해 해병대 본대에 합류한다.

5. 해병대 및 육군 합동의 본대가 상륙하여 육군 1개 사단병력은 대마도에 통신시설 및 레이더 기지와 임시 활주로를 건설하고 부상병을

치료하거나 후송조치하며 해병대가 점령 관할하고 있던 모든 것을 인계 받는다. 제1파 및 2파로 상륙했던 해병부대는 후속으로 상륙한 해병대 본대와 합류하여 부대재편과 부족한 장비와 인원을 보충 받아 일본 본토에 상륙하기 위한 작전수립과 필요한 장비를 지원요청하고 예행연습에 들어감으로써 대마도에 대한 상륙작전을 마무리한다.

이상과도 같이 너무나 간단하게 상륙작전시 각 주무 부대별 활동을 엿보았다. 이것이 상륙작전의 모든 것이라고 생각하시면 그건 매우 큰 오산이다. 이것은 상륙작전에 있어서 아주 기초적이고 초보적인 상황만을 연출한 것 일뿐이다.
이상은 왜 해병대에 제대별 특임부대가 필요한지를 설명한 것에 불과하기 때문이다. 쉽게 말하면 해병대는 필요에 따라서 중대급 편성에서부터 여단급 편성에 이르기까지 언제든지 그 규모나 병력을 따로 조절하지 않고 투입할 수 있도록 하기 위해서 이러한 부대편성의 골격을 이루고 있다는 것을 알려드리고 싶다.
해병의 긍지 중 기본항목에 보면 '나는 국가 전략기동부대의 일원으로서 선봉군임을 자랑한다.'라고 명시되어 있다. 즉, 언제 어느 때 어디로 어떻게 출동할지 모르는 부대가 거기에 걸맞은 훈련과 부대편제 등을 갖추고 있지 않다면 이 어찌 무용지물이라 말하지 않으리요.
아~~, 해병대.!!!

해병대 합격을 위한 길라잡이

아악!! 해병이 되고 시포라

예비해병 : 김 진 우

전 이제 고3에 올라 온 좁밥중의 좁밥입니다.
주위 어른들이 그러시더군요.
너같은 쉑은 해병대 가서 되지게 얻어 터지고 와야 사람이 된다는 둥 또 한편은 남자쉑이 군대는 해병대쯤은 가야 군대 갔다고 한다는 둥
그래서 해병대 가기로 맘을 먹었습니다.
그런데 할머니께서 이러시더군요……. 옛날에 해병대를 개병대라 불렀다고…… 아주 깡패같은 넘들 붙잡아다가 강제로 보냈다고 했다던데…… 그런 사람들이 해병대 갔다오면 사람이 되서 나온다구…….
그 말이 사실인지 한번 가 봐서 직접 실험을(?) 하고 와야겠다고 맘을 먹었죠……
그건 그렇고 해병대에서 훈련 받으면서 낙하산 타여?
아 난 낙하산 무서운데…….
크~욱~!!!

해병대 지원을 꿈꾸는 자들이여!!!

인터넷해병명 : 골 병(해병 788기)

내가 사회에서는 운동좀 했는데, 내가 사회에서는 싸움좀 했는데 등등 현재 자기 자신의 자만심에 빠져 '해병대'에 지원하려는 분들은 다시 한번 생각하십시오. 정신력과 체력이 강하다고 자부하는 각종 국가대표 운동선수들도 실제훈련이 아니라, '해병대'에 잠시 위탁교육 왔다가 피눈물을 흘리다가 갑니다.

'해병대'는 단순히 자기자신이 체력이 좀 된다고 생활해 낼수 있는 데가 아닙니다. 고생을 즐길줄 알고, 아무리 자기 자신에 어려움이 와도 이겨낼려고 노력하는 자들만이 '해병대'생활을 이겨낼 수 있습니다. 육군특전사, 해군 UDT 같은 특수부대가 있듯이 국가전략기동부대로써 특수목적군인 '해병대'라는 명예와 자부심은 쉽게 얻을 수 있는게 아닙니다. 현재의 자만심보다는 앞으로 고통과 좌절을 이겨낼 수 있는 생각으로 도전하시길 바랍니다.

'해병대'는 처음부터 최고인 것 같이 보이는 자들을 원하지 않습니다.

'해병대'는 최고가 되려고 노력할려는 자들을 원합니다.

고생을 즐길줄 알고, 악한 상황을 이겨낼려는 그런 자들을 해병대는 최고의 '인간폭탄'으로 만들어 드립니다. 적에게는 아주 잔인하고 국민에게는 부드러운 진정한 '해병'으로……

해병대를 지원하려는 후임들에게

인터넷해병 : (해병 88×기)

필승! 88×기 ○○○입니다. 저는 작년 9월달에 입대했습니다. 지금은 일병이고… 한달에 2기수씩 들어오는데…
매달마다 초는 홀수기수… 말은 짝수기수입니다. 홀수기수가 나이가 많습니다.

자기가 어리다고 생각되면 짝수기수가 되는 거고.
그리고 가입소 기간을 많이 궁금해 하던데… 기억나는대로 말씀드리겠습니다.

첫날은 뭐했드라… 위생용품 주고, 사복 입은채 밥먹고 어떤 종이 쓰고, 소지품 검사… 그리고 컵 하나씩 주더니 오줌받아 놓고 그리고 다음 날 키, 몸무게, 시력, X-ray 등등 여러 가지 하느라고 시간 다 보냅니다. 물론 사복입고… 가장 기억나는 게 맨발로 화장실 갔던 거…… 하하…… 가 보면 알겁니다.

그리고 다음 날 재검사 받을 사람, 그리고 탈락자, 기권하는 사람, 재검사 진짜 많이 나오는데, 다시 받아도 거의 다 합격됩니다.

재검사까지가 커트라인, 그리고 학습지 펴놓고 해병대가… 군가 열심히 외우고…
아무튼 가입소기간 마지막 날 후가시 정말 많이 줍니다.
해병대 우습게 보지마라… 포기할 꺼면 지금 포기해라. 아무나 못하는 거다.
빌빌 쌀바에는 집에 가라 등등… 기냥 조용히 듣고만 있으면 됩니다.

지금 생각해 보면 훈단 5주차…… 정말 시간 징하게 안가던데……
아직도 그때 정말 시간 안갔지…라고 느낍니다.
다시 훈단 들어가라고 하면? …안가다… 하하^ ^
동기들끼리 지냈던게 정말 도움됐는데…… X-ray번호가 생일순입니다.

필~~~승!!!

(선배가 알려주는) 해병대에 합격하는 5가지 방법

인터넷해병명 : 마린즈(해병 733기)

해병대 합격하기!!!
일단 앞으로 최소한 3개월의 숙달과정이 필요하므로 3개월 이전에 입대(?)하는 예비해병님들은 숙지하시기 바란다.
첫번째, 해병은 만들어진다는 말이 있으나 일단은 강인한 해병을 해병대는 원한다.
즉, 체력이 관건, 아무리 해병대를 동경한다 해도 기본적인 '해병체력'은 연마해야 합격하기가 쉽다.
가장 쉬운 방법으로 턱걸이, 푸쉬업, 조깅 등이 있다. 특별한 장비가 필요없이 최상의 효과를 누릴 수 있는 방법들이다.
일단 규칙적으로 매일 하루도 빠짐없이 행동으로 옮겨야 한다. 가장 기본적인 내용이지만 제일 힘든 부분이다.
1. 턱걸이 30개를 완성하라.
2. 동시에 푸쉬업 100개를 완성하라.
3. 5킬로를 40분대에 진입하라.(해병대는 체력면에서 북한특수군과의 비교 우위를 점하기 위해 완전무장 상태에서 10킬로를 1시간 내에 주파하는 것을 강요하고 있다.) 이 과정들은 누구든지 3개월 안에 완성될 수 있으며 기본적으로 '나는 해병이다!'라는 정신자세가 수반되어야 할

것이다.

두번째, 기초체력과 동시에 맑은 정신자세 즉, 국가와 민족 그리고 해병대를 위해 기꺼이 목숨을 버릴만한 신성한 마음가짐이 준비되어야 한다. -쉽게 말해 해병대가 자신의 신앙이 되어야 한다.

세번째, 항시 모범적인 행동으로 해병대원으로서의 준비자세를 함양한다.

국민들은 예절바른 해병을 좋아하기 때문이다.

그렇다고 해서 불의의 현장을 목격하고도 그냥 묵과한다면 해병대로서 기본자질은 일단 없다고 봐야 한다.

"국민에겐 양과 같이 적에겐 공포와 전율의 대상으로…."

네번째, 면접관과의 대면시…

자신이 여러모로 자신이 없다고 생각하는데 그래도 해병대를 원한다면 반드시 이 방법들을 써보기 바란다.

일단 목소리로 면접관의 기를 팍팍 죽인다.

다음은 복장상태!!

면접관들이 단순히 단정한 복장을 좋아할 것이다 라고 생각하면 오산이다.

자신이 해병대 광신도라는걸 확실히 보여 준다.

일단 해병다운 강렬한 눈빛!!

해병대 티셔츠(구하기 힘들면 나에게 연락해 주기 바란다.) 및 관련 장신구(해병손목시계라든가 반지 등등…)를 착용하라. 거기에다 상륙돌격형 두발을 겸한다면 당연히 합격!!!

준비된 해병의 모습에 면접관은 혀를 내두를 것이다.

다섯째, 해병대 관련자료들을 탐독한다.

해병대를 이해하기 위해서이다.

단지 멋으로 해병대 간다는 건 일종의 자기 학대행위라고 봐도 무리가 없을 것이다.
미리 해병대의 정신이라든가 역사 등 제반 지식을 확보한다면 당신은 귀신잡는 해병대의 영광스런 후예가 될 가능성을 높일 수 있고 또한 해병대를 더욱 더 사랑하게 될 것이다.
쉽게 말해 합격한다면 당신은 지상에서 누릴수 있는 최고의 명예와 자부심을 맛볼 수 있는 첫 관문을 통과하게 된 것이다.
이상의 과정들이 지극히 필수는 아니며 너무나 간절히 마음속에서 원한다면 다 이루어질 것이니 너무들 걱정하지 않기를 바라며 이만 줄인다.
해병대 입대를 진심으로 축하해 줄 그 날을 고대하며……

필~~~승!!

해병대 6주훈련 과정좀 알려주심 고맙겠씀더

인터넷해병명 : (레오 해병 876기)

해병 봐아래~~

일단은 훈련소에 들어가자마자 정밀 신검을 받겠져……. 작년 4월 19일 저두 입대했을 땐 무쟈게 쫄았었는데 뭐 특별히 이상없음 문제없으니깐 걱정말구, 2박 3일 동안 서류 작성하구 기본적인 거 배우고 D.I들이 가끔부리는 꼬장 받아들이면 집에 갈 넘들은 보내구 본격적으로 훈련들어가져.

먼저 1주차에는 잘 생각이 나질 않는데… 별거없이 체력단련 같은걸 했던걸루 기억나는데… 그담 2주차에는 L.V.T 타러 해안가로 가져 그 담은 잘 기억나질 않음. 중요한건 3주차 부터져. 이땐 사격을 본격적으로 시작하져. 절라게 선착순하고 먼지 뒤집어 쓰고 암튼 짜증 이빠이 나는 때, 4주차는 양포 갔었나? 음

암튼 이때쯤 양포행군 가는데 별거 아님 장난이지… 실무에서 행군하는 거에 비하믄… 발에 약간의 물집이 잡힐정도… 5주차쯤엔 극기주로 일명 지옥주… 밥 안주고 잠 안재우고 빵빠레(팬티바람으로 연병장에서 절라게 구르는 것) 하구… 그러믄 또 한 주 가고 천자봉 갔다오믄 6주는 금방 갑니다. 할 때는 물론 힘들지만 지금 돌이켜 보면 암것두 아닙니다. 하루이틀 가는줄도 모르다보믄 6주는 어느새 가버립니다. 열심히 잘 하십쇼. 필승!

부 록

해병대 전우회 주소록

해병대전우회중앙회 임직원 / 341
전국연합회 / 342
지역전우회 / 343
직장·대학교·동기회 / 358

해병대전우회중앙회 임직원

직 위	성 명	계급 / 기수
총 재	오 윤 진	(예) 소장 / 간7기
수석 부총재	송 태 일	(예) 준장 / 간9기
부 총 재	이 덕 준	(예) 대령 / 간16기
부 총 재	유 남 규	(예) 소장 / 사12기
부 총 재	유 화 선	(예) 대위 / 간32기
부 총 재	안 영 진	(예) 상사 / 병5기
부 총 재	박 인 호	(예) 준장 / 병88기
부총재/사무총장	박 태 복	(예) 준장 / 사16기
기 획 실 장	박 우 식	(예) 중령 / 간33기
홍 보 실 장	최 우 식	(예) 중위 / 간33기
총 무 국 장	김 준 필	(예) 준위 / 병2기
조 직 국 장	김 정 식	(예) 중사 / 병92기, 하교25기
감 사	김 덕 보	(예) 준위 / 병4기
감 사	김 회	(예) 중위 / 간33기
특 보	이 성 호	(예) 대령 / 간28기
특 보	강 신 길	(예) 준장 / 사23기
특 보	정 인 호	(예) 대령 / 간23기

전국연합회

순번	지역	회장	주소	사무실전화
1	서울	오세찬 (간29기)	서울특별시 중구 정동 22번지 경향신문사 16층 138-162	017-241-4803
2	경기	한성섭 (병222기)	경기도 수원시 팔달구 인계동 1025-5 재향군인회 5층	(031)222-0119
3	강원	남은호 (병139기)	강원 강릉시 옥천동 282-3	(033)647-8088
4	충북	김동수 (병228기)	충북 청주시 흥덕구 사직1동 808 종합운동장 2-8문	(043)272-1533
5	충남	김태이 (병176기)	충남 천안시 성정동 694-7(3층)	(041)578-9280
6	전북	김정용 (하후16기)	전북 전주시 덕진구 덕진동1가 1220번지	(063)273-0415
7	전남	조복연 (병205기)	전남 순천시 연향동 771번지 팔마종합운동장내	011-624-3335
8	경북	강석호 (병351기)	경북 포항시 북구 대흥동 618-6	(054)273-2800
9	경남	박종득 (병230기)	경북 창원시 두래동 145 창원종합운동장 162호	(055)282-1616
10	제주	송상훈 (ROTC5기)	제주시 노형동 939번지 정한오피스텔 817호	(064)747-7484
11	인천	민병태 (해간22기)	인천광역시 남구 주안4동 431-1 경인상사 405호	(032)435-6150
12	대전	최병국 (병138기)	대전광역시 중구 대흥동 499-1호 별관2층	(042)485-0928
13	광주	김기업 (해간65기)	광주광역시 북구 운암동 179-2	(062)511-4666
14	대구	임효근 (병193기)	대구광역시 수성구 반천3동 1025-34번지	(053)964-6788
15	울산	오용준 (병183기)	울산광역시 남구 신정1동 699-2 향군회관3층	(052)261-0928
16	부산	서풍웅 (하교27기)	부산광역시시 기장군 기장읍 교리 348-1	(051)721-0446

서 울 연 합 회

순번	지역	회 장	주 소	사무실전화
서울연합회		오 세 찬 (간29기)	서울 중구 정동 22번지 경향신문사 16층 138-162	(02)739-9271
1	강 남	석 종 근	강남구 대치3동 998-4 (강남면허시험장 옆)	3452-7537
2	강 서	김 상 현	강서구 내발산동 산12번지 (강서구민회관옆)	659-0415
3	서대문	김 양 선	서대문구 홍제1동 323-9	394-0418
4	강북 도봉	류 재 강	강북구 수유4동 5번지 17/5 (우이동교통광장내)	997-8485
5	은 평	백 영 현	은평구 역촌1동 28-72	388-0928
6	종 로	박 승 진	종로구 봉익동 300 (종묘시민공원내)	766-7226
7	관 악	이 호 진	관악구 신림5동 808번지 (가로공원 내)	874-0928
8	광 진	이 동 웅	광진구 광장동 567번지	452-0928
9	서 초	최 장 규	서초구 양재동 201-1	577-6992
10	노 원	오 현 식	노원구 하계2동 104-3호	948-4888
11	금 천	안 영 준	금천구 시흥본동 889번지	802-3323
12	중 랑	유 호 진	중랑구 상봉2동 79번지(상봉터미널내)	493-8779
13	강 동	김 상 호	강동구 천호3동 410-171	474-0928
14	구 로	유 동 성	구로구 라리봉동 5거리 남부아파트상가4호	859-0415
15	송 파	유 현 종	송파구 석촌동 188-4	413-0415
16	용 산	정 지 홍	용산구 한강로3가 379번지	797-6806

순번	지역	회 장	주 소	사무실전화
17	중 구	이 건 우	중구 을지로3가 291-51	(02)773-5281
18	양 천	유 성 고	양천구 신월4동 410-14 (콘테이너)	2606-0415
19	마 포	이 인 호	마포구 현석동 114-2 28/7	712-5218 3141-2154
20	영등포	홍 기 표	영등포구 역전지하상가 24호	671-5158
21	동 작	김 용 석	동작구 대방동 402-3 (거성빌딩 2층)	821-7601
22	성 북	문 창 남	성북구 종암1동 29-20	928-0932
23	동대문	김 정 준	동대문구 답십리3동 555번지	2217-0415 2214-0928
24	성 동	박 종 한	성동구 행당동 19-62	462-1415

경 기 연 합 회

순번	지역	회 장	주 소	사무실전화
경기연합회		한 성 섭 (병222기)	수원시 팔달구 인계동 1025-5 (재향회관5층)	(031)222-0119
북부연합회		이 우 일	의정부시 의정부2동 516-4	(031)874-4090
1	과 천	김 승 옥 (병118기)	과천시 별양2동 40-9 (중앙공원내)	(02)503-0033
2	군 포	김 철 호 (하107기)	군포시 당동 729-16	(031)459-2547
3	광 명	지 이 만 (병72기)	광명시 하안2동 683번지	(02)612-0415
4	성 남	강 선 장 (병212기)	성남시 중원구 성남동 62 (주경기장 라동2호)	(031)751-1231
5	시 흥	김 연 웅 (병268기)	시흥시 신천동 704	(031)311-0928
6	오 산	도 희 경 (병150기)	오산시 원동 119-128	(031)372-0112

순번	지역	회 장	주 소	사무실전화
7	안양	박영선 (병180기)	안양시 동안구 관양2동 130-37	(031)425-6080
8	안산	한연수 (병238기)	안산시 원곡동 산35번지(현충탑공원내)	(031)494-1113
9	이천	임승호 (하77기)	이천시 관고동 238	(031)633-3614
10	용인	이봉구 (병230기)	용인시 마평동 691번지(공설운동장내)	(031)336-0113
11	의왕	윤재관 (병396)	의왕시 오전동 789-8(보훈회관 203호)	(031)425-3078
12	부천	최덕만 (병304기)	경기 부천시 원미구 중2동 1220번지	(032)613-9669
13	하남	김만중 (병384기)	경기 하남시 천현동 568-1	(031)791-3348
14	김포	이종진 (병197기)	경기 김포시 통진면 서암리 878-2	(031)987-3231
15	광주	유재원 (병446기)	경기 광주군 광주읍 경안1리 109번지 (공설운동장내)	(031)768-0119
16	여주	이현수 (병207기)	경기 여주군 여주읍 창리24-4	(031)885-6789
17	안성	박우성 (병149기)	경기 안성시 봉산동 417-1	(031)675-1985
18	화성	김용재	경기 화성시 향남면 평리 137-35	(031)353-9129
19	남양주	김수일 (병145기)	경기 남양주시 퇴계원 퇴계원리 321-6	(031)573-0939
20	의정부	강춘모 (병211기)	경기 의정부시 의정부2동 516-4(백석천)	(031)874-4090
21	양평	최순복	경기 양평군 양평읍 오빈리 71-1 (중부기획)	(031)774-4114
22	가평	정용준 (병123기)	경기 가평군 가평읍 읍내리 505-2	(031)582-8888
23	포천	이준철	경기 포천군 포천읍 신읍5리 392번지	(031)634-0203
24	고양	한관녕 (병94기)	경기 고양시 덕양구 토당동 120-5	(031)974-8822

순번	지역	회 장	주 소	사무실전화
25	파 주	김 수 명 (병132기)	경기 파주시 금천동 800-12 (향군회관 3층)	(031)941-8726
26	동두천	홍 복 훈 (병347기)	경기 동두천시 생연동 424-6	(031)867-1112
27	양 주	조 현 구 (병201기)	경기 양주군 백석면 오산리	(031)879-0729
28	수 원	김 은 식	경기 수원시 장안구 조원동 625 (공설운동장137호)	(031)243-9996
29	기 아	송 영 길	화성군 우정면 이화리 1/22 (기아화성공장)	(031)359-7415

부 산 연 합 회

순번	지역	회 장	주 소	사무실전화
	부산연합회	서 풍 웅	부산광역시 기장군 기장읍 교리 348-1	(051)721-0446
1	기 장	서 보 원	부산시 기장군 기장읍 교리 348-1	(051)721-0446
2	사 상	최 평 림	부산시 사상구 괘법동 406번지(사상역앞)	(051)328-7935
3	반 송	김 영 규	부산시 해운대구 반송2동 280-1(24/1)	(051)543-2212
4	동 구	임 덕 순	부산시 동구 수정2동 126-5	(051)464-1760
5	사하구	김 춘 길	부산시 사하구 하단동 1151-12 행정봉사실	(051)206-4994
6	진 구	이 기 철	부산시 부산진구 당감2동 858-7 (진양삼거리고가다리밑)	(051)892-0113
7	연 제	이 원 찬	부산시 연제구 거제2동 1368	(051)506-5050
8	중 구	구 동 회	부산시 중구 남포동6가 18번지	(051)241-7674
9	해운대	김 해 용	부산시 해운대구 중1동 1148-1 (해양어분)	(051)743-0730
10	수 영	김 영 출	부산시 수영구 남천2동 148-4 삼익비치(아)	(051)628-0460

순번	지역	회 장	주 소	사무실전화
11	영도	이 영 식	부산시 영도구 대평동1가 1번지 대동대교 맨션(한국밸브내)	(051)415-0184
12	서구	하 군 종	부산시 서구 토성동1가 25번지 토성맨션518호	(051)262-4106
13	강서	김 태 진	부산시 강서구 명지동 627-28	(051)972-1119
14	동래	강 덕 출	부산시 사하구 다대동 1552-19 성원(아)103동 2405호	(051)511-7119
15	남구	구 진 곤	부산시 남구 문현3동 224-5	(051)645-8233
16	금정	차 성 탁	부산시 금정구 구서2동 315-1	(051)512-6655
17	북구	곽 영 길	부산시 북구 만덕3동 16-10번지 마린 잠수교실	(051)334-0964

인 천 연 합 회

순번	지역	회 장	주 소	사무실전화
인천연합회		민 병 태	인천광역시 남구 주안4동 431-1 경인상가 405호	(032)435-6150
1	남구	윤 형 식	인천시 남구 학익2동 41브럭 1롯트	(032)868-5211
2	남동구	이 종 철	인천시 남동구 구월동 30-2	(032)466-7677
3	서구	안 기 동	인천시 서구 가정3동 430-12	(032)573-0031
4	중구	여 대 석	인천시 중구 북성동 2가 (자유공원내)	(032)760-7627
5	부평구	박 진 택	인천시 부평구 청천2동 395-25	(032)513-7500
6	계양구	장 재 웅	인천시 계양구 용종동 241	(032)555-8986
7	연수구	백 종 출	인천시 연수구 연수2동 591	(032)821-5301
8	강화	김 영 달	인천시 강화읍 신문리 10-4	(032)933-9995
9	영종	김 순 태	인천시 중구 운남동 739-1	(032)886-7835

대전연합회

순번	지역	회 장	주 소	사무실전화
	대전연합회	최 병 국 (138기)	대전광역시 서구 만년동 396(둔산공원내)	(042)485-0928
	대전연합회 직할지회	김 대 엽	대전시 서구 만년동 396	(042)485-0928
1	중 구	김 진 용 (273기)	대전시 중구 대흥동 630-1	(042)256-0928
2	유 성	박 홍 균 (155기)	대전시 유성구 봉명동 468-16	(042)823-1351
3	동 구	김 성 규	대전시 동구 삼정동 118-5 12통 2반	(042)284-6604
4	서 구	김 홍 동	대전시 서구 만연동 396	(042)483-7428
5	대 덕	신 도 영	대전시 대덕구 신탄진동 140-6	(042)932-0138

대구연합회

순번	지역	회 장	주 소	사무실전화
	대구연합회	임 효 근 (143기)	대구광역시 수성구 만촌3동 1025-34	(053)742-6300
1	동 구	정 연 진 (305기)	대구시 동구 효목1동 169-16	(053)959-1444
2	서 구	김 영 국 (하교65)	대구시 서구 비산1동 975-5	(053)358-3396
3	북 구	김 성 득 (226기)	대구시 북구 태전동 628-1	(053)312-6639
4	달서구	김 해 송 (227기)	대구시 달서구 도원동 1454 (도원공원관리실내)	(053)638-4548
5	가 창	최 명 복 (137기)	대구시 달성군 가창면 용계동	(053)767-4274
6	강 남	마 준 열 (365기)	대구시 북구 칠성2가 302-140	(053)351-5112
7	개인 택시	정 재 기 (193기)	대구시 달서구 감산동 473-1	(053)563-3903

울산연합회

순번	지역	회장	주소	사무실전화
	울산연합회	오용준 (병182기)	울산광역시 남구 신정1동 699-2	016-269-6717
1	동구	이상만 (병235기)	울산시 동구 전하1동 300 새마음(아)	(052)251-5690
2	남구	오기석 (병216기)	울산시 남구 삼산동 1403-28	(052)268-9818
3	울주	장뱅이 (병231기)	울산시 울주군 언양읍 남부리 54-4	(052)262-3838
4	중구	김선태	울산시 중구 우정동 684-1	(052)245-6797
5	북구	황동하 (하149기)	울산시 남구 달동 1395-13 우방맨숀101동 501호	011-854-4919
6	현대자동차	김진해	울산시 북구 양정동 700(환경안전팀)	019-346-5179

강원연합회

순번	지역	회장	주소	사무실전화
	강원연합회	남은호	강원도 강릉시 옥천동 282-3	(033)647-8088
1	춘천	김기호	춘천시 근화동 785-4	(033)244-0119
2	강릉	신준택	강릉시 옥천동 265(구여성회관 2층)	(033)647-4424
3	원주	황귀환	원주시 개운동 28-1	(033)761-6119
4	동해	최경순	동해시 효가동 (김연에어스테이션)	(033)522-0046
5	삼척	오재광	삼척시 당저동 62 (상공회의소 2층)	(033)574-3160
6	속초	조중길	속초시 동명동 600-3	(033)633-6400
7	태백	박기정	태백시 황지2동 274-746	(033)552-7637

순번	지역	회 장	주 소	사무실전화
8	영 월	신 문 섭	영월군 영월읍 영흥리	(019)374-1010
9	횡 성	양 재 수	횡성군 횡성읍 읍하리	(033)343-5930
10	홍 천	하 성 광	홍천군 홍천읍 희망리 5-3	(033)434-3189
11	철 원	김 형 국	철원군 동송읍 장흥리 1(승일교 입구)	(033)455-0928
12	평 창	오 신 화	평창군 미탄면 창리 280-5	(033)332-3844
13	정 선	유 철 균	정성군 정선읍 봉양3리 6반	(033)562-1415
14	양 양	임 활 선	양양군 양양읍 연창리 180-14	(019)672-3690
15	인 제	정 장 암	인제군 북면 원통1리 (원두식당)	(033)461-1476
16	양 구	김 호 철	양구군 양구읍 정림리(보배아파트앞)	(033)482-3161
17	고 성	윤 종 우	고성군 거진읍 거진 11리 6반	(033)682-2992
18	주문진	구 성 화	주문진읍 주문3리 5반 (현대슈퍼)	(033)661-2277
19	화 천	조 영 찬	화천군 화천읍 하리243-1	(033)441-2040

충 남 연 합 회

순번	지역	회 장	주 소	사무실전화
충남연합회		김 태 이 (병176기)	충남 천안시 성정동 649-7	(041)578-9280
1	부 여	조 길 연	충남 부여군 부여읍 구아리 374 풍림전기2층	(041)835-4212
2	청 양	정 영 구	충남 청양군 남양면 대봉리 216	(041)942-1463

순번	지역	회 장	주 소	사무실전화
3	금 산	정 일 모	충남 금산군 금산읍 중도리227-1 해군회관4층	(041)753-6322
4	서 산	노 종 린	충남 서산시 동문동 924-6	(041)667-4119
5	서 천	노 선 래	충남 서천군 서천읍 사곡리 318-1(3층)	(041)953-6285
6	예 산	황 규 칠	충남 예산군 예산읍 주교리 290-47	(041)335-7967
7	홍 성	김 영 배	충남 홍성군 홍성읍 고암리 548-1	(041)633-7128
8	당 진	김 승 재	충남 당진군 당진읍 채운리 268-15	(041)355-8995
9	아 산	김 학 복	충남 아산시 온천동 1블럭7호 재향군인회	(041)545-0405
10	논 산	송 철 호	충남 논산시 치암동 부곡APT A동 506호	(041)732-0544
11	천 안	유 선 기	충남 천안시 성정2동 630-21	(041)551-4955
12	보 령	윤 석 창	충남 보령시 대천동 346-13(아리랑식당)	(041)932-4448
13	연 기	이 인 제	충남 연기군 조치원읍 상동40-13 조치원가축약품상사	(041)866-9427
14	공 주	모 철 종	충남 공주시 신관동 540-2	(041)856-5862

충 북 연 합 회

순번	지역	회 장	주 소	사무실전화
충북연합회		김 동 수	충북 청주시 흥덕구 사직1동 808 (종합운동장2-8문)	(043)272-1533
1	충 주	전 학 선	충주시 연수동 441 종합운동장 주차장	(043)851-7543
2	제 천	이 기 성	제천시 청전동 657번지 대화빌딩 4층	011-469-0951

순번	지역	회 장	주 소	사무실전화
3	음 성	장 중 덕	음성군 음성읍 읍내리 470 종합싸이클경기장	(043)881-2318
4	증 평	최 상 태	괴산군 증평읍 송상리 218-3 증평출장소	(043)838-5020
5	진 천	김 영 일	진천군 진천읍 읍내리 4구	011-9829-8382
6	보 은	이 덕 희	보은군 보은읍 이평리 월미도주차장	011-462-5052
7	옥 천	김 재 용	옥천군 옥천읍 문정리공설운동장	(043)733-3891
8	영 동	최 규 남	영동군 영동읍 부용리 77-1	011-218-8630
9	단 양	김 성 배	단양군 단양읍 단양결창서 형사계	(043)423-4941

경 남 연 합 회

순번	지역	회 장	주 소	사무실전화
경남연합회		박 종 득	경남 창원시 두대동 145 창원종합운동장 162호	(055)282-0455
1	거 제	신 명 상	거제시 신현읍 고현리 750-8번지	(055)635-4849
2	고 성	김 영 일	고성군 고성읍 송학리 244-137번지	(055)672-7301
3	김 해	황 선 주	김해시 내동 1129-3	(055)337-1889
4	남 해	김 석 곤	남해군 창선면 지족리 (큰바다 횟집)	(055)862-4316
5	마 산	백 명 식	마산시 양덕동 477번지(실내체육관 4층)	(055)246-7623
6	밀 양	강 정 석	밀양시 내이동 1160-4	(055)356-1995
7	사천·삼천포	최 동 환	사천시 동금동 465-6	(055)833-5525

순번	지역	회 장	주 소	사무실전화
8	양 산	선 종 권	양산시 웅상읍 삼호리 451-2	(055)382-1789
9	의 령	홍 완 표	의령군 의령읍 동등리 의령블럭내	(055)570-2329
10	진 주	리 진 복	진주시 인사동 198-27	(055)752-0776
11	창 녕	김 승 호	창녕군 창녕읍 술정리 100-3	(055)532-6385
12	천자봉	정 동 화	창원시 두대동 145(창원공설운동장 162호)	(055)282-1616
13	통 영	박 영 도	통영시 중앙동 74-5	(055)645-2329
14	하 동	김 기 성	하동군 하동읍 시장통내 (천일기업사)	(055)884-6922
15	함 안	최 상 복	함안군 가야읍 도항리 당산동 함안중학교앞	(055)582-5300
16	함 양	정 만 수	함양군 함양읍 운림리 106	(055)964-2119
17	진 해	최 병 관	진해시 인사동6-97	(055)545-0415

경 북 연 합 회

순번	지역	회 장	주 소	사무실전화
경북연합회		강 석 호	포항시 북구 대흥동 618-6	(054)273-2800
1	포 항	강 석 호	포항시 북구 대흥동 618-6	(054)273-2800
2	경 주	최 용 석	경주시 서부동 93번지	(054)742-0928
3	영 덕	김 경 락	영덕군 영덕읍 덕곡리 158-11	(054)734-3917
4	상 주	유 세 홍	상주시 냉림동 326번지	(054)535-4775
5	예 천	이 중 희	예천군 예천읍 서본2리 240번지 문화회관2층	(054)654-1933

순번	지역	회 장	주 소	사무실전화
6	의 성	안 연 모	의성군 의성읍 도서리 101-2번지	(054)834-4461
7	김 천	이 영 춘	김천시 감호동 17(새마을지회 1층)	(054)436-2249
8	경 산	박 문 규	경산시 하양읍 동서2리 회관	(054)853-1500
9	영 주	조 훈	영주시 영주2동 470-2	(054)636-8487
10	울 진	최 병 진	울진군 울진읍 읍내2동 209-8	(054)783-9822
11	영 천	김 준 휴	영천시 문내동 40-17번지	(054)333-4002
12	고 령	권 춘 식	고령군 고령읍 장기리 158-5	(054)955-7415
13	성 주	이 경 수	성주군 성주읍 성산리 2095-5	(054)642-6761
14	칠 곡	장 영 백	칠곡군 왜관읍 왜관2리 230번지	(054)975-1666
15	청 도	이 태 조	청도군 청도읍 고수8리 785-3번지 (황금장식)	(054)372-0852
16	문 경	이 영 무	문경시 점촌동 20-5	(054)553-7933
17	청 송	조 성 학	청송군 진보면 진안1리 427-3	(054)874-2263
18	안 동	권 혁 대	안동시 태화동 175-74(동이산업)	(054)821-0447
19	구 미	나 영 철	구미시 광평동 277번지	(054)453-1331
20	도 청 전우회	김 종 성	대구시 북구 산격동 1443-5 (여성정책과내)	(053)950-2317
21	군 의	장 옥	군의읍 서부리 151	(054)383-9119
22	울릉도	김 동 성	울릉군 울릉읍 도동2동 583-1	(054)791-2105

전 남 연 합 회

순번	지역	회 장	주 소	사무실전화
전남연합회		조 복 연	전남 순천시 연향동 771번지 팔마종합운동장내	011-624-3335
1	나 주	박 종 규	나주시 이창동 161-12	(061)333-7744
2	나주 동부	김 복 규	나주시 남평읍 남평리 182	(061)337-9114
3	광 양	정 상 모	광양군 광양읍 안동리 298-3	(061)761-0919
4	광 양 팔각회	김 상 기	광양시 광양읍 우산리 57-9	(061)761-1119
5	목 포	임 한 규	목포시 용당2동 1069번지(유달경기장내)	(061)274-6999
5	보 성	이 영 석	보성군 보성읍 보성리 852-1	(061)852-4577
6	벌 교	서 원 석	보성군 벌교읍 회정리 435-15	(061)857-2065
7	영 암	최 영 수	영암군 영암읍 교동리 331번지 무동파크맨션 101동 1402호	(061)473-3283
8	진 도	박 희 재	진도군 진도읍 교동리 (진도실교앞)	(061)543-0415
9	해 남	김 기 만	해남군 해남읍 수성리 178-6	(061)536-0419
10	동광양	황 호 연	동광양시 광영동 784-14	(061)793-4253
11	화 순	정 대 관	화순군 화순읍 만연리 242-4	(061)374-3644
12	강 진	노 관 용	강진군 남성리 5-24	(061)434-3346
13	고 흥	이 인 길	고흥읍 호형리 991(문화회관내)	(061)833-0415
14	담 양	박 이 성	담양군 담양읍 지침리 164-1	(061)382-0304
15	구 례	김 종 엽	구례군 구례읍 봉남리 296-24	(061)782-2949
16	영 광	박 종 상	영광군 남천리 348-8	(061)353-0928
17	무 안	이 원 희	무안군 무안읍 성남리 233-1 (재향군인회관내)	(061)452-8583

18	순 천	이 병 윤	순천시 장천동 795-5(시민회관내)	(061)745-6656
19	여 수	주 성 균	여수시 학동79번지(흥국체육관)	(061)682-0118
20	곡 성	조 희 용	곡성군 곡성읍 읍내리 333-10	(061)236-3511
21	장 성	반 강 진	장성군 장성의회	(061)362-2811
22	장 흥	정 종 훈	장흥군 권산리 709-11(장흥버섯상사내)	(061)363-1934
23	옥 과	김 창 선	곡성군 옥과면 죽림리 380	(061)362-5190

전 북 연 합 회

순번	지역	회 장	주 소	사무실전화
전북연합회		김 정 용	전북 전주시 덕진구 덕진동 1가 1220번지	(063)273-0415
1	전 주	권 혁 기	전북 덕진구 덕진동1가 1220번지 (종합경기장내)	(063)274-5585
2	군 산	김 종 오	군산시 월명동 7-3	(063)851-8346
3	익 산	최 왕 식	익산시 인화동 2가 89번지	(063)851-4728
4	남 원	여 광 훈	남원시 하정동 92-4번지	(063)632-7307
5	정 읍	김 인 경	정읍시 연지동 252-332	(063)532-1831
6	임 실	임 영 춘	임실군 임실읍 이도리 651-1(공용주차장)	(063)643-5544
7	순 창	허 규 성	순창군 순창읍 백산리 251	(063)653-1977
8	김 제	조 일 군	김제시 요천동 201-16	(063)544-2291
9	삼양사	최 기 현	전주시 덕진구 팔북동2가 339번지 (주)삼양사	(063)210-2113
10	부 안	이 강 덕	부안군 백산면 봉동리	(063)582-2309
11	신태인	허 경 준	정읍시 신태인읍 구성리 360-11	(063)571-5112

제 주 연 합 회

순번	지역	회 장	주 소	사무실전화
	제주연합회	송 상 훈 (ROTC 5기)	제주시 노형동 939번지 정한오피스텔 817호	(064)747-0415
1	서귀포	정 수 현	서귀포시 서흥동 397-82	(064)762-2077
2	남제주	강 봉 진	남제주군 남원읍 남원리 145-7	(064)764-1022
3	북제주	고 승 립	북제주군 애월읍 하귀1리 1884-4	(064)731-0007

해병대 예비역 싸이트(홈페이지)

해병대 예비역	홈페이지 주소
전우회 중앙회	http://www.rokmc.org
네티즌 해병대	http://www.rokmc.WS
사이버 해병대	http://www.rok-mc.org
해병닷컴	http://www./haebyung.com
디지털 해병혼	http://www.rokmc.pe.kr
해병대 부사관회	http://www.rokmcsrg.org
해병대 ROTC동문회	http://www.mrokmc.org

직장 · 대학교 · 동기회

지역 해병대 전우회	홈페이지 주소
대전광역시 해병대 전우회	http://www.rokmc.org/lc/daejeon
벌교 해병대 전우회	http://www.rokmc.org/lc/beolkyo
시흥유통상가 해병대 전우회	http://www.rokmc.org/lc/shiheung
보령 해병대 전우회	http://www.rokmc.org/lc/boryung
구로 해병대 전우회	http://my.netian.com/~oissp02
천안 해병대 전우회	http://rokmc.041.com
영월 해병대 전우회	http://recreation.m114.co.kr/ibs
진주시 해병대 전우회	http://jj.rokmcinfo.co.kr
재미해병대 전우회총연합회	http://home.att.net/~ROKMCUSA
대구연합 달성 해병대전우회	http://www.rokmc.org/lc/darsung
대구시 논공 해병대 전우회	http://www.freechal.com/rokmcnonkong
전주시 해병대 전우회	http://www.rokmcjeonju.com
서울시 해병대 전우회	http://www.rokmc.org/lc/seoul
전북연합회 해병대 전우회	http://www.rokmcjbk.com

직장 해병대 전우회

현대반도체 천자룡회	http://home.hanmir.com/~hmerokmc
전주 삼양사 해병대 전우회	http://myhome.shinbiro.com/syc17914
(주)페타시스 해병대 전우회	http://www.freechal.com/rokmcpetasys

대학교 해병대 전우회

건양대학교 해병대 전우회	http://odin.konyang.ac.kr/~rokmc
지산대학교 해병대 전우회	http://myhome.shinbiro.com/~bludsea
충북대학교 해병대 전우회	http://my.netian.com/~kdy5951
인하대학교 해병대 전우회	http://marine.mr4u.com
부산외국어대학교 전우회	http://rokmc.rosy.net
감신대학교 해병대 전우회	http://i.kebi.com/~mtsrokmc
대구 효성카톨릭대 전우회	http://cuth.cataegu.ac.kr/~s6015038
경일대학교 해병대 전우회	http://www.kyungil.ac.kr/~rokmc

대학교 해병대 전우회	홈페이지 주소
숭실대학교 해병대 전우회	http://i.am/ssmc
중앙대학교 해병대 전우회	http://cafe.daum.net/caurokmc
대전산업대학교 청룡회	http://hyunam.ac.kr/~bdragon
상주대학교 해병대 전우회	http://my.dreanwiz.com/d9408
강릉대학교 해병대 전우회	http://knusun.kangnung.ac.kr/~marine
대전대학교 해병대 전우회	http://pine.taejon.ac.kr/~rokmc
밀양대학교 해병대 전우회	http://my.dreamwiz.com/mcrok
대림대학교 해병대 전우회	http://rokmc.azionet.com
영산대학교 해병대 전우회	http://ysumc.hihome.com

동기회

하사관 149기 동기회	http://moonkorea.com
해병대 175기 동기회	http://www.rokmc.com/hb/175
193기 동기회	http://my.wes21.com/wook
239기 동기회	http://www.freechal.com/rokmc239
257기 동기회	http://www.rokmc57.hihome.com
450기 동기회	http://www.air-korea.com/rokmc450
464기 동기회	http://rokmc464.hihome.com
528기 동기회	http://rokmc528.com.ne.kr
537기 동기회	http://myhome.netsgo.com/mj7836/marine.htm
548기 동기회	http://www.freechal.com/rokmc548
617기 동기회	http://www.rokmc617.co.kr
624기 동기회	http://www.rokmc.org/hb/624
657기 동기회	http://www.rokmc657.wo.to

안내의 말씀 : <해병대 추억록> 2,3권도 계속 발간 예정입니다. 수록코저 하시는 글과 군시절의 추억이 되는 사진을 보내주시면 수록해 드리겠습니다.

보내실 곳 : 서울시 동대문구 신설동 94-11
서음출판사 편집부 앞

스포츠조선 이규승 次기자가 파헤친 사기도박꾼들의 25시!
최초로 전격 공개되는 이 엄청난 도박세계의 흑막!

고스톱·도리짓고땡·포커·바둑·당구·마작·야바위·경마 '타짜' 들의 낮과 밤 폭로!

이규승 / 저
스포츠 조선 次기자

한국출판사상 최대의 화제작!

❶권 한국의 도박사들
❷권 경마장 사람들

특별수록

1. 고스톱의 속임술과 방어술
2. 잃지않는 고스톱비법
3. 잃지않는 포커비법
4. 한판에 3072점 고스톱 '탄' 과 포커 '탄' 설계족보 공개
5. 행운을 잡을 수 있는 경마베팅비법

지금껏 허구헌날 '호구' 였던 당신도 이책 한권으로 '고수' 가 될수 있다.

전국 유명서점/편의점 판매중 각권 10,000원

서음출판사
서울시 동대문구 신설동 94-44
주문 TEL (02) 2253-5292/3
본의 FAX (02) 2253-5295

마지막 가는 길목에서 그들은 하늘을 보고 땅을 본다.
세상을 경이와 공포의 도가니 속으로 몰아 넣었던
신문 제3면의 히로인들 - 말만 들어도 무시무시한
흉악범들, 그들에게도 눈물이 있었고 가슴저미는 통회가
있었다. 주어진 생을 채 마치지도 못하고
떠나야 했던 8인의 사형수 - 그들의 최후가 공개!

베일속에 가려진 사형장의 전모가 전격공개! 원색화보 특별수록.

정가 8,500원
전국유명서점

서음출판사 (02)2253-5292~3

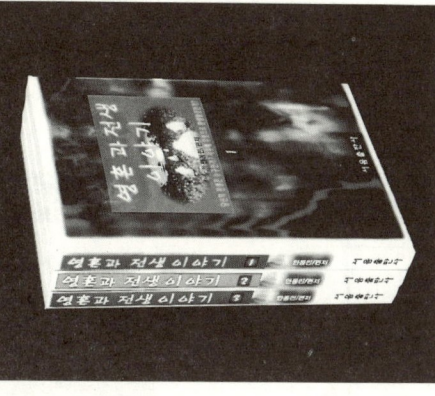

서 미리엄 / 장편현장소설

머물고 싶었던 날들

전국을 누비며 여자도박사로서 명성을 떨쳤던 서 미리엄 — 누가 이 여자에게 돌을 던질 것인가? 도박의 시초는 묻지 말자. 누구의 유혹에 빠졌든 육욕에 눈이 멀었든 그 이유는 캐묻지 말자. 어느 미모의 여자도박사 25시!

신국판／정가 8,500원
전국 유명서점 판매중

**육체의 노예가 될 수 밖에 없었던 한 여자의
원색적인 사랑, 그녀는 그렇게 살아가고 있었다.**